일본의
재해학과
지방부흥

日本の災害学と地域復興

일본의
재해학과
지방부흥

日本の災害学と地域復興

김영근 · 히라이 가즈오미 엮음

고려대학교 글로벌일본연구원 인터북스

목차

제 I 부

3.11 이후의 인간과 사회

일본의 재해부흥 문화 :
재난관리 체제 및 구호제도·정책을 중심으로

김영근 金暎根, Kim Young-Geun*

1. 서론: 인문·사회학적 재해부흥 문화 구축을 위한 일본의 교훈

본 논문은 '3.11 동일본대지진 발생 후 복구·부흥·재생 프로세스, 특히 긴급재난구호1)에서 나타나는 일본인들의 위기관리 메커니즘을 분석하고자 한다. 또한 〈기업의 사회적책임(CSR)〉이라는 관점에서도 재해부흥의 사회문화적 요소를 점검하고자 한다. 특히 대재해 극복을 통해 나타난 일본(일본인)의 재해대응문화를 밝히고 이를 한국형 재해문화 구축을 위한 발판으로 삼고자 한다. 결과적으로는 한국의 사회안전문화 구축방안을 도출하고자 한다.

3.11 동일본대지진의 복구·부흥·재생 과정에서 일본의 재해문화는 직업윤리 등 심리 교육적 측면이 중요하다는 점을 일깨워 주었다. 한편 재해

---

* 고려대학교 글로벌일본연구원 교수(Email: ikimyg@korea.ac.kr). 이 글은 2007년도 정부 재원(교육과학기술부)에서 한국연구재단의 지원을 받아 수행(과제 번호: KRF-2007-362-A00019) 되어『인문사회21』제6권 4호(2015)에 게재된 논문, "일본의 재해부흥 문화에 관한 일고찰: 재난관리 체제 및 구호제도·정책을 중심으로"를 책의 구성에 맞추어 수정하고 보완한 것이다.
1) 김영근(2015), "제4장 해외 응급구호 제도 및 사례 분석: 일본", 한국행정연구원 편『재난현장 응급구호 서비스 개선방안 연구용역』국민안전처, pp.180-206

가 문화에 영향을 미친다는 분석도 있다[2]. 이러한 〈재해문화〉 혹은 〈재해와 문화〉라는 어젠다(agenda)는 '재해인류학', '재해예방사회학', '재해경제학', '재해인지심리학', '재해사상학', '재해역사학', '의료재해학', '예방재해의학' 등 다양한 학문영역(discipline)과 밀접하게 관련되어 있다.

아울러 본 논문에서 다루고자 하는 국가 혹은 기업, 지역커뮤니티 등 다양한 행위자들의 사회적책임(CSR)은 안전 문화의 창출 및 실천(안전사회 구축)을 위해서는 매우 중요한 요소이다. 재해연구가 미진한 한국에서는 다소 생소한 분야이지만, 일본인의 재해관, 일본의 재해와 안전문화를 가늠해 봄으로써 교훈을 얻고자 한다.

먼저 재해 및 위기관리에 관한 선행연구를 살펴보기로 하자. 고려대학교 글로벌일본연구원의 〈포스트 3.11과 인간: 재난과 안전, 그리고 동아시아 연구팀〉은 '3.11동일본대지진' 발생(2011년) 이후 학제적 연구회 활동을 통해 일본사회의 움직임을 정치 · 경제 · 사회 · 역사 · 사상 · 문화의 영역에서 지속적으로 추적해 왔다. '4.16세월호 재해' 발생 이후 연구팀을 확대 · 개편하여 설립된 〈사회재난안전연구센터〉는 '동일본대지진과 일본사회의 변용 분석'이라는 문제의식의 연장선상에서 한국의 사회안전학 구축을 목표로 하며, 나아가 동아시아를 아우르는 재난과 안전에 관한 연구성과의 축적 및 교육시스템의 구축에 힘써 나갈 것을 표명하고 있다. 특히, 사회안전 구축을 위한 문화적 요소 및 역할에 주목함으로써 최근 융복합적으로 거대화하는 재해의 프로세스 및 메커니즘을 규명하고 나아가 재해부흥의 방안을 모색하고자 하는 시도는 평가할 만하다. 또한 재해관련 연구가 척박한 한국 학계에, 번역을 통해 재난과 안전 관리라고 하는 시각에서 동일

---

2) 예를 들어 3.11 동일본대지진은 결과적으로 일본 전통문화의 파괴로 이어졌다고 지적하고, '원전의 안전신화' 이야기 및 이에 대한 비판적 언설 분석을 통해 일본의 전통문화와 아시아문화의 과제에 관해 분석하고 있다. 마키노 에이지(2012), "아시아문화연구와 후쿠시마福島 원전사고 이야기 : 동아시아의 안정과 평화를 위하여 [アジア文化研究と福島原発事故の物語-東アジアの安定と平和のために-]", 가천대학교 아시아문화연구소『아시아문화연구』제25집, pp.23-45.

본대지진에 관한 검증 결과를 바탕으로 일본의 교훈 및 재해로부터의 부흥을 위한 제언을 발신한 것이야말로 한국의 재난학/재해학/진재학의 시작에 기여한 일이라고 할 수 있다. 대지진발생 직후부터 정치, 경제, 역사, 문화, 방재, 경관, 문학, 어학 등 광범위한 분야로 관심을 극대화 한 연구자가 모여 3.11에 관해 논의를 거듭하는 과정에서 소개한 일본 재해의 검증·교훈·제언은 한국 재난학의 기원이라 할 수 있다. 〈포스트 3.11과 인간: 재난과 안전연구팀〉의 연구진들은 『일본 대재해의 교훈』[3], 『검증: 3.11 동일본대지진』[4], 『제언—동일본대지진: 지속가능한 부흥을 위하여』[5]라는 3권의 책(검증-교훈-제언)과 일본 와세다대학출판부가 '진재震災 후에 생각한다'라는 주제로 펴내고 있는 동일본대지진 관련 연구총서 30여 종의 북클릿(소책자) 중 12권[6]과 책 2권 『동일본대지진: 부흥을 위한 인문학적

---

3) 김영근 옮김(2012), 『일본대지진의 교훈』도서출판 문/竹中平藏·船橋洋一編(2011), 『日本大災害の敎訓:複合危機とリスク管理』東洋経済新報社.

4) 간사이대학関西大学의 사회안전학부社会安全学部 편저, 『檢証 : 東日本大震災』ミネルヴァ書房/김영근 외 옮김(2012)『검증 3.11 동일본대지진』도서출판 문. 아울러 이 책의 번역·출판 작업과 동시에 학술심포지엄(2012년 5월 10-13일 고려대학교 일본연구센터 주관/동아시아문화교섭학회 주최)도 개최되었다. 이러한 다양한 노력들이 동아시아의 재해 문제를 재점검하며 한국의 재난학/재해학/진재학 구축의 계기가 되었음을 확신한다. 특히 한국의 재해 연구자들이 지대한 관심을 쏟고 있는 재해 문제를 일국에 국한되지 않은 동아시아적 시점에서 접근하며, 정치, 경제, 사회, 문화의 여러 분야를 다각적으로 검토함으로써 학문의 융합적이고 학제적인 토대마련(나아가 발전)에도 기여했을 것으로 평가된다.

5) 『東日本大震災 復興への提言—持続可能な経済社会の構築』/김영근 외 옮김(2013) 『제언-동일본대지진: 지속 가능한 부흥을 위하여』고려대학교출판부. 서문에 의하면, 2011년 3월 하순에 대지진에 대한 제언을 모집하고, 이를 토대로 출판을 위한 기획회의가 4월 중순에 열렸으며, 책이 출간된 것은 6월말이었다. 약 3개월만의 전문서 출판은 일본사회가 미증유의 대재난에 대해 얼마나 준비된 조직이며, 또한 발 빠르게 대응책을 내놓을 수 있는 재해(연구) 선진국으로서의 면모를 여실히 보여준다.

6) 가마타 가오루 외 저/전성곤 역(2013), 『재해에 강한 사회를 만들기 위하여: 과학자의 역할과 대학의 사명』고려대학교출판부(이하 同출판사); 가무라 가즈오 외/김선희 역(2013), 『동일본대지진과 환경오염: 환경공학자의 진단』; 나카가와 다케시·나카가와연구실 저/송완범 역(2013), 『문화유산의 보전과 부흥철학: 자연과의

모색』,『제언 동일본대지진: 지속가능한 부흥을 위하여』을 더하여 '동일본
대지진과 핵재난' 총서로 묶어 번역출판(고려대학교출판부)하고 있다[7]. 각
분야 전문가들이 자신의 체험에 기초해 분석한 현실과 미래를 위한 다양한
현황분석 및 검증·교훈·제언은 대재해의 현상과 원인 및 메커니즘, 결과
를 아우르고 있어 3.11에 관한 종합적인 이해를 가능하게 해준다. 또한
이러한 시리즈 번역출판의 중요한 계기는 재해연구에 관한 선행연구 고찰
및 정보의 축적을 위한 중요한 과정이라 할 수 있다. 특히, 사회과학적
관점에서 간사이대학의 사회안전학부장 가와타 요시아키河田惠昭 교수는
3.11 동일본대지진을 지진과 쓰나미, 그리고 원전문제의 복합재해로 규정
하고 그 재해의 특징과 연동되는 광역지진에 대비해야 한다고 강조하고
있다. 아울러 복합재해는 결국 방재보다는 감재減災, 자연과학적 대응보다
는 사회과학적 대응이 필요함을 역설하고 있다. 더 나아가 재난 이후의

창조적 관계 재생』; 나카무라 다미오 저/홍윤표 역(2013),『빠르고 적절한 구조와
지원을 위하여: 초동체제 가이드라인 제안』; 마쓰오카 순지 저/김영근 역(2013),
『일본 원자력 정책의 실패: 후쿠시마 원전사고 대응과정의 검증과 안전규제에 대
한 제언』; 미즈시마 아사호 저/박미현 역(2013),『동일본대지진과 헌법: 일본에 직
언하다』; 시바야마 도모야 저/양민호 역(2013),『3.11 쓰나미로 무엇이 일어났는
가: 피해조사와 감재전략』; 요코야마 류이치 저/김유영 역(2013),『재해에 강한 전
력 네트워크: 스마트 그리드 기초 지식』; 이나쓰구 히로아키 저/정유경 역(2013),
『대규모 재해 극복을 위한 자치체 간 연계: 현장에서의 보고와 제언』; 하나다 다
쓰로하나다연구실 저/김유영 역(2013),『신문은 대지진을 바르게 전달했는가: 학
생들의 신문지면 분석』; 혼다 게이코 저/김정민 역(2013),『피해지역 아이들의 마
음에 다가서기: 임상심리학의 시점』; 히오키 마사하루 저/김효진 역(2013),『확대
되는 방사능 오염과 법규제: 구멍투성이 제도의 현황』.
7) 伊藤滋·奥野正寬·大西隆·花崎正晴編/김영근 외 옮김(2013),『제언 동일본대지
진: 지속가능한 부흥을 위하여』고려대학교출판부; 가쿠슈인여자대학/김영근 외
옮김(2013)『동일본대지진: 부흥을 위한 인문학적 모색』고려대학교출판부. 와세
다早稻田대학의 재해관련 연구총서(동일본대지진과 핵재난 와세다리포트 시리즈:
"3.11 동일본대지진 이후를 생각한다") 22권 및 학습원여자學習院女子대학의 재해
관련 서적(『동일본대지진 부흥과 지적 하모니』)의 번역출판에 즈음하여 동일본
대지진 2주기를 맞아 동아시아 재해연구의 성과 발신과 국제협력 모색을 위해
기획된 국제학술대회가 고려대학교 일본연구센터 주최로 개최(2013년 3월 9일)
되었다.

부흥과 재생을 위한 구체적인 모델의 제시를 통해 재난 그 자체를 넘는 교훈과 부흥을 위한 메시지를 던지고 있다[8]. 이외에도 라이프라인의 피해와 복구 문제, 주택재건과 지역부흥, 재해를 입은 사람의 심리적 영향과 스트레스 치료, 재해시의 이재민被災者에 대한 건강지원활동, 일본의 소방행정, 기업의 위기관리 등 3.11 이후 일본이 직면한 다양한 문제에 대한 검증을 통해 일본의 '거대복합재해로서의 동일본대지진'을 종합적으로 이해하고 있으며 이것이 실제 일본의 재해부흥 과정에서 활용되고 있는 것으로 평가된다. 이는 마치 일본이 제대로 파악하고 대처해 나가야 할 대재해라는 어젠더에 관한 종합검진檢証의 결과를 낱낱이 보여주고 있는 듯하다. 이러한 의미에서 『검증: 3.11 동일본대지진』은 융복합적 학문분야의 다양한 시각에서 일본의 재해 거버넌스 구조를 이해하는 데 시의적절하고 소중한 학문적 논의의 밑거름이 될 것으로 기대해 본다. 또한 세계 어느 나라도 경험하지 못한 대진재와 그 이후의 복구 및 부흥이 여전히 현재진행형의 위기인 상황에서, 3.11 검증을 통해 일본의 재해 전문가들이 무엇을 발신하고자 하는지 그 의도를 이해할 수 있을 것으로 생각된다.

　한편 현대일본학회는 3.11 동일본대지진 발생과 더불어 전후 일본 사회를 지탱해온 가치와 시스템도 변화했을 가능성이 있다는 인식을 바탕으로 3·11 이후 일본 사회의 현상 및 나아가야할 진로를 점검하고 있다. 일본의 정치·경제·사회·문화·행정·대외관계 등 여러 분야에서 동일본대지진이 미친 영향을 융복합적으로 분석함으로써, 그것이 일본 사회의 패러다임 변화로 연결되고 있음을 검증하고 있다[9]. 이러한 동일한 문제의식의 연장선상에서 출발한 본 논문 '동일본대지진과 일본의 재해문화 분석'은 유용한 안전사회 구축을 위한 밑거름이 될 것이다.

---

8) 서장 "거대복합재해로서의 동일본대지진" 김영근 옮김(2012), 다케나카 헤이조, 후나바시 요이치 편 『일본 대재해의 교훈 : 복합위기와 리스크 관리』 도서출판 문.
9) 김영근(2013), "대재해 이후 일본 경제정책의 변용: 간토·한신아와지·동일본대지진, 전후의 비교 분석" 김기석 엮음/김영근 외 『동일본대지진과 일본의 진로: 일본 사회의 패러다임 변화』한울, pp.90-126

이 글의 구성은 다음과 같다. 우선 제1절에서는 일본의 3.11 동일본대지진 재해복구 과정에서 두드러진 〈일본의 재난 및 위기관리 체제〉를 개관한다. 제2절에서는 일본의 긴급구호제도 및 정책을 분석하고, 제3절에서는 일본 재해부흥 문화의 기원과 전개를 고찰함으로써 한국의 안전피라미드 구축에 도움이 될 만한 일본 사례의 교훈을 도출한다. 결론을 대신하여 일본의 재해관리 실패에서 얻을 수 있는 교훈과 한국형 진재학 구축을 위한 제언을 언급함으로 글을 맺고자 한다.

2. 일본의 재난 및 위기관리 체제

2.1 일본의 재난 및 위기관리 체제

일본의 경우 재해 연구 및 제도 구축의 선진국인 만큼 다양한 재난구호를 위한 시스템이 마련되어 있는 것으로 평가된다10). 일본의 재난관리조직은 재해대책기본법을 기본으로 하여 전체적인 중앙재난관리는 국토청 방재국에서 총괄하고 있으며, 각 성·청省·廳에서 각각의 관련 업무를 추진하고 있다. 관련기구로는 중앙방재회의, 도·도·부·현都道府縣 방재회의, 시·정·촌市丁村 방재회의가 있고 지정행정기관과 지정공공기관에서 재난관련 업무를 분담하여 수행하게 된다. 재해대응에 있어서는 비상재해대책본부를 설치하여 대응대책에 대한 종합적 대응과 긴급조치계획의 실시를 담당하고, 관련기관 및 단체는 방재계획에 따라 업무를 수행하게 되며 실질적인 현장활동은 소방, 경찰, 자위대를 중심으로 이루어진다. 지방정부의 재해대책은 일차적으로 시·정·촌을 중심으로 이루어지며 각 현

---

10) 재난구호 및 재해부흥에 관한 일본의 대응과정에 관해서는 다음 관련 전문서적을 참조할 것. 예를 들어, 《일본역사재해사전》(2012), 《자연재해와 방재사전》(2011), 《자연재해사전》(2007), 《재해·사고 사례사전》(2002), 《방재사전》(2002) 등으로 일본이 경험한 여러 재난과 재해에 관해 시기별, 사안별로 기록 정리하고 이에 대한 학문적 대응을 구축해 왔다.

에서 중앙정부의 정책을 반영하여 총괄관리하고, 평소에는 방재계획 및 행정, 시·정·촌의 방재행정 전반 지도·조언 등의 업무를 수행하고 재난 발생시 소방무선시설을 이용하여 응급대책 및 복구대책업무를 수행하고 있다. 도·도·부·현 구역 내의 방재업무에 관하여 도·도·부·현의 기관, 중앙정부의 지방지분부국, 지정공공기관과 같은 관계기관을 연락조종하여 종합적이고 계획적인 방재행정을 위해 도·도·부·현 방재회의를 설치하고 있다.

미국의 FEMA(연방재난관리청)와 같은 일본의 방재전담조직은 없고 관계 성·청에서 소관분야의 재난·재해대책을 시행하는데 내각부가 정책을, 지방정부가 예방·복구의 집행을 담당하고 있다. 또한 재해 대응에 있어서는 비상재해대책본부를 설치하여 응급대책에 대한 종합적 대응과 긴급조치계획의 실시를 담당하고 관련기관 및 단체는 방재계획에 따라 업무를 수행하게 되며 실질적인 현장구조 활동은 소방, 경찰, 자위대를 중심으로 수행된다[11].

2.2 일본의 진재학/재난학/재해학

3.11 이후 일본의 복구 및 부흥, 재생에 관한 한국에서의 논의는 일본 국내의 피해상황과 복구상황, 부흥정책의 소개와 대재난에 대한 일본의 대처과정 분석 등에 그치고 있는 것이 현실이다. 그러나 실제 일본이 직면한 거대복합위기관리, 재해복구 및 부흥은 자연과학·사회과학·인문과학 등 다양한 각도에서 축적된 재해 전문지식을 바탕으로 NGO/NPO 중심의 민간부분 역할이 증대되는 가운데 진행되고 있다. 이는 정부주도의 재해 정책 혹은 거버넌스와 현장의 재해부흥을 위한 수요(선호)가 서로 착종(교차)하고 있는 현상이기도 하다.

---

11) 일본의 수상관저의 재해대책 관련 홈페이지(http://www.kantei.go.jp/saigai/) 및 동일본대지진부흥구상회의東日本大震災復興構想會議홈페이지(http://www.cas.go.jp/jp/fukkou/) 참고 작성

우선 사회과학적 관점에서는 3.11 동일본대지진을 지진과 쓰나미, 그리고 원전문제가 종적·횡적으로 얽힌 복합재해로 규정하고 그 재해의 특징과 연동되는 광역지진에 대비한 다양한 제도 정비 및 마련에 힘쓰고 있다. 이러한 복합재해 발생시에는 결국 방재보다는 감재減災, 자연과학적 대응보다는 사회과학적 대응의 필요성이 강조되고 있다. 더 나아가 재난 이후의 부흥과 재생을 위한 구체적인 모델의 제시를 통해 재난 그 자체를 넘는 교훈과 부흥을 위한 메시지를 던지고 있다. 또한 인문과학적 사상思想의 관점에서 진재震災와 안전에 관해서도 일본인의 재해관, 일본의 재해와 안전문화라는 새로운 시각을 바탕으로 3.11을 검증하고 제언하고 있는 점에 주목할 만하다12). 특히 3.11 동일본대지진의 경험을 교훈으로 삼아 전문적 지식과 지혜가 충분히 활용되도록 안전의 사고思考를 재검토하고 개념상의 뒤틀림을 바로잡아 탈경계·융복합적 연구 축적을 위한 노력을 촉구하고 있는 점은 귀담아 들어야 할 것이다.

이외에도 자연과학적 관점에서 쓰나미의 메커니즘과 특성, 〈후쿠시마 제1원자력발전소〉 사고와 그 영향에 관한 다양한 분석 및 대응마련을 위한 노력이 지속되고 있다. 사회과학적 관점에서 라이프라인의 피해와 복구 문제, 주택재건과 지역부흥, 재해를 입은 사람의 심리적 영향과 스트레스 치료, 재해시의 이재민被災者에 대한 건강지원활동, 일본의 소방행정, 기업의 위기관리 등 3.11 이후 일본이 직면한 다양한 문제에 대해 적극적으로 대응하고 있다. 3.11 이후 일본의 부흥정책을 추진한 주요 정책결정자의 주체 및 역할이 민간 부문으로 바뀌고 있다는 점은 부정할 수 없으

---

12) 일본의 재해문화에 관해, "일본이 발달된 민주주의 국가이고, 그 구성원인 일본인들은 성숙한 민주 시민의식을 갖고 있다."는 점과 "(일본의 재해부흥 과정에서) 무질서와 약탈과 같은 현상은 찾아볼 수 없었다. 그 배경으로 세계 각국의 일본평가(매스컴 보도)에 주목하여 '인류 정신의 진화', '일본의 재발견', '일본은 있다'라는 사회문화적 요인이 작동하고 있다."고 분석하고 있다. 정미애, "동일본대지진에 대한 일본 시민사회의 대응" 김기석 엮음(2013), 『동일본대지진과 일본의 진로: 일본 사회의 패러다임 변화』한울, pp.185-209.

며, 재해선진국으로서 일본의 연구축적이나 재해복구활동은 매우 미시적인 것까지를 포괄하는 피재지역 '주민 밀착형'이라 평가할 수 있다. 그러나 현장의 목소리를 접해보면 일본의 재해부흥을 위한 과정에서 재해피해지역의 목소리와 재해부흥 관련 정책결정자 및 연구자들의 인식의 차는 엄청난 듯하다. 피상적인 재해복구에 머무르지 않고 재해현장이 필요로 하는 제도적 지원 등이 조속히 정비되어야 할 필요가 있을 것으로 보인다.

3. 일본의 응급(긴급)구호제도 및 정책

3.1 일본의 응급(긴급)구호제도 및 정책

일본은 재난유형별 분산적 관리방식을 취하여 업무와 기능을 중심으로 네트워크가 확립되어 있다. 재난이 발생하면 지방자치단체가 일차적으로 대응하고 비상재난시 총리주재 비상재해대책본부와 긴급재해대책본부 등이 활동하고 있다. 또 다른 특징은 자주적 방재로 일차적 대응이 지역의 자발적 조직(시청촌 단위 혹은 커뮤니티 등)에 의해 이루어지고 있다는 점이다(최호택·류상일, 2006: 240)[13].

특히 응급구호는 긴급을 요하는 재난대응으로 지방자치단체의 현장중심형 거버넌스가 매우 중요하다. 우선 응급구호란 "재난의 발생, 또는 재난발생이 현저히 우려되어 다수의 이재민이 발생할 것으로 예상되는 경우 빠른 시일 내 다수의 협력체계가 구호에 참여하여 이재민이 최소한의 인간다운 삶으로 복귀할 수 있도록 행하는 조치"로 정의된다. 한편 응급구호의 범위는 시간이 경과됨에 따라 응급단계(emergency phase) 및 회복단계(recovery phase)로 나뉜다[14]. 우선 일본의 응급구호 사례 분석을 위해 '재

---

13) 최호택·류상일(2006), "효율적 재난대응을 위한 지방정부 역할 개선방안: 미국, 일본과의 비교를 중심으로", 『한국콘텐츠학회논문지』6(12), pp.235-243.

14) 응급구호 기간의 분류는 Dilone(2014:115)의 이론에 바탕을 둔 것이다. "응급구호

해 의료지원 시스템(트라우마 대책)'에 관해 살펴보기로 하자[15].

[표 1] 재해마음치료센터 설치 운영 사례

일시	내용
1995년	한신대지진을 계기로 효고현에 처음 설립
2003년	'재해시 정신보건 의료활동 가이드라인'발표
2004년	니가타지진 발생 당시 니가타현에 설치(10월)
2011년	3.11 동일본대지진을 계기로 이와테현 · 미야기현, 후쿠시마현에 설치

출처: 필자작성

재해 대응 선진국이라 할 수 있는 일본은 시민들의 정신건강을 위한 노력의 일환으로 체계적인 치료센터를 운영 중이다. 20년 전으로 거슬러 올라가 1995년 고베 한신아와지대지진으로 일본은 6000명 이상의 사망, 실종자가 발생하고, 10만 채 이상의 건물이 붕괴되는 재난을 겪었다. 당시 재해지역인 효고현에 최초로 〈마음케어센터(Hyogo Institute for Traumatic Stress)〉를 설립한 바 있다[16]. 이는 당시 한신아와지대지진부흥기금阪神 · 淡路大震災復興基金[17]이 정비되었고, 이 기금을 재원으로 해서 관련 업무를

종료기간에 대한 구체적인 날짜를 정하지 않은 것은 재난의 유형이나 특성마다 응급구호 종료시기가 다르게 나타날 수 있기 때문이다. 따라서 날짜를 정하기보다는 이후의 '응급구호 매뉴얼'에서 응급구호가 종료되는 조건이 관건." 〈국민안전처〉 용역보고서(비공개), p.15

15) 일본 후생노동성의 홈페이지(www.mhlw.go.jp)를 참고. 재해파견정신의료팀/災害派遣精神医療チーム (DPAT) 산하 〈재해시 마음정보지원센터災害時こころの情報支援センター〉 http://saigai-kokoro.ncnp.go.jp/

16) 한신아와지대지진(1995년) 재해 발생 이후 마음케어 활용에 관해서는 다음을 참조할 것. http://www.j-hits.org/hanshin_awaji/kokoro_h_a/index.htm 설치 경위(원문)를 요약하면 관련 업무를 담당하는 새로운 조직의 필요성과 관련되어 있다.

17) 실제, 재해 발생 후 피난처의 이재민被災者들이 가설주택으로 이전하기 시작하면 이재민이 겪어야 할 PTSD 등의 문제에 관해 장기적 조직이 필요하다는 인식이 현장에서 팽배해지자 일단 보건소를 중심으로 한 장기적인 정신적 치유(mental care)를 담당하는 시스템의 필요성이 제기되었으나 재원문제로 말미암아 실현되지 못했다.

담당했던 구호소救護所 혹은 보건소保健所와는 다른, 독립된 새로운 조직으로서 〈마음케어센터〉의 필요성이 대두되었기 가능한 것이었다. 센터의 운영은 의료뿐만 아니라 보건관계자도 다수 소속되어 있었던 〈효고현정신보건협회(「兵庫県精神保健協会」)〉가 담당하고, 조직강화를 위해 효고현의 정신보건담당과에서 정신복지사상담원과 간호사 등 약 40명이 새롭게 배정되었다. 예산은 사업교부금 합계 15억엔(사업기간: 1995년 6월-2000년 3월)으로, 일본의 자연재해 이후의 정신적 치료활동에 관한 것으로는 전례를 찾아볼 수 없는 최초의 시도라 할 수 있다[18]. 무엇보다도 센터의 주목할 만한 활동방침은 다음의 5가지로 요약된다. i) 행정(조직)과 볼런티어 사이의 간극을 메운다. ii) 문제발견형/파일롯스터디 정신 iii) 풋워크가 가벼운 조기실행 iv) 전문성을 제고하며 지나친 전문성을 노출하지 않는 지원 v) 과거의 반성 및 실적을 바탕으로 미래를 대비하고 미래에 제언할 수 있는 업적을 남긴다. 일련의 활동방침의 결정 배경에는 샌프란시스코(1988년), 로스엔젤레스(1994년) 등 미국의 서해안에 반복적으로 발생했던 대지진 이후의 멘털·헬스 활동에 관한 정보가 중요한 교훈으로 작용했다고 할 수 있다. 이후, 외상 후 스트레스장애를 겪는 환자가 늘어나자 2003년부터 일본은 외상 후 스트레스장애 발병자의 다각적이고 장기적인 치료를 위해 '재해시 정신보건의료활동 가이드라인'을 발표하고, 〈마음케어센터〉를 운용하고 있다. 2004년 10월에는 니가타지진 발생 당시 니가타현에 〈마음치료센터〉를 설치하여 피해자들의 트라우마 치료에 적극적으로 힘써왔다.

2011년 3.11 동일본대지진을 계기로 일본 정부는 현재 후쿠시마에 7곳(주재소 2곳), 이와테 5곳, 미야기 3곳 등 15곳에 "마음치료센터(심리치료센터)"를 운영하고 있다. 일본정부가 연간 18억엔(182억원)을 지원하며, 각 자치단체가 직능단체인 정신보건사복지협회와 대학에 운영을 위탁하

---

18) 운영예산으로는 활동경비 및 인건비 등의 명목으로 기금에서 2억엔, 운영조성금 1억엔, 효고현정신보건협회교부금 3억엔 등이다.

는 방식이다.

〈마음치료센터〉에는 간호사와 임상심리사, 정신보건복지사가 상주하며
피해자들의 자택이나 임시주택을 방문하면서 상담활동도 겸하고 있다[19].
센터는 큰 규모의 재해재난 발생 후의 중장기적인 참사 트라우마 예방,
조기 발견, PTSD 치료를 담당하는 지역거점의 역할을 수행한다.

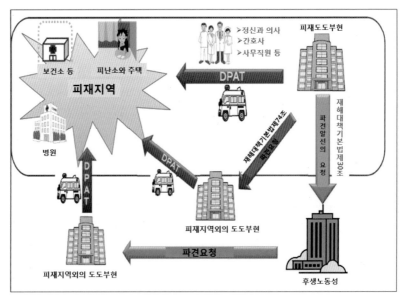

[그림 1] DPAT 파견 흐름도

출처: 재해파견정신의료팀/災害派遣精神医療チーム (DPAT) 홈페이지
http://saigai-kokoro.ncnp.go.jp/dpat/outline02.html

3.11 발생 후 2011년 12월 "재해시 마음정보지원센터"[20)]가 설치된 목적
은 ① 동일본대지진으로 인한 장기적인 트라우마 치료의 환자 케어, ②
종합적인 조언지도, 데이터분석 등을 통한 단기적 및 중·장기적인 트라

---

19) 증세가 심각하면 전문 의료기관에서 치료를 받을 수 있다.
20) http://saigai-kokoro.ncnp.go.jp/dmhiss/index.html

우마 치료, ③ 동일본대지진의 피해지역인 이와테현, 미야기현, 후쿠시마현 치료의 질 향상 등이다. "재해시 마음정보지원센터"를 중심으로 각 소지역에 "마음치료센터"를 운영하는 방식이다.

한편, "재해시 마음정보지원센터"의 역할과 체제를 재정비하면서, 후생노동성은 DMAT(재해파견의료팀: Disaster Medical Assistance Team)의 명칭과 활동요령을 참고로 하여 전국적으로 통일된 DPAT(재해파견정신의료팀: Disorder Psychiatric Assistance Team)의 명칭과 정의를 마련하였다[21]. DPAT 파견의 흐름으로 다음 세 가지 방안이 각각 혹은 복합적으로도 요청될 수 있다([그림 1] 참조). 파견의 흐름은 ① 피해지자체가 후생노동성을 거쳐서 파견요청, ② 피해지자체가 파견지자체에게 직접 파견요청, ③ 피해지자체 권내에서 파견요청 과정으로 나뉜다. 보통 피해(지역 해당)지자체가 파견지자체 등에 대해 DPAT 파견을 요청 → 후생노동성이 파견지자체의 파견지역을 할당 → 피해지자체가 파견지자체의 세부활동지역을 할당하는 프로세스이다.

3.2 일본의 응급구호 및 재해부흥구호 문화

일본의 응급구호 및 재해부흥구호 문화를 요약하자면, 3.11 동일본대지진 이후 문화적 요소의 중요성이 대두되고 있으며, 재해 약자(인간)를 최우선시하고 있다는 점을 들 수 있다. 특히 재해사상, 심리(인식), 정체성 등 문화적 특성을 포함한 인문학적 요인이 중요하게 작동하고 있다([그림 2] 참조).

---

21) 일본의 DMAT(재해파견의료팀) 사무국 홈페이지(http://www.dmat.jp/) 참조. DPAT (재해파견정신의료팀)은 자연재해, 항공기, 열차사고, 범죄사건 등 대규모재해 후의 피해자 및 지원자에 대한, 정신과의료 및 정신보건활동을 지원하는 전문적인 정신의료팀을 지칭한다.

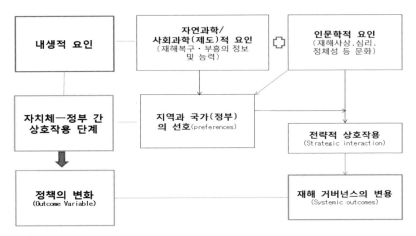

[그림 2] 재해 복구 거버넌스의 정책변용 과정 및 메커니즘

출처: 필자작성

　첫째, 직접적 재해 구호뿐만 아니라 간접적으로 관련된 구호, 즉 문화적 요소의 중요성이 대두되고 있다. 즉, 자연재해天災 대응 vs. 인재人災 대응이라는 이분법적 대응이 아닌 복합적 구호 체제가 중요하다. 예를 들어 간접 구호의 이슈 혹은 아젠다는 다음의 분석결과를 통해 알 수 있다. 일본부흥청 (Reconstruction Agency)의 발표에 따르면, 동일본대지진으로 인한 재해 관련 사망자는 3,194명(2014년 9월말 현재)에 이르는 것으로 나타났다. 아사히신문의 조사에 따르면, 재해 관련 사망자의 절반(47%)은 피난생활로 인한 육체적·정신적 고통이 원인으로 작용했으며, 피난소 등으로 이동 중 겪은 육체적·정신적 고통도 37%를 차지했다(朝日新聞, 2012. 7.11.). 피난생활의 스트레스로는 ①장기간 좁은 공간에 갇혀 있어야 하는 점, ②단수로 화장실 이용이 어려워 수분섭취가 불충분한 점, ③가족과 떨어져 마음이 어려운 점 등이 지적되었다. 기타 병원의 운영정지로 인한 병세 악화(24%), 지진 및 쓰나미 관련 스트레스(12.5%) 등도 들 수 있다. 재해 관련 자살자도 2013년 12월 말까지 후쿠시마福島, 이와테岩手, 미야기宮城 등 3개현에서 110명에 달하고 있다고 한다[22].

둘째, 3.11 동일본대지진 이후의 일본의 구호 정책 및 제도 변화에 주목할 필요가 있다. 일본내각부는 동일본대지진 이후 '재해약자 피난지원에 관한 검토회'를 설치했으며, 2013년 3월 보고서를 통해 피난지원 가이드라인 개정, 구호약자 지원대책 등을 제언했다. 이후 2013년 6월 재해대책기본법을 개정, 방재대책에서 고령자와 장애인, 영유아 등 구호약자에 대한 배려와 이들에 대한 명부작성을 의무화하고 있다. 한편, 재해응급대책책임자는 피난소의 안전성 및 양호한 거주성 확보, 보건의료서비스 제공 등 피난소의 생활환경 정비에 필요한 조치를 강구하도록 했다. 2013년 8월 내각부에서 마련하여 발표한 '피난행동 지원필요자 피난행동지원에 관한 대응지침' 및 '피난소에서 양호한 생활환경 확보를 위한 대응지침避難所における良好な生活環境の確保に向けた取組指針' 등은 매우 시사적이다. 매우 구체적으로 매뉴얼화 되어있는 일본의 구호 정책 및 제도야말로 매뉴얼보다 현장에서의 직감적인 위기관리 혹은 긴급구호 대책에만 익숙한 한국이 주목해야 하는 교훈적인 부분이라 하겠다.

셋째, 동일본대지진 복구과정에서 재해로 인해 창출된 약자弱者 중심의 피해자 종합대책 구호서비스를 구현한 일본의 교훈을 살려 시스템화된 구호의 대상 및 절차 등을 마련할 필요가 있다. 2015년 1월 부흥청이 발표한 '피해자지원(건강 · 생활지원) 종합대책'에 따르면, 고령자와 어린이, 여성 등을 위한 구호서비스가 실시된 것으로 나타났다. 특히 고령자지원의 경우, 지역별 고령자 생활설계를 위한 사회복지사 및 보건사 지원, 개호지원 거점 활용촉진, 주택정비시 공동체형성 감안, 공공임대주택 모집시 구호약자 우선 등을 실시하고 있다. 피난생활로 인한 스트레스를 호소하는 여성을 위해 상담을 실시하고 있으며, 여성에 대한 폭력을 지원하는 상담원을 파견하고 있다. 또한 피해 입은 어린이를 위한 종합적인 지원을 추진하고 있어 가정방문 상담서비스, 학습지원사업, 놀이시설 정비, 자연체험 및

---

22) 『福島民報(후쿠시마민보)』2014년 3월 14일자 http://www.minpo.jp/ 원전사고 및 대진재뉴스 특집사이트 참조

타지역 어린이와의 교류사업 등을 통해 구호서비스를 제공하고 있다. 한편, 장애인 관련 구호서비스를 살펴보면, 장애인의 경우 재해정보 전달시스템 미비로 인해 피난 자체가 어려웠으며 피난소에서도 화장실 이용과 정보습득에서 한계가 있었다. 이에 일본맹인복지위원회는 대책본부를 설치했으며 시각장애인 상담전문가 50명을 파견한 바 있다.

4. 일본의 재해부흥 문화

4.1 일본의 재해부흥 문화의 기원과 전개

인문과학적 사상思想의 관점에서 진재震災와 안전에 관해 논하고 있는 가노시마 에미코辛島惠美子 교수가 일본인의 재해관, 일본의 재해문화(disaster subculture)와 안전문화(safety culture)라는 새로운 시각을 바탕으로 3.11을 검증하고 제언하고 있는 점은 주목할 만하다[23]. 특히 3.11 동일본대지진의 경험을 교훈으로 삼고 나아가 전문적 지식과 지혜가 충분히 활용되도록 안전의 사고思考를 재검토함으로 개념상의 뒤틀림을 고쳐나가 탈경계·융복학적 연구 축적을 위한 노력을 촉구하고 있는 점은 귀담아 들어야 할 교훈이다. 이는 한국 재해연구의 진화 및 재해문화의 정착을 위해서도 필수불가결한 요소라 할 수 있겠다.

일본의 재해부흥 문화를 이해하고 오랜 기간 축적되어 온 일본의 재해대응 및 교훈을 점검해보기 위해 4.16 세월호 재해 발생 후 진행된 일본 재해전문가와의 인터뷰를 살펴보기로 하자. 일본 간사이대 뮤즈 캠퍼스에서 만난 아베 세이지安部 誠治 교수는 4.16 재해 이후의 한국사회에 주는 교훈으로 "일본도 처음부터 잘했던 건 아니다."라는 점을 강조한다[24].

---

23) 김영근(2012) 외 고려대학교 일본연구센터 포스트3.11과 인간연구팀 옮김/간사이 대학 사회안전학부 편, 『검증 3.11 동일본대 지진』, 도서출판 문. 특히 종장 "진재震災와 안전의 사상" 을 참조할 것.

그가 속한 간사이대학 사회안전학부는 토목·교통 등 공학자 14명과 사회학·철학 등 인문학자 14명이 전임교원으로 있는 학과로 2002년에 처음 문을 열었다. 사람이 가장 큰 영향을 받을 수밖에 없는 재난 연구 분야는 자연과학과 인문학이 연계해 해법을 찾아야 한다는 이유에서다. "학문은 횡단하지 않으면 안 된다. 특히 안전 분야가 그렇다. 복합적인 것이 중요하기 때문이다." 간사이대 사회안전학부가 세워진 가장 큰 계기는 2005년 서일본 쓰카구치역을 출발한 열차가 탈선해 아파트를 들이받고 승객 등 107명이 사망한 일본 JR 후쿠치야마선 사고였다. 아베 교수는 "후쿠치야마선 사고뿐만 아니라 일본 팔로마공업의 '가스순간온수기'의 중독 사고(1985-2005년 생산한 가스 순간온수기가 모두 28건의 일산화탄소 중독 사고를 일으켜 21명이 숨지고 40명이 중경상을 입었던 사고)까지 벌어지면서 사회 전반적으로 안전·방재 문제에 대한 인식이 높아졌다"고 지적한다.

한편, 일본의 재해부흥 문화에서는 전개되지 않았던 대응이 한국의재해 거버넌스에서는 목격된다. 세월호의 침몰과 구조의 과정은 푸코가 말하는 주권권력, 즉 '죽게 만들고 살게 내버려두는' 권력이 작동하는 연결고리를 잘 보여준다. 신자유주의적 규제철폐의 분위기 속에서 어처구니없을 정도의 비용절감까지 감행했던 세월호에 승선한 승객들은 이미 '죽게 내버려진' 상태였고 알아서 살아야 할 상태였다. 그리고 실제로 침몰이 일어났을 때 정말로 그들은 '죽게 내버려졌다'. 그리고 '죽게 내버려진' 이들을 구조해야 할 국가권력은 그들을 '살리게 만들' 능력이 없었다. 그리하여 세 번째로 그들은 '죽게 내버려졌다.' 그렇게 수차례에 걸쳐 '죽게 내버려진' 희생자들을 보고 수많은 사람들이 위험국가 한국의 재해 거버넌스에 대해 분노를 느꼈다. 이제 '살리게 만들' 능력이 없는 국가(혹은 정부)는 이 분노에 "죽게 만드는" 권력으로, 강화된 치안으로 대응하였다[25].

---

24) 2014년 5월 20일 인터뷰
25) 박영도(2015), "신자유주의적 자유의 역설과 민주적 공공성", 『한국 사회가 묻고

일본의 재해 전문가들이 지적하는바와 마찬가지로 4·16 세월호 참사 이후 우리 사회 앞에는 '한국의 재난학/재해학, 진재학'이라는 큰 숙제가 놓여있다. 물론 당장 정답正解을 찾기는 어려울지 모르지만, 해결책을 마련해가는定解/制解 과정이 더욱더 긴요하다. 무작정 얼굴 화장만 고치고 있을 것이 아니라, 민낯을 보이고 재해부흥에 전념해야만 비로소 가설假設의 거버넌스에서 벗어나 진정한 〈국가, 사회 및 인간의 안전확보〉가 가능할 것이다.

4.2 한국의 안전피라미드 구축을 위한 일본의 교훈

4.16세월호 재해(2014년) 및 중동호흡기증후군(MERS) 의료재해(2015년) 등을 경험하며 재해부흥을 위한 다양한 노력을 경주하고 있는 상황하에서, 주지하다시피 한국의 재난안전사고는 부실한 관리와 안전불감증으로부터 탈피하지 못하고 있다. 불가항력의 천재지변이라 할지라도 인명사고로 이어질 불안전 요소를 사전에 제거한다면 피해를 최소화할 수도 있지만, 사소한 위험요소라도 방치해 두면 언젠가는 우리의 생명까지 위협하게 된다는 점은 재해 발생 후 늘상 반복되는 반성사항 중의 하나이다.

무엇보다도 우리의 생명과 사회를 안전사고로부터 지켜내기 위해서는 위에서 언급한 안전문화의 실현 즉, '안전의 생활화'를 반드시 실현해야 한다. 그러나 아무리 조심한다 하더라도 고지되지 않은 위험으로부터 불의의 사고를 당한다면 이처럼 억울한 일은 또 없을 것이다. 우리 주변에는 평소 인지하지 못하지만 시간이 경과될수록 관리를 잘 해야 하는 위험물들이 매우 많다. 교통기관(선박, 자동차, 기차 등 운송 수단 자체를 포함)의 운영시스템, 전기줄電線, 가스배관, 수도배관, 옥외광고물 등이 대표적인 것들이다26). 전선을 예로 든다면 우리나라의 전기공급선로는 땅으로 매설된

인문학이 답하다』인문한국(HK)연구소공동학술심포지엄 자료집, pp.116-117
26) 예를 들어, 전주電柱에 공가拱架하는 통신선에 통신회사가 설치해 놓은 무수한 PVC 표지판들은 세월을 이기지 못하고 금세 떨어져 행인들을 덮칠 듯 위협하고

지중선로와 전주를 이용한 가공선로로 분류되는데 우리가 흔히 보는 전주에 매달린 전깃줄은 특고압전선으로, 새 전선의 경우절연전선이지만 피복에 쓰인 PVC가 외기에서 20년 정도 노출되면 표면에 높은 전압이 유도되어 근처에만 가도 인명이 살상되는 무시무시한 살인도구가 되어버린다고 한다. 그러나 실제 주변 전선을 보면 그런 위험을 고지하는 표지판이 일상화되어 있지 않다. 언제 어떻게 사고가 날지 모르는데도 말이다[27]. 그렇다고 엄청난 비용을 투자해 노후화된 전선을 다 교체하라는 것은 아니다. 적어도 국민들 스스로가 위험에 대처할 수 있도록 모든 전선에 표지판을 설치함으로써 방재 혹은 감재를 위한 조치가 취해져야 한다는 것이다.

우리 사회는 2014년 결코 잊어서는 안 될 4.16 세월호 재해를 경험했다. 모두가 잊지 않겠다고 바꾸겠다고 외치고 다짐했지만 과연 제대로 대응책을 마련하여 위기관리 선진국이 되기 위해 노력하고 있는가는 자신할 수 없다. 과연 우리 사회의 안전피라미드 구조를 제대로 이해하고 있는가가 관건이라 할 수 있다. 안전피라미드는 넓은 최하층에 물, 불, 전기, 공기 등의 기저문화를 다루는 정부와 공공기관, 그 위에 기업, 대학과 연구소, 법과 언론, 그리고 최상층에는 국민들의 안전생활화가 순서대로 배치되어 유기적으로 작동해야만 비로소 제대로 기능을 발휘한다. 예를 들어 〈4.16 세월호재해〉 이후의 프로세스에서 나타난 한국의 재해문화 특히 직업윤

있다. 이렇듯 우리 가까이에는 위험이 고지도 되지 않은 채 우리의 생명을 위협하는 것들이 의외로 많다. 단지 사고가 날 때까지 인지하지 못하고 살아갈 뿐이다. 낡은 배관에서 새는 가스, 녹슨 배관을 타고 쏟아져 나오는 수돗물, 암보다 치명적인 자동차 사고, 강풍에 떨어져 나가는 옥외광고물 등이 그것이다.

27) 한국전력공사는 과거부터 국정감사, 감사원 감사를 통해 배전선로의 안전관리 소홀에 대해 지속적으로 지적을 받아 왔다. 또한 2007년에는 일반인 감전사고 피해자에 대해 위험고지 불이행에 대한 책임을 물어 청구액의 30%를 배상하라는 대법원의 판결도 있었다. 그럼에도 위험에 노출되고 있는 미래의 피재자被災者에 대응(위험관리) 과정이 제대로 전달되고 있다고 보기는 어려운 실정이다. 사후약방문처럼 안전사고가 발생하면 직원들이 직접 건설현장 등 선로 주변 안전순시를 하고 있지만 사고를 예방할 수 있는 직접적인 처방과는 다소 거리가 먼 임기응변식 리스크 관리라 할 수 있다.

리와 관련하여 조녀선 리어가 "인간은 자신도 이해하지 못하는 행동을 한다. 자신도 원하지 않는 이런 행동은 결국 자신과 주위 사람들에게 고통을 안겨 준다[28]."고 주장한 것은 뼈아프다. 그가 지적하는 바와 같이 제도화되어 있거나 체화되어 있지 않은 상태(문화)에서 재해(재난)와 마주칠 경우 심각한 폐해를 초래할 것이다.

그런데 이런 구조를 무시한 채 4.16 세월호 재해를 공직사회의 무능과 안전시스템의 부재만으로 한정적 혹은 자의적으로 해석하고 해결하려는 우리 사회의 성급함이 눈에 띄었다. 어쩌면 행동으로 옮길 수 없는 공염불만 외쳐댄 셈일지도 모른다. 사회전반에 만연된 안전불감증을 극복하고 내재된 리스크 요인을 시스템적으로 제도적으로 관리하는 데 주안을 두어야 할 것이다[29].

제2의 세월호 재해를 예방하기 위해 지금 우리가 시급히 해결해야 할 과제는 실천이 뒷받침되는 유기적인 안전피라미드 구조를 완성하는 것이다. 그 일환으로 사회전반에 대한 안전재난관리 시스템을 연구하고 전문가를 양성함으로써 아래로는 정부와 기업, 위로는 법과 언론, 나아가 모든 국민들이 일사분란하게 재난안전에 대응할 수 있는 체계를 학문적으로 확립하는 것은 중요하다. 이러한 노력은 정부와 공공기관이 작은 일부터 실천함으로써 모범이 되어야만 실효를 기대할 수 있다. 따라서 전선에 설치되는 표지판 하나가 갖는 의미는 안전피라미드 구조 완성의 디딤돌 역할로 향후 큰 의미가 될 수 있다. 국민 모두가 자신이 속한 분야의 묵은 안전불감증 요소들을 찾아내 해결해 냄으로써 변화를 습관화하는 계기를 마련할 수 있기 때문이다.

우리 사회의 목표가 모두가 살기 좋은 안전국가 건설이라는 점은 불변

---

28) Jonathan Lear, *Open Minded: Working Out the Logic of the Soul*, Cambridge: Harvard University Press, 1998, p.54.
29) 예를 들어, 주지하다시피 2014년 4월 16일에 발생한 세월호 재해를 계기로 같은 해 11월 출범한 국민안전처(http://www.mpss.go.kr/)는 "안전혁신 마스터플랜"을 수립하여 재난 및 안전 관리 전반에 걸친 혁신을 주도하고 있다.

의 사실이다. 그 큰 그림의 밑바탕에 누구에게나 안전한 사회가 그려져야 만 진정한 선진사회, 복지국가를 건설했다고 할 수 있지 않겠는가? 최근 중동호흡기증후군 의료재해 및 2016년 9월 12일 발생한 경주지진을 혹독 하게 경험한 한국이 누구나 염원하는 안전한 국가 건설을 하기 위해서는 지금부터라도 안전피라미드 구축을 위해 모두가 새로운 마음으로 새롭게 출발해야 할 것이다.

5. 결론: 일본의 재해관리 실패와 한국형 진재학 구축을 위한 과제

본 논문에서는 일본의 재난관리 체제 및 구호제도 · 정책을 중심으로 재 해부흥 문화에 관해 고찰하였다. 긴급재난구호에서 나타나는 일본인들의 위기관리 및 〈기업의 사회적책임(CSR)〉[30]이라는 관점에서 재해부흥의 사 회문화적 요소를 점검한 결과를 요약하면 다음과 같다.

첫째, 3.11 동일본대지진의 복구 · 부흥 · 재생 과정에서는 직업윤리 등 심리 교육적 측면이 중요했다. 둘째, 재해가 문화에 영향을 미친다는 점에 착안한다면, 〈재해문화〉 혹은 〈재해와 문화〉라는 어젠다(agenda)는 '재해 인류학', '재해예방사회학', '재해경제학', '재해인지심리학', '재해사상학', '재해역사학', '의료재해학', '예방재해의학' 등 다양한 학문영역(discipline) 과의 연계 아래 논의되고 재해부흥 과정에 도입되어야 한다. 셋째, 국가 혹은 기업, 지역커뮤니티 등 다양한 행위자들의 사회적책임(CSR)은 안전 문화의 창출 및 실천(안전사회 구축)을 위해서 매우 중요한 요소이다. 결

---

30) 김영근(2014), "재해 대응과 한국형 CSR 구축 과제", 『자동차경제』제9월호, 한국자 동차산업연구소(KARI), 2014년 9월 15일, pp.2-3. 사회적 기업이란 "사회적 목적 을 우선적으로 추구하면서 영업 활동을 수행하는 기업 및 조직"을 의미한다. 기업 의 사회적책임(CSR)과는 달리 기업의 영리성과 자선慈善의 사회성을 통합한 새로 운 개념의 기업이라고 할 수 있다. 재해 발생시에는 기업의 CSR 활동과 사회적 기업 활동을 동시에 접할 수 있다.

론적으로, 일본인의 재해관, 일본의 재해와 안전문화를 가늠해 봄으로써 재해연구가 일천한 한국 사회에 교훈을 발신하고자 하는 본 논문은 매우 유용하다고 할 수 있다.

최근 4.16 세월호재해(2014년) 및 메르스 등 의료재해(2015년) 발생 후 기업의 사회적책임(CSR: Corporate Social Responsibility) 활동에 관해 관심이 증가하고 있다. 기본적 개념은 "기업이 사회에 책임 있는 존재로 모든 이해관계자에 대해 필요한 역할을 담당하고, 지속가능한 사회구축을 통해 신뢰를 얻는 것"이다. 사회공헌 활동과 더불어 미래고객의 창출이라는 점에서도 의미 있는 '기업과 사회의 상생하는 창조적 경제행위'라는 점에서 각 기업들의 사회적 책임이 커져가는 상황이며 이목이 집중되고 있다고 해도 과언이 아니다.

결론적으로, 일본의 재해 거버넌스 및 위기관리 실패의 교훈이야말로 한국형 진재학 구축을 위한 제언이 된다. '재해강국' '재해연구 선진국'이라 할 수 있는 일본의 재해 문화 및 정책대응은 무엇이었으며 그 결과로 이뤄진 재해부흥을 어떻게 해석할 것인가라는 문제의식에 비추어 살펴본 한국의 위기관리 및 재해대응은 다양한 과제를 안고 있다. 예를 들어, 일본의 재해에 대한 안전대비책과 재해 거버넌스 혹은 방재(위기관리) 문화의 수용과 한국형 진재학 구축을 위한 사회·문화적 대응방안 모색은 중요하다. 아카데미즘을 넘어선 재해로부터의 '부흥의 청사진' 혹은 다양한 선험적 제언을 한국형으로 활용하고 대재해를 전후로 하여 사례별로 대응(경제) 정책을 모색하는 것은 중요한 과제라 할 수 있겠다.

참고문헌

김영근 옮김(2012), 다케나카 헤이조, 후나바시 요이치 편『일본 대재해의 교훈 : 복합위기와 리스크 관리』, 도서출판 문.

김영근(2012) 외 고려대학교 일본연구센터 포스트3.11과 인간연구팀 옮김/간사이대

　　학 사회안전학부 편『검증 3.11 동일본대 지진』, 도서출판 문

김영근(2012), "3.11 동일본대지진 이후 일본 경제와 동북아 경제협력의 진로: 환태
　　평양경제동반자협정(TPP)을 중심으로",『저팬리뷰 2012: 3.11 동일본대지진과
　　일본』, 도서출판 문

김영근(2012), "3.11 동일본대지진 이후 일본의 변화"『SBS 8시뉴스 인터뷰』, 2012년
　　11월 23일

김영근 외 옮김(2013),『제언 동일본대지진: 지속 가능한 부흥을 위하여』고려대학교
　　출판부

김영근 외 옮김(2013), 가쿠슈인여자대학 편,『동일본대지진-부흥을 위한 인문학적
　　모색-』, 고려대학교출판부

김영근(2013), "日 대지진 2주년, 다시 안전이다. 일본의 재해복구 현황과 한일 국제
　　협력의 모색" [3.11 동일본대지진 2주년을 맞이하여", 서울경제신문(A39면 오
　　피니언), 2013년3월11일자.

김영근(2014), "일본의 재해 거버넌스와 한국형 진재학 구축", 송완범 · 김영근 · 전성
　　곤 엮음『일본의 재해부흥: 3.11 동일본대지진과 인간』인문사, pp.225-248

김영근(2014), "일본의 진재학과 재해부흥의 역逆이미지: 한국형 위기관리 모델의 시
　　론",『한림일본학』제24집, 한림대학교 일본학연구소, pp.141-166.

김영근(2014), "재해 대응과 한국형 CSR 구축 과제",『자동차경제』제9월호, 한국자
　　동차산업연구소(KARI), pp.2-3.

김영근(2014), "전후戰後의 재해 거버넌스에 관한 한일 비교 분석",『한일군사문화연
　　구』제17집, 한일군사문화학회, pp.33-60.

김영근(2015), "대재해 이후 일본 정치경제시스템의 변용: 간토 · 전후 · 한신아와
　　지 · 동일본대지진의 비교 분석", 와세다대학 재해진흥연구논총위원회편『진
　　재震災 이후를 생각한다: 동일본대지진으로부터의 부흥을 위한 92인의 분석과
　　제언』와세다출판부, pp.981-1001

김영근 옮김(2013),『일본 원자력 정책의 실패: 후쿠시마 원전사고 대응과정의 검증
　　과 안전규제에 대한 제언』고려대학교출판부

마쓰오카 순지 저/김영근 옮김(2013),『일본 원자력 정책의 실패: 후쿠시마 원전사
　　고 대응과정의 검증과 안전규제에 대한 제언』고려대학교출판부

지진방재연구센터편(2013)『동일본대지진 이후 일본 재난관리 정책 변화』안전행정
　　부 국립재난안전연구원.

최관 · 서승원 편저(2012),『저팬리뷰 2012: 3.11동일본대지진과 일본』도서출판문

최호택 · 류상일(2006), "효율적 재난대응을 위한 지방정부 역할 개선방안: 미국, 일

본과의 비교를 중심으로", 『한국콘텐츠학회논문지』 6(12), pp.235-243.

関西学院大学災害復興制度研究所・高麗大学校日本研究センター編(2013), 『東日本大震災と日本─韓国からみた3.11』関西学院大学出版会。

関西学院大学COE災害復興制度研究会編(2005), 『災害復興─阪神・淡路大震災から10年』関西学院大学出版会。

関西大学社会安全学部編(2012), 『検証 : 東日本大震災』ミネルヴァ書房[김영근 외 옮김 (2012), 『검증 3.11 동일본대지진』도서출판 문]

竹中平蔵・船橋洋一編著/金暎根訳(2012), 『日本大災害の教訓─複合危機とリスク管理』東洋経済新報社[김영근 옮김(2012), 『일본대지진의 교훈』도서출판 문]

전후 일본과 재해 : 역사적 검토를 위한 각서

히라이 가즈오미 平井一臣, Hirai Kazuomi*

1. 서론

일본정치는 재해문제를 어떻게 마주해 왔을까. 2011년 동일본대지진과 도쿄전력 후쿠시마 제1발전소의 사고발생, 특히 후자의 사고는 전후 일본의 정치가 어딘가 근본적인 문제를 간과해 온 것이 아닌가라는 의문을 던졌다[1]. 원전을 둘러싸고 꽤 오래 전부터 원전과 탈원전에 대한 목소리가 일부에서 나왔지만 대부분 정치적 쟁점조차 되지 않았다. 한편, 어느 시기부터 원전건설 러시는 전원3법電源三法에 상징되어 있듯이 경제적인 전망을 그릴 수 없는 지방에 대한 강력한 정책유도를 배경으로 한 것으로, 일본을 원전대국으로 끌어 올린 정치의 힘이기도 하였다[2]. 3.11은 원전건설을 추진했다는 정치책임과 그럼에도 불구하고 원전의 시비가 정치적 쟁점이 되지 않았다는 의미에서의 정치책임 두 가지를 내포하고 있다.

---

* 가고시마대학교 법문학부 법정책학과 교수

1) 예를 들어, 스기타 아쓰시杉田敦 『3·11의 정치학- 진재·원전사고가 드러낸 것』가 와사키 시민 아카데미, 2012년 구리하라 아키라栗原彬·테사 모리스 스즈키(Tessa Morris-Suzuki)·가리야 다케히코苅谷剛彦·요시미 슌야吉見俊哉·스기타 아쓰시杉田敦·하가미 타로葉上太郎 『3·11을 밝히며』이와나미쇼텐, 2012년.

2) 야마오카 준이치로山岡淳一郎 『원전과 권력』치쿠마신쇼ちくま新書, 2011년. 가이누마 히로시開沼博 『「후쿠시마」론』 세이도샤青土社, 2011년.

재해를 회피하기는커녕 사회를 재해로 끌어들여 버리는 정치, 그리고 그러한 일 자체를 정치적 쟁점화 하지 않고 오히려 정치 싸움판에서 보이지 않게 해 버리는 정치. 현재의 일본정치가 지닌 이 두 얼굴을 생각할 때, 3.11의 경험은 과연 일본정치에 있어서 완전히 첫경험이라 할 수 있을 것인가 하는 의문이 생긴다. 이미 전전戰前부터, 그리고 고도경제성장으로 인해 일본사회가 밝은 미래로 나아가고 있다고 많은 사람들이 생각하던 때에도 실은 비슷한 경험이 있었던 게 아닐까. 본 보고서는 이러한 의문에서 출발하여 전쟁재해(특히 공습), 미나마타병, 그리고 도쿄전력 후쿠시마 제1원전사고, 이 세 가지 사례를 정치와 재해의 관계라는 시점에서 바라본 시도이다.

주지하는 바와 같이 일본은 지금까지 많은 재해를 경험해왔다. 지진, 태풍 등에 의한 풍수해, 화산활동 등 한국과는 재해의 빈도도 규모도 상당한 차이가 있다. 수없이 다양한 재해 중에서 위의 세 가지 재해를 거론한 이유는 다음과 같다.

말할 것도 없이, 재해는 자연재해와 인재人災라는 양면이 있다. 물론 자연재해의 직접적인 원인은 지진, 쓰나미, 태풍 등의 자연현상이다. 그러나 재해로 인한 피해가 어디까지 확대될 것인지를 좌우하는 것에는 인적 요인이 얽혀 있다. 그리고 지진과 쓰나미라는 자연재해의 결과 대형사고가 된 후쿠시마 제1원전사고의 경우는 자연재해와 인재가 뒤섞인 복합재해로 생각해야 할 것이다. 왜냐하면, 원전은 우리 사회에 의해 생성된 것이기 때문이다. 거듭 말해, 이번 원전사고는 단순 인재라기보다는 정부와 전력회사가 중심이 되고 거기에 미디어와 연구기관도 밀접하게 관계하면서 진행된, 국책이 만들어 낸 결과물인 것이다3). 그런 의미에서 이번 재해를

---

3) 다케다 도오루武田徹 『우리는 이렇게「원전대국」을 선택했다』츄우코신쇼 라끌레(中公新書 la clef), 2011년. 『원전보도와 미디어』고단샤겐다이신쇼講談社現代新書, 2011년. 죠우마루 요이치上丸洋一 『원전과 미디어』』아사히신문출판, 2012년, 『원전과 미디어 2』 아사히신문출판 2013년.

정치적 재해라고 할 수도 있을 것이다. 특히 이와 같은 복합 재해, 정치적 재해의 성격이 짙은 재해의 사례로서 전쟁재해와 미나마타병이라는 두 사례를 거론할 수 있을 것이다.

본 보고에서는 세가지 사례를 간단히 되돌아보면서 자연재해와 인적 재해가 섞인 복합재해, 정치적 재해의 문제를 고찰하고 그에 앞서 정치와 재해의 관계에 대한 논점을 정리하고자 한다.

1.1 정치와 재해

3.11 이후, 일본정부에 의해 발족된 ≪동일본대지진부흥구상회≫의 멤버 구성은 정치와 재해가 밀접하며 불가분의 관계에 있다는 사실을 다시 한번 각인시켰다. 동일본대지진 부흥구상회 위원장은 국제정치학자인 이오키베 마코토五百旗頭真, 위원장 대리는 일본 정치사 연구자인 미쿠리야 다카시御厨貴, 검토부회의 부회장에는 일본 정치연구자 이이오 준飯尾潤씨가 취임하였다. 재해에서 부흥이라는 문제는 해당 재해의 규모가 크면 클수록 그리고 피해가 심각하면 할수록 통상적인 제도와 정책을 통한 대처만으로는 대응할 수 없다는 점, 그리고 이번 재해 부흥은 향후 일본사회의 미래구상과도 깊게 관련되는 문제라는 점 때문에 정치가 가진 힘과 가능성에 대한 기대감이 작용한 것이다.

물론, 정치가 재해로부터의 부흥하고만 연관되는 것은 아니다. 오히려 재해의 모든 국면이 정치와 관련되어 있다고 해도 과언이 아니다. 그래서 재해를 재해 전災前, 재해 중災中, 재해 후災後라는 국면으로 구분하여 각각의 국면과 정치가 어떠한 관계를 가지고 있는지 정리하고자 한다.

재해에 대한 정치의 역할이란 점에 주목하면 다음의 세 가지 포인트를 추출할 수 있다. 하나는「위기」, 또 하나는「방어」, 그리고「구제」이다.

재해는 인간과 인간이 구성하고 있는 사회에 커다란 위기를 의미한다. 정치에 대한 기대 중 하나는 인간과 사회에 닥친 위기에 대해 유효한 방법을 강구해 주었으면 하는 것이다. 이 경우 위기를 사전에 예측하고 미연에

회피하는 것이 정치의 중요한 역할이다. 그러나 실제로 위기가 발생했을 경우에는 위기의 확대를 막고 위기를 가능한 빨리 극복해야 한다. 이것은 다음의 방어라는 문제로 이어진다. 자연재해든 인재든 실제로 재해가 발생한 후, 어디까지 사람들의 생명과 삶을 지킬 수 있을지에 관한 것이다. 그리고 재해에 대한 정치의 역할에서 또 하나 중요한 것이 구제이다. 불행하게도 재해로 인해 피해 입은 사람들을 어떤 범위에서 어떻게 지원할 것인가 하는 문제 역시 정치가 떠안아야 할 큰 부분이다.

다음 표는 재해 전, 재해 중, 재해 후라는 시간축과 위기, 방어, 구제라고 하는 정치의 역할에서 추출한 세 가지 포인트를 교차시켜 정리한 것이다.

	재해 전災前	재해 중災中	재해 후災後
위기	위기회피	위기의 파악과 전달	위기제거
방어	예방조치	방어·피난	예방조치의 재구축
구제	구제체제의 정비	지원·구제의 시동	지원·구제의 전개, 기억과 계승

재해와 전후 일본정치의 문제를 생각하면 이러한 전체적인 관점에서 검토를 추가할 필요가 있다. 그러나 이 글에서는 그 가운데 극히 일부, 즉 재해 전 위기회피문제와 그것과 결부된 방어문제를 중심으로 다룰 것이며 필요에 따라서는 다른 논점에 관해서도 언급할 것이다.

1.2 재해와 전후 일본의 출발 – 공습과 방공체제

1.2.1 전쟁과 정치

1945년 패전과 동시에 전후 일본의 시대가 막을 열었다. 미국을 중심으로 한 점령군 하의 전후 개혁을 통해 전전 군국주의가 제거되고 민주화의 움직임이 시작되었다고 일컬어진다. 그러나 재해와의 관계에서 살펴보면 전후 일본의 출발은 전쟁말기에 전국 각지에서 발생한 공습에 의한 재해, 그 결과 생겨난 「(잿더미만 남겨진) 불탄 자리」라고 불리는 공간으로부터의 출발이기도 하였다.

전후 일본의 출발점이 된 「불탄 자리」를 초래한 공습. 이것은 분명 인재라 할 수 있는데, 그렇다면 공습의 위기에 대해, 재해 전, 재해 중, 재해후의 정치는 어떻게 기능하였던(하지 않았던) 것일까.

공습이라는 위기회피의 관점에서 말하자면 애당초 공습 그 자체를 당하는 상황을 초래하지 않는 세력, 즉 전쟁회피 문제가 일본정치에 있어 커다란 문제였다. 왜 일본이 전쟁에 돌입했던 것일까. 피할 방도는 없었던 것일까. 이 문제는 지금까지 일본 정치외교사 연구에서 반복되어 거론돼 왔던 문제이며 다양한 논의가 이루어져 왔다. 전전의 정치체제 그 자체가 군부를 중심으로 한 강권적인 체제이며, 만주사변 이후 강경론을 주장하는 군부에 의해 일본사회가 전쟁돌입에 질질 끌려다녔다고 하는 것이 일반적인 이미지로 인식되어 있다. 그러나 전전 메이지明治헌법을 중심으로 한 체제는 권력분립적인 성격을 지니고 있었으며, 그렇기 때문에 전쟁회피를 가능케 할 다양한 레벨의 세력이 있었는데도 불구하고, 상황 결정의 부재가 전쟁으로의 돌입 및 전선의 확대로 이어졌다고 한다[4]. 여러 정치세력 중 어느 특정 부분이 전쟁을 초래했다고 한다기 보다는 메이지헌법 체제하에서의 의사결정의 구조적인 문제자체가 만들어냈다고 하는 견해이다. 만주사변 이후의 보도기관이나 시민 자신에 의한 배외주의적인 여론형성도 더해져 국책으로서 전쟁수행의 길을 걷게 되었다. 전쟁회피에 실패한 일본정치는 공습문제에 대해서도 위기대응을 강요당하게 되었던 것이다.

1.2.2 공습과 정치

그렇다면 전전의 일본정치는 공습문제에 어떻게 대응하였던 것일까. 우선 재해 전 위기회피의 관점에서 검토해보자. 일본의 경우 어느 시기부터

---

4) 모리야마 아쓰시森山優 『일본은 왜 개전을 단행했는가?』신조센쇼新潮選書, 2012년.

인가 공습에 대해 관심을 가지기 시작하였지만, 기본적으로는 재해 전 위기회피의 세력이 극히 불충분하였다. 그 이유로서 두 가지를 들 수 있다.

하나는 제1차 세계대전에 본격적으로 참가하지 않았던 것으로 인한 인식부족이다. 대체적으로 공습은 전쟁에서 비행기의 등장과 함께 비로소 시작되며, 전쟁무대에 비행기가 등장한 것은 제1차 세계대전에서였다. 세계 역사상 최초의 공습은 제1차 세계대전이 발생하기 얼마 전인 1911년, 이탈리아와 투르크전쟁이 이탈리아에 의해 일어났는데 이것은 비행선에 의한 것이었다. 제1차 세계대전에서는 1915년에 독일에 의한 런던공습이 일어났는데 이것도 역시 체펠린호 등 비행선에 의한 것이었다. 라이트형제의 첫 비행이 있었던 것은 제1차 세계대전 개전(1914년)으로부터 불과 10년 전이다. 제1차 세계대전 발발 시, 비행기가 전쟁의 주력이 될 것이라고 상상한 사람은 거의 없었을 것이다. 그러나 비행기의 놀라운 발달로 이미 제2차 세계대전 도중부터 비행선이 나타났다. 1917년에는 독일 중폭격기로 런던폭격이 실시되었다. 당초, 전쟁에서 비행기의 정찰기능을 기대했지만 급속한 기술개발 아래 폭격기가 등장하기에 이른 것이다. 『왜 도시가 공습당했는가』의 저자는 폭격기 등장이 「인류의 전쟁혁명」이었다고 밝히며 다음과 같이 기술하고 있다.

「런던폭격은 이미 야전의 연장이 아니었다. 상대방 국민의 항전의사 파괴, 적국의 지도자에 대한 위협, 제1차 세계대전에서 나타난 총력전이라는 관념의 노골적인 표현이었다. 20세기 기술의 발달은 전사와 민간인의 구분을 없앤다. 전쟁은 이미 전장에서 기사끼리 하는 대결이 아니다[5].」

이 지적을 본 보고서로 끌어내 고찰하면 비행기의 본격적인 이용과 총력전 체제의 형성에 의해 일반 시민들에게 재해로서의 공습문제가 계속 급속도로 현실화되고 있었다고 할 수 있을 것이다. 그렇다고 하더라도 제1차 세계대전은 일본 아득히 멀리에서 일어난 전쟁이었다. 일본 최초의 방공훈

---

5) 나가사와 미치오永沢道雄 『왜 도시가 공습당했는가』 고진샤光人社 2014년, pp.27~28.

련은 1919년 요코스카시橫須賀市의 등화관제 훈련이었다고 알려져 있는데, 「제1차 세계대전에서의 런던을 교훈삼아 여러 국가에서 주창되는 전략폭격론에 주의를 하는 열성적인 연구자가 국토방공의 필요를 주장하여 그럭저럭 소극적이지만 부대 내에서 검토가 진행되고」[6]있던 실정이었다.

제1차 세계대전의 경험과 더불어 일본사회에서 공습이라는 문제에 그다지 현실감을 느끼지 못했던 또 하나의 이유로 해양국가라는 지리적인 요인을 들 수 있다. 당시 비행기의 항속거리를 고려하면 주위가 바다로 둘러싸여있는 일본에 대규모 비행기가 내습하여 폭격을 하는 것은 어렵다고 생각했던 것이다. 그러나 그 후 기술의 발전에 따라 비행기의 항속거리는 급속히 증가했으며, 전쟁말기에 일본의 수많은 도시가 공습에 노출되었다. 아시아태평양전쟁의 태평양해역에서 치러진 미일전투는 급성장하는 비행기의 항속거리와 관련된 폭격기의 발진거점 확보를 둘러싼 전투이기도 하였던 것이다.

1.2.3 방공법의 문제

이렇듯 공습에 대한 일본의 대응은 제1차 세계대전을 겪은 서유럽 여러 국가에 비해 뒤떨어졌다. 공습에 대한 기본적인 법률인 방공법이 제정된 것은 1937년이었다. 이 해는 중일전쟁이 본격화된 해였으며 나치 독일에 의한 게르니카폭격이 일어난 해이기도 하다. 공습에 대한 법적 정비와 동시에 사회조직의 정비도 진행되었다. 실제로 공습을 당했을 때 피난과 방화 등을 담당하는 것은 말단 사회조직이며 1939년 1월에 경찰·소방단警防團령에 따라 경방단이 조직되었다. 또한 이보다 앞서서 중일전면전쟁이 시작될 무렵부터 반상회 조직이 자연발생적으로 만들어졌고, 1940년 대정익찬회大政翼賛会 발족에 따라 그 말단조직으로서의 역할을 수행해 간다. 일본의 경우 반상회 및 경방단이 공습시에 기능하게 되었다. 일본 정부는

---

6) 상동 p.43.

1941년 1월에 「국토방공강화에 관한 건」을 결정하지만 당시 사회가 여전히 공습에 대한 인식과 절박함이 부족했다는 것에 대해 나가사와永沢는 당시의 신문을 인용하면서 다음과 같이 언급하고 있다.

「『중요 도시를 방화개수하려면 수억 엔의 비용이 소요됩니다. 이를 방공호로 구획하면 좋지 않을까 하는 의견도 있는 것입니다. 도시를 때려부수고 폭 수십 미터의 공터를 종횡무진으로 만들어도 공습이 일어났을 때 방공지역 사이에 남아있는 건물이 공격 당하면 아무 소용없지 않습니까(웃음소리). 결국 방공지역만 남게 되는 것은 아닌가(웃음소리)하는 이야기도 나와서 말입니다』

중대한 이야기를 하고 있는데 '웃음소리'가 나고 있다. 공습이 있으면 어쩔 수 없다는 자학인 건지, 아니면 공습 따위가 일어날 리 없다고 자부하는 웃음인 것인지[7].」

이처럼 전전기 일본정치는 단순히 전쟁회피라는 차원에서의 위기회피에 실패했을 뿐 아니라 실제로 전쟁이 일어났을 때에 생길지도 모르는 공습이라는 위기에 대해서도 매우 안일한 예측 속에 있었다고 할 수 있다. 문제는 이에 그치지 않는다. 뒤늦게 제정된 방공법을 중심으로 한 전전의 공습대책을 실제로 살펴보면 일본의 정치와 재해의 관계에 대해 많은 시사점을 얻을 것으로 보인다.

이 문제는 2014년에 출판된 미즈시마 아사호水島朝穗 · 오오마에 오사무大前治의 저서 『검증 · 방공법: 공습 하에서 금지된 피난』에서 상세하게 논하고 있다. 이 글의 내용 역시 많은 부분 이 서적의 도움을 입었음을 알린다.

위의 책에 따르면 방공법은 제정 당시부터 「현실적으로 예상되는 공습으로부터 국민을 지키기 위한 법률이 아닌 「지켜야 할 것은 도시이며 국토이며, 국가체제」라고 인명보다도 국가체제를 우선시」하는 법이었다[8]. 특

---

7) 상동 p.110.
8) 미즈시마 아사호水島朝穗 · 오오마에 오사무大前治 『검증 · 방공법』 호우리츠분카샤 法律文化社 2014년 p.21.

히 이 문제가 현저하게 나타나고 있는 부분은 피난에 대한 방공법의 내용 부분이다. 즉, 방공법 제1조에는 방공의 의미로서 피난·구호가 거론되고 있지만 「취지의 설명에서 언급된 8가지 포인트에는 그 구체적인 방안은 포함되어」있지 않으며, 「그뿐만 아니라 1941년 개정 이후 『피난』은 금지되었다」는 것이다[9]. 미즈시마와 오오마에는 제정된 방공법이 공습으로부터 국민을 보호하기 위한 것이 아니라는 점, 또한 등화관제나 소화활동, 방공호 구축 등의 다양한 대처는 공습으로부터 국민을 보호한다기보다 오히려 국민의 전쟁협력체제 확보나 전의상실 회피의 수단이 되었다는 것, 이러한 구체적인 대책자체가 지극히 비과학적이고 비현실적인 것이었다는 사실을 설득적인 방법으로 밝히고 있다. 이것이 전쟁말기에 공습의 피해를 매우 크게 한 셈이다.

미군에 의한 일본 본토 공습은 1942년 4월 둘리틀(Doolittle)공습이 처음 이었으나 본격적인 도시공습이 시작된 것은 1944년에 들어서이다. 44년 6월 북규슈, 10월 오키나와·아마미沖縄·奄美공습 등을 거쳐, 11월에는 관동지방의 공습이 이루어졌다. 이는 사이판을 포함한 마리아나제도에서 출격한 첫 공습이기도 하였다[10]. 주지하는 바와 같이 공습의 피해가 가장 컸던 것은 1945년 3월 10일 도쿄대공습이었다. 하룻밤에 약 10만 명의 사망자를 낸 도쿄대공습을 시작으로 오사카大阪, 나고야名古屋, 요코하마横浜, 고베神戸 등 대도시로 본격적인 공습이 전개되었다. 그리고 6월 중순 이후부터는 지방도시로 공습이 본격화 되어 도시에 무차별 공격이 퍼부어졌고, 이러한 공격은 정부가 포츠담선언 수락을 연합국 측에 전했던 8월 14일 이후까지 계속되었다.

여기에서는 필자가 거주하고 있는 가고시마鹿児島의 공습에 대해 소개하고자 한다. 가고시마에 대한 공습은 1945년 3월 18일 공습에서 8월 6일 공습까지 총 여덟 번 일어났다. 그 중에서 최대 규모의 공습은 다섯 번째

---

9) 상동 p.22.
10) 미즈시마·오오마에, 전게서, p.125.

에 해당하는 6월 17일의 공습이었다. 사망자는 2,316명, 부상자는 3,500명, 피해인구는 66,134명에 달했다[11]. 또한, 여덟 차례의 공습으로 가고시마시 건물의 소실 수는 전소 2만 가구 이상, 반소가 169가구, 전괴 655가구, 반괴 640가구에 이르러, 시가지의 93%인 327만평이 소실되었다[12].

가고시마 공습의 실상을 알기 위해 체험자의 기록을 일부 인용하고자 한다. 4월 8일 제2차 공습을 겪은 야마노구치 이쓰코山之口逸子씨라는 여성의 기록에 관한 소개이다. 기록에는 제1차 공습이라고 되어 있지만, 제1차 공습은 주로 군관계만 피해를 입었기 때문에 4월 8일의 공습을 첫 공습이라고 기억하는 시민도 있었을 것이다. 내용상으로 보자면 4월 8일 공습에 관한 기억이다.

「지금으로부터 39년 전 봄, 가고시마시가 첫 번째 공습을 받았을 때, 나는 다카미바바高見馬場의 이발소에서 일하고 있었다. 정확한 시간은 기억나지 않지만 아마 점심 전이었던 것 같다.

그 무렵 일본인 남성은 대부분 바리캉을 대고 민 빡빡머리였지만 한국 등 외국인의 경우 긴 머리가 많았고, 마침 그런 긴 머리 손님의 이발을 하고 있을 때였다. 막 끝내려고 할 때, 갑자기 큰 소리가 나더니 집안이 흔들리기 시작했다. 비교적 따뜻한 날이었기에 입구 문은 열어 둔 채로 있었다. 가위를 든 채로 뛰쳐나가 니시역西驛 방향을 보고 놀랐다.

시혼사柿本寺 교차점 부근에서 새까만 연기가 뭉게뭉게 피어오르는 것이 보였다. 『공습이에요. 빨리 방공호로』라고 숨이 끊어질 듯 외치며 손님을 서둘러 대피시켰다. 동시에 공습경보 사이렌이 울리고, 확성기로 피난을 알리는 경방단원의 분주한 발소리, 머리 위로 B29가 끈질기게 선회를 반복하고, 여기저기서 『펑, 펑』 폭탄이 터지는 소리와 큰 땅울림이 계속되어 모두가 숨을 죽인 채 죽은 듯이 있었다.

이윽고 폭음도 잠잠해지고 경계경보도 해제되어 일단 벙커에서 나왔지

---

11) 가고시마현의 공습을 기록하는 모임 『가고시마현의 공습전재기록 〈제 1 집〉가고시마시의 부』 1985년, p.30.
12) 상동 p.36.

만, 이렇게 갑작스런 공습이 계속되면 어린 아이에게 무슨 일이 생기기라도 할까봐 산속이라서 비교적 안전하다고 생각되는 내 고향 나오키直木로 대피시키게 되었다.

저녁 무렵 다섯 살 되는 아이의 손을 이끌고 나오키로 발걸음을 서둘렀다. 다가미田上부근 논밭에는 폭탄으로 푹 패여 직경 2미터, 3미터나 되는 큰 구멍이 많이 생겼다. 도로에는 마차에 갓이나 무 등 채소가 쌓인 채 방치되어 있었고, 뒤집힌 차량 주위에 채소가 흩어져 있어 발 디딜 틈 없는 곳도 있었다. 제방에는 폭격으로 사망한 사람 몇 명이 거적이 덮인 채 누워 있었다[13].」

다음은 6월 17일 최대 규모의 공습을 경험한, 당시 가고시마시청 후생과에 근무하고 있던 구마모토 요시노리隈元良則씨의 회상을 인용한 것이다.

「6월 17일은 시청 근무를 시작한 뒤 첫 숙직근무를 하게 된 날이었습니다. 숙직 직원은 분명히 7-8명 정도였던 것 같습니다. 무더운 밤에 두 방으로 나누어 모기장 속으로 들어갔습니다. 자려고 눈을 감고도 좀처럼 잠들지 못하고 있을 때, 11시경이 되니 폭음이 들려 우군기일 거라고 생각했지만 경계경보도 공습경보발령의 연락지시도 없었기 때문에 밖을 보고 놀라 『적기내습』이라고 외치면서 3층으로 뛰어 올라가 수동 사이렌을 정신 없이 돌려서 공습경보발령 신호를 보냈습니다. (중략)

사람들이 우왕좌왕하고 있는 모습이 대낮처럼 밝은 불 속에 보였습니다. 저도 점점 집이 걱정되었지만, 시미즈쵸清水町 근처는 괜찮을 거라 생각하고 경계태세에 있었습니다. (중략) 밤 2시경, 시미즈쵸 순사 파출소 경관에게 연락이 왔는데 집이 폭파되어 가족이 실종되었으니 즉시 돌아가라는 것이었습니다. 방공과장과 동료도 즉시 돌아가라고 말했지만 나는 현재 근무 중이며 이러한 중대한 공무수행 중에 돌아갈 수는 없다고 말한 채 경계태세를 지켰고 근무시간이 끝나는 아침 8시에 상사에게 연락하고 귀가했습니다.

집에 돌아가서는 매우 놀랐습니다. 아이러니하게도 저희 집만 대형 소

---

13) 가고시마의 공습을 기록하는 모임, 전게서, pp.251~252.

이탄의 직격을 받아 통째로 타버렸습니다. 아버지와 여동생은 화상을 입었고 가스가쵸春日町 반상회 사무실이 있는 가스도장(신사 앞 모리 아리노리森有礼의 기념비가 있는 곳)에 수용되어 있었으며, 어머니와 조카는 실종되었습니다. 아내와 큰딸은 한 달 전에 시골 친정에 가 있어서 피해를 면했습니다.

이웃에게 묻자『머리가 산발이 된 채 아이를 안고, 손을 이끌고 울부짖으면서 달려갔다』라든가『미나가타신사南方神社 옆 방공호로 갔다』,『지인의 집으로 갔다』라고 알려줘서 그 길로 찾아 보았습니다. 그런데도 좀처럼 찾을 수 없어서 찾는 것을 포기하고, 혹시 불탄 집 속에 묻혀있는 것이 아닐까 싶어 빗속에서 폐자재를 치우고 파헤쳤을 때 두 명의 손자를 껴안고 있는 어머니를 발견했습니다. 두 세분들의 도움을 받아 끌어올려 불탄 함석 위에 눕히고 거적을 덮어 부슬부슬 내리는 빗속에서 혼자 밤샘했던 기억은 말로 다 설명할 수 없습니다[14].」

구마모토씨의 회상을 보면 수동 사이렌으로 공습경보가 발령되었다고 기록되어 있지만, 당시 시방공과장 혼다 히토시本田斉씨의 회상에는 다음과 같이 기록되어 있다.

「그날 밤 11시 5분, 이상한 폭음이 우에아라타上荒田 방면 상공에서 들리는가 싶더니 벼락이 한꺼번에 번득이는 것처럼 엄청난 서광이 시 전체를 마치 대낮처럼 밝혔다.

그때 필자는 시청의 방공본부에 있었는데, 큰일이다! 적의 소이탄 공격이 틀림없으니 비록 공습경보통지는 없어도 시민에게 공습경보를 발령하는 것이 급선무라고 생각하여 시청 현관에 있는 사이렌실로 달려갔으나 그때는 이미 시청 상공에 적기가 나타나 여기저기 소이탄을 투하하기 시작했다. 그 때문에 전등은 꺼지고 사이렌을 울리지도 못했다[15].」

여기에서 알 수 있는 사실은 공식적인 공습경보발령의 지시가 없었다는

---

14) 가고시마의 공습을 기록하는 모임, 전게서, pp.217~219.
15) 상동 pp.75~76.

점, 소이탄 공격 탓에 정전이 되어 사이렌을 울릴 수 없었으나 현장의 판단으로 수동 사이렌 경보가 발령되었다는 점이다.

다음 인용은, 구마모토 체신국 가고시마 전화기술관 주재소에 근무하면서, 공습이 있던 날은 고라이쵸高麗町에 거주하고 있던 와카미야 시즈오若宮静男씨의 기록이다. 공습 체험자 기록의 대부분은 공습경보를 들었다고 기록하고 있다.(더구나 와카미야씨는 시내 나가요시쵸永吉町로의 이사를 하루 앞두고 있었다).

「그날은 정말 날씨가 좋고 무더운 밤이었습니다. 저녁식사를 마치고 다음 날을 준비하려고 일찍 잠들려 하고 있을 때 갑작스런 공습경보발령, 전날 비 때문에 침수된 집 방공호에는 들어가지 못하고, 산 쪽 은신처까지는 너무 멀어서 그저 부인이 우왕좌왕하고 있었던 11시 무렵이라고 생각됩니다. 서남 상공에서 윙윙 부릉부릉, 슈우슈우, 탕탕 형언 할 수 없는 큰 소리와 함께 소이탄이 여기저기 사택 부근에도 떨어졌고, B29의 내습과 시내 각처에서 들리는 고사 기관포음이 무시무시했으며, 슝하고 불꽃이 오르는 광경을 보고 있는 사이에 불길은 새빨갛게 타 올랐습니다. 그 상태를 보고 아내와 6살 아이를 집에 두는 것은 위험하다고 생각되어 집 뒤 밭두렁에 대나무 숲이 있어서 울타리를 치우고 거기로 데려간 뒤 이불을 가져다 두 사람에게 씌웠습니다. 저는 철모를 쓰고 불이 집으로 번지면 끌 심산으로 양동이를 가지고 주위를 경계하고 있었습니다. 이제 와서 생각하면 이상하지만, 그 당시에는 한치의 무서움도 없이 목숨을 걸었던 것 같습니다.
집에서 50미터 정도 떨어진 곳에서는 불길이 사라졌지만, 건너편 시가지의 불똥이 하늘높이 올랐고, 시 전체가 불바다처럼 타오르고 있었습니다[16].」

다음으로 인용하는 후지오카 아키라藤丘明良씨의 회상 기록에서는 공습경보가 전혀 들리지 않았다고 한다. 후지오카씨는 당시 우에아라타 고등

---

16) 상동 p.206.

농림학교(현재의 가고시마대학 농학부) 정문 근처에 살고 있었으며, 6월 17일 공습 당일은 직장 가고시마 상선학교에서 당직중이었다.

> 「1945년 6월 17일 가고시마시 대공습 당시 나는 당직중이었다. 11시경, 아무런 경보도 없었다. 말로 형언할 수 없는 소음에 눈이 떠졌다. 적기의 내습이다. 같이 당직하던 소사와 함께 교정의 방공호로 달려갔다. 너무나도 갑작스런 공습에 당황해서 나도 모르게 바지를 입을 새도 없이 달려가 지나고 보니 당혹스러웠다[17].」

가고시마공습 체험자의 회상기록 일부를 살펴보았는데, 이를 통해 소화활동이나 방공호 대피 등에 대한 정확하지 않은 지식으로 사람들이 행동했다는 것을 알 수 있다. 또한 야마노구치씨의 회상에서 나타난 바와 같이 위기회피의 가장 확실한 방법인 피난은 실제 공습의 공포를 경험 한 후에 당사자 자신의 판단으로 간신히 이루어졌다는 것도 지적할 수 있을 것이다. 앞서 소개한 미즈시마 · 오오마에의 『검증 · 방공법』이 지적한 것처럼 당시의 방공체제가 얼마나 취약했었는지를 가고시마공습의 기록에서도 알수 있다.

여기서는 가고시마공습에 대해 다소 상세히 기술했으나, 이러한 공습으로 전국 대부분의 도시가 피해를 입었다. 그리고 일반시민을 무차별로 살육하는 전략폭격의 마지막이 히로시마広島와 나가사키長崎에 떨어진 원폭투하였던 것이다.

물론 일본의 충칭重慶폭격에서 볼 수 있듯이[18] 일본이 일방적인 피해자였던 것은 아니다. 그러나 오다 마코토小田実가 「난사難死의 사상」에서 지적했듯이 공습을 받은 입장에서는 지옥그림과 같이 여겨지는 상황이 일어났으며 그것은 결코 안이하게 미화될 수 없는 죽음이었다[19]. 공습이라는

---

17) 상동 p.330.
18) 마에다 데쓰오前田哲男 『전략폭격의 사상』(개정판) 가이후샤凱風社, 2006년.

위기에 대응하여 정비되었던 방공법을 중심으로 한 방공체제가 인명이나 사람들의 생활보다도 국가체제와 전의유지를 우선시 한 결과, 오다가 말한 「난사」를 수없이 만들어 낸 것이었다.

더욱이 공습에 의한 피해자는 전후에 구제대상에서 제외됐다. 이 부분에 대해 미즈시마·오오마에의 저서는 다음과 같이 기술하고 있다.

> 「전시 중에는 『전시재해보호법』 등에 의해 민간인 피해자도 보상의 대상으로 되어 있었지만 이 법은 전후 얼마 되지 않아 1946년 9월 폐지되고 공습 피해자에 대한 원호제도는 소멸하였다. 그 후, 정부와 고용관계에 있던 군인·군속, 귀국자, 피징용자 등은 은급제도와 그 외 보상조치를 받게 되었다. 다른 유형의 전쟁 희생자도 각종 법률의 제정과 해석변경을 통해 불완전하지만 구제받게 되었으나 공습 피해자만 부당하게 방치되었다[20].」

위기를 미연에 회피, 위기 발생시의 대응뿐 아니라 위기 후 구제라는 국면에서도 역시 사람의 생명과 생활은 계속 경시되었다고 할 수 있다.

1.3 미나마타병水俣病

재해의 위기와 일본정치의 대응을 고찰하기 위하여 공습피해 문제를 다소 자세히 고찰해 보았다. 이러한 경험이 과연 전후 일본의 재해대응에 얼마나 활용된 것일까. 미나마타병과 후쿠시마 제1원전사고의 문제에 대해 매우 간단하게 정리하면서 이 문제를 고찰하고자 한다. 우선 미나마타병에 관한 것은 한국에 그다지 알려져 있지 않을지도 모르므로, 간단하게 개요를 설명해 둔다[21].

---

19) 오다 마코토小田実『「난사難死」의 사상』이와나미겐다이분코岩波現代文庫, 2008년.
20) 미즈시마·오오마에, 전게서, p.210.
21) 미나마타병에 관한 문헌은 다수 출판되어 있지만, 개요에 관해서는 미나마타병 문제의 초기부터 이 문제에 근접한 의사, 하라다 마사즈미原田正純의 일련의 저작 『미나마타병』이와나미신쇼, 1972년, 『미나마타병은 끝나지 않았다』이와나미신쇼, 1985년, 『미나마타가 비추는 세계』니혼효론샤日本評論社, 1989년, 또한 기타오카

미나마타병이라는 병명은 지명에서 유래하고 있다. 구마모토현熊本県과 가고시마현 경계에서 구마모토현 경계쪽 가까이에 위치한 도시가 미나마타시水俣市이다. 미나마타시에는 칫소(チッソ, chisso)라는 화학공장이 있다. 이 기업은 전전戦前에 식민지 지배하의 조선반도에 대규모 공장을 건설하는 등 전전·전중에 급속도로 발전한 기업이다. 이 기업이 유기수은을 포함한 폐수를 바다로 계속 흘려 보냈고, 먹이사슬을 통해 물고기에 축적된 유기수은을 사람이 섭취한 결과 다양한 장애가 발생했다. 미나마타병의 공식적인 확인이 이뤄진 것은 칫소 부속병원장이 구마모토현에 보고한 1956년 5월 1일로 되어 있지만, 이미 전전의 1940년대 즈음부터 어업피해가 속출했고「기병奇病」의 발생도 볼 수 있었다고 한다. 이것이 미나마타병이라고 불리는 것이다. 사망자도 발생했고, 또한 태아성 미나마타병이라고 하여 어머니의 태내에서 유기수은에 중독 되어 장애를 가지고 태어난 환자도 있다. 이렇게 미나마타병은 1950년대부터 1960년대에 걸쳐 수많은 피해자를 발생시켰다. 정부가 미나마타병의 원인을 칫소 공장배수에 포함된 메틸수은 화합물이라고 인정한 것은 1968년 9월, 미나마타병 환자가 공식 확인된 때로부터 무려 12년의 세월이 흐른 시점에서였다. 미나마타병은 칫소라는 기업이 만들어 낸 공해이며 인재였다. 재해의 위기회피라는 관점에서 보면 두가지 사항을 지적 할 수 있다.

첫째는, 일본에서 일어난 기업에 의한 환경오염과 인체에 대한 피해문제는 미나마타병이 처음이 아니라는 점이다. 메이지明治시대에 발생한 아시오足尾광독사건은 당시 커다란 사회문제가 되었다. 이것은 후루카와古河라고 하는 재벌이 경영하던 구리광산이 일으킨 재해이며 다나카 쇼조田中正造라는 정치인이 전생애를 걸고 이 문제에 대응한 것으로 알려져 있다[22].

히데오北岡秀郎·미나마타병 시라누이 환자회·no more·미나마타 국가배상소송변호인단『no more·minamata』(신판)』가덴샤花伝社, 2010년, 마사노 아쓰코政野淳子『4대 공해병』츄우코신쇼中公新書, 2013년 등이 대표적이다.
22) 다나카 쇼조田中正造에 대해서는, 고마츠 유타카小松裕『다나카 쇼조』이와나미겐다이분코, 2013년을 참조할 것.

이미 이런 경험이 있었던 일본이었지만, 미나마타병에 대한 대응은 매우 뒤떨어졌다. 오히려 미나마타병의 원인규명이 시작되고, 칫소가 흘려보내는 공장폐수에 원인이 있다는 것이 어느 정도 밝혀진 후에도 배수가 계속되어 그 결과 피해가 더욱 확대되었다. 즉, 구마모토대학 의학부를 중심으로 한 연구팀은 이미 1956년 11월에 『『원인은 어떤 종류의 금속』이고, 인체로의 침입경로는 『어패류이다』』라는 결론을 얻어, 다시 1956년 7월에 유기수은이 원인이라는 공식발표를 했다. 그러나 칫소는 1958년 6월에 배수를 미나마타의 하천 하구에서 직접 시라누이카이不知火海 해역으로 흘려보냈고, 1959년 11월에는 햐쿠켄百間 배수구로 되돌렸지만 원인물질인 아세트 알데히드를 계속 바다로 흘려 보냈으며, 아세트 알데히드 배수를 폐쇄순환식으로 한 것이 1966년 6월이었다(아세트 알데히드의 제조정지는 1968년 5월). 기업활동의 환경파괴에 대한 과거의 역사적 경험을 유효하게 활용하지 않았으며, 더욱이 눈앞에서 현실로 일어나고 있는 피해를 지켜보면서도 회피할 방도를 찾을 수 없었다. 여기에 미나마타병 문제의 심각성이 있다고 할 수 있다.

지적하고자 하는 두 번째 포인트는 재해에 대한 위기회피를 방해한 것은 무엇인가라는 문제이다. 그 배경에는 점점 고도성장의 시대로 돌입하고 있던 당시의 시대적 상황이 있었다. 즉, 경제성장 지상주의 속에서 칫소는 기업에 경제적으로 의존하고 있었던 미나마타시 지역경제의 기둥이었다. 칫소에 대해 비판하기 어려운 분위기가 지역사회를 지배하고 있었다. 피해자들이 항의의 목소리를 내기 시작한 초기 단계에 칫소가 피해자와 맺은 약속은(1959년), 배상금이 아닌 보상금으로 돈을 지불하고 이후 일체 칫소에 항의를 하지 않기로 약속하는 것이었다. 또한 칫소로 인해 경제적인 번영을 누리고 있던 미나마타지역 주민의 대부분이 피해자의 목소리를 소란스러움 정도로 받아들이고 있었다. 미나마타병 환자는 「기병」으로 간주되어(미나마타병 환자의 공식확인 후에 미나마타 보건소, 미나마타 의사회, 미나마타시 위생과 미나마타 시립병원, 칫소병원에 의해 발족된 조사위원회의 명칭도 「미나마타시 기병대책위원회」였다), 혹독한 차별마저 받게 되었다. 이런 가운데, 미나마타병 환자와 그 가족은 생계수단을 잃었고 궁핍화, 지역사회 속에서의 차별과 편견을 수반한 고립화라는 궁지에 몰렸다. 이렇게 미나마타병 피해자가 겪은 고난의 경험은 당사자의 기록으로 남아있다. 여기에서는 1956년 7월에 발병한 다노우에 요시하루田上義春씨의 기록을 소개한다.

> 「『그때는 미나마타병이 골반기병이라고 해서 병에 걸려도 숨겼다. 위생과에서 바로 소독하러 와서 벽병원(격리병원을 의미한다. 전염병 환자를 시가지에서 격리수용한)으로 데려간다』. 전염병 환자도 포함해서 이와 같은 사고를 처리할 때, 행정당국은 우선 소독, 그리고 격리병원에 집어넣는 걸로 끝냈다.
> 『친구도 많았는데, 근처에 얼씬거리지 않았다. 이것이 인간의 모습이지』. 인간관계가 약하다는 사실을 깨달았다. (중략) 집은 가차없이 점점 빈곤해졌다. 어느 날 어머니는 마을에 가서 귀가 솔깃해지는 이야기를 들었다. 관공서에 가서 무슨 절차를 밟으면 돈을 받을 수 있다고 하는 것이다. 돌아오자마자 『여보, 나 지금 왔어. 무슨 수속을 하면 시청에서 돈 준대』. 마당에서 수작업에 몰두하고 있던 아버지는 돌아서서 『응, 그건 생활보호 애기야. 우리도 드디어 생활보호를 받게 되는구만』. 소리 없이 울었다[23].」
> 「어쨌거나 위기회피나 예방조치는커녕, 원인규명이 진행되고 있었음에도 불구하고, 유해수 배출이 계속되어 피해가 확산되었다. 「미나마타병은 고통이다. 본인만이 아니다. 병으로 가족의 생활전체가 무너진다」고 하는 「이 세상에서의 덧없는 고통」이 미나마타병 환자와 그 가족을 덮친 것이다[24].」

이렇게 기업 중심으로 이루어진 지역사회가 떠안고 있는 문제를 배후에서 지지하고 있었던 것은 이윤추구만 하는 기업과 이러한 기업활동을 옹

---

23) 아카사키 사토루赤崎覚 「깊은 늪에서 외치다」 이시무레 미치코石牟礼道子편 『미나마타병투쟁 우리 사민死民』(복각판) 소우도샤創土社, 2005년, pp.67~68.
24) 와타나베 교지渡辺京二 「현실과 환상 사이에서」, 상동, p.172.

호하는 당시 정부의 대응이었다. 예를 들어, 당시 경제기획청 주도의 미나마타병 종합연구연락회의에서 동경공업대학 교수의 유독아민설이 발표되었다. 이는 당시 구마모토대학에서 진행되고 있던 유기수은설에 관한 조사를 방해하는 역할을 했다.

이와 같이, 미나마타병 문제는 산업정책의 중심적인 역할을 담당하는 기업과 기업을 지원하는 국가가 만들어 낸 것이었다. 오다 마코토의 말을 원용하면 전후 경제성장 시대의 새로운 「난사」의 경험이라고 해도 무관하다. 그리고, 이러한 심각한 피해원인이 어느 정도 밝혀지는 상황 속에서도 지속되었던 공장배수와 피해확대의 구도는 공습이 격화될 것으로 분명히 예상되는 상황에서도 여전히 사람들을 대피시키지 않았던 전시 속 정부대응과 상통하는 것이 아닐까.

1.4 후쿠시마 제 1원전사고

마지막으로 2011년에 발생한 후쿠시마 제1원전사고에 대해 고찰한다. 3.11에 일어난 일은 위기회피라는 관점에서 어떻게 볼 수 있을 것인가.

미나마타병 문제가 사회적으로 주목을 받기 시작한 60년대 말부터 70년대 초에 걸친 시기는 일본의 원전건설이 본격화하는 시기이기도 했다. 미나마타병을 비롯한 공해문제가 심각해지자 일찍이 꿈의 에너지로 선전되어 받아들여졌던 원전에 대해서도 지역주민의 눈이 점점 매서워졌다. 즉, 원전의 입지에 관한 현지 합의가 이루어지기 어려운 상황이 계속 생겨나고 있었다. 그러한 상황 속에서, 고도성장이 종언을 맞이하는 시기에 들어선 다나카 가쿠에이田中角榮 내각에 의해 만들어진 전원 3법(전원電源개발촉진세법, 전원개발촉진대책특별회계법, 발전용시설주변지역정비법)은 원전건설을 둘러싼 애로를 타파하기 위해 만들어진 것이었다. 즉, 전기요금의 일부를 원전입지 자치체에 대한 경제적 지원으로 전환시킴으로써 과소화가 진전중인 지방에서 원전을 받아들이도록 상황을 만들어 갔다. 전원 3법을 통해 입지후보지로 거론된 지역이 과소화에서 벗어나는 꿈을 갖는 대신

원전건설에 대한 지역합의를 이루도록 하는 시스템이 완성되어 갔다. 그러나 사실 전원 3법은 그러한 과소화에서 벗어나게 해주겠다는 약속이 아닌, 「영원히 과소화의 운명을 강요당하는 상황에 대한 민폐료, 위자료 성격이 강했던」[25] 것이다. 그리고, 일단 원전 건설 입지 제공을 단행한 자치체는 미나마타가 칫소기업을 중심으로 발달한 지역이었던 것처럼 전력회사를 중심으로 발달하는 지역의 성격을 농후하게 드러내게끔 되었다.

원전건설 러시의 시작과 동시에 원전을 둘러싼 논의는 복잡하게 얽혀버렸다. 즉, 원전을 추진하는 측은 원전의 안전성을 강조하고 이를 위한 선전도 적극적으로 실시한다. 안전성을 강조하면 할수록 피난훈련의 강화 및 사고대책의 강화라고 하는 문제는 솔선하여 원전의 위험성을 스스로 인정하는 일이 되어버리기 때문에 소극적이 되어간다. 반원전운동과 탈원전운동과의 대항관계 속에서 원전사고라는 위기회피에 대한 논의는 뒷전이 되어버렸다[26]. 위기인식의 부재는 가령 원전사고가 일어난 경우의 피난과 피해자 구제에 대한 검토도 소홀하게 만들었다. 예를 들어, 소토오카 히데토시外岡秀俊 의『복합재해』에서는 후쿠시마 제2원전이 입지한 후쿠시마현福島県 도미오카쵸富岡町의 원전방재 책임자였던 시라도 쇼이치白土正一씨의 다음과 같은 경험을 소개하고 있다.

> 「후쿠시마에서는 2000년부터 매년 방재훈련을 해왔지만, 참가자는 매뉴얼을 읽으면서 훈련을 해왔다. 시라도씨는『매뉴얼 없이 훈련을 하면 어떨까』라고 도쿄전력에 제안했지만 들어주지 않았다[27].」

그렇다면, 재해위기의 회피라는 관점에서 후쿠시마 제1원전사고를 어떻게 파악할 수 있을까.

---

25) 다케다武田, 전게『우리는 이렇게「원전대국」을 선택했다』, p.166.
26) 이 문제는 다케다, 전게『원전보도와 미디어』의 논의가 참고가 된다.
27) 소토오카 히데토시外岡秀俊『복합재해』이와나미신쇼, 2012년, p.130.

앞서 지적한 바와 같이 미나마타병이 과거 아시오광독사건을 조금도 교훈으로 삼지 않고, 또한 실제로 피해가 발생하여 확산, 심화되는 상황 속에서도 대응을 게을리했던 것과 마찬가지로 후쿠시마 제1원전사고에 대해서도 같은 점을 지적할 수 있을 것으로 보인다.

1979년 스리마일섬 원전사고와 1986년 체르노빌 원전사고, 특히 후자의 사고는 원자력발전소의 사고 가능성과 일단 사고 발생 시 피해가 막대하다는 것을 전세계 사람들에게 알렸다. 또한, 1999년에는 JCO 임계사고로 일본에서 최초로 피폭에 의한 사망자가 발생, 2000년에는 데이터 조작이 발각되어 원전에 대한 불신과 불안이 커지고 있었다. 때마침 그 무렵 후쿠시마현 지사였던 사토 에이사쿠佐藤栄佐久는 당초 원전정책에 협조자세였으나 이후 반대하는 입장으로 자세를 전환하게 되었다[28]. 물론 과거의 원전사고는 쓰나미와 지진이 원인이 아니었기 때문에 직접적인 교훈이 되지 않는다는 반론도 있을 수 있다. 그러나 가령 쓰나미와 대지진이「상정외」였다 하더라도 역시 위기회피가 소홀했던 것은 아닐까. 이 점에 대해 다케우치竹内씨는 다음과 같이 말한다.

> 「원자력발전소에 대해 말하자면 방재의 제1단계는 발전소가 애초에 손상되지 않도록 하는 것이며, 제2단계는 만일 손상이 발생되더라도『절대』대형사고가 되지 않도록 하는 것이다. (중략) 지진과 쓰나미의 규모가 거의 모든 사람의 예상을 넘어섰기 때문에 그것은 어쩔 수 없는『천재天災』였다고 할 수 있을지도 모른다. 그러나 최대 문제는 제2단계에서 대응에 실패하여『위험』을 그와 같은 대형사고로 결부시켜 버린 것이다. 이는 역시『인재人災』라고 보고, 그 책임을 추궁해야 한다[29].」

다케우치씨의 지적은, 예기치 못한 사태가 발생하여 원자로의 손상이

---

28) 이 시기 원전정책을 둘러싼 사토佐藤지사와 동경전력, 정부와의 왕래에 대해서는 사토『지사말살』헤이본샤平凡社, 2009년을 참조요망.
29) 우치하시 가쓰토内橋克人편『대지진 속에서』이와나미신쇼, 2011년, pp.41~42.

발생했다고 하더라도 그러한 중대한 사태에 대한 다양한 방책을 미리 검토하여 시행하지 않으면 안 된다는 점이다. 원전의 「안전신화」가 과거의 경험을 교훈으로 삼는 것을 막고, 또한 후쿠시마 제1원전사고 이전에 연달아 발생한, 일본 국내 원전관계문제에 대한 반응을 둔감하게 만들었다고 할 수 있는 것은 아닐까.

위기회피의 노력을 방해한 것이 원전의 「안전신화」였다고 한다면, 그러한 「안전신화」를 만들어 낸 것은 무엇이었는지 묻지 않을 수 없다. 가나이 토시유키金井利之는, 「원자력발전 추진구조」는 ① 정치인, ② 관료, ③ 사업자, ④ 학자·전문가, ⑤ 언론인·문화인, ⑥ 지역·입지 자치체로 이루어져 있으며, 이것을 「정관업학보지政官業学報地의 육각형」으로 칭한다[30]. 통상적으로 산관학, 정관업학이라는 관점에서 파악되는 일본의 원전추진체제이지만, 미디어 및 지역사회도 포함된 보다 뿌리깊은 추진구조가 존재한다는 것이다. 실제 원전정책에 관한 미디어의 관여에 대해 자기검증·자기비판을 포함한 문헌도 출판되고 있으며[31], 또한 지역사회가 얼마나 뿌리깊게 원전추진구조의 일환을 이루고 있었는지는 후쿠시마제1원전사고 직후에 출판되어 화제가 된 가이누마 히로시開沼博『「후쿠시마」론』에서 밝혔다[32]. 앞서 언급했듯이, 1970년대 전반의 전원 3법 제정 이후, 원전건설이 지역진흥의 수단 중 하나가 되는 한편, 원전사고에 대한 불안을 불식하기 위한 「안전신화」가 강화되었다. 그리고 이러한 「안전신화」에 일본사회 전체가 의지해온 것은 전후, 특히 고도성장의 시대를 거치며 경험한 경제적인 번영과 풍요로움, 그것을 실현하기 위해 거대한 기술을 구사하며 지치지 않는 산업화를 추진해 온 일본사회의 암묵적인 이해가 있었기 때문은 아닐까.

---

30) 가나이 도시유키金井利之『원전 및 자치체』 Iwanami book ret, 2012년 p.4.
31) 죠우마루 요이치上丸洋一『원전과 미디어』 아사히신문출판, 2012년, 『원전과 미디어 2』 아사히신문出版 2013년.
32) 가이누마 히로시開沼博『「후쿠시마」론』 세이도샤, 2011년.

2. 결론

이상으로 주로 재해발생 이전의 문제에 초점을 맞추어, 공습이라는 전재, 미나마타병이라는 공해에 의한 재해, 그리고 3.11 원전사고에 의한 재해 세 가지 사례를 언급하였다. 이 글에서는 이 사례를 개관한 정도에 지나지 않으나 적어도 세 가지를 지적할 수 있다.

첫 번째, 재해, 특히 인재의 측면이 강한 재해에 있어서 위기회피가 어느 정도 일어나는지는 그 시대의 정치행태와 강한 관련이 있다는 점이다. 공습에 의한 재해 당시에는 전시체제강화라는 정치적 관점이 우선시 되었고, 따라서 공습으로부터 국민을 보호하는 것이 아니라 전시동원의 원활한 추진이라는 관점에서 관련법률과 조직의 정비가 추진되었다. 미나마타병은 고도경제성장의 추진정책을 우선시 한 결과, 경제성장의 추진 동력으로서 기업활동에 대한 정부의 통제가 통하지 않았고 오히려 피해를 확대시켰다. 그리고 원전은 에너지정책 아래에서 원전이 우선시되는 가운데 정부와 전력회사 중심으로 진행된 원전추진정책의 결과, 원전위기에 대한 인식이 약해져 위기회피를 위한 검토가 충분히 이루어지지 않았다.

두 번째, 재해의 위기문제에 과거의 경험과 해외의 사례가 충분하게 반영되지 않았던 것은 아닐까. 예를 들어, 공습의 경우 일본에 대한 공습이 본격화하기 이전 단계에 이미 유럽에서 융단폭격을 비롯한 격렬한 공습이 이루어지고 있었다. 그러나 이러한 상황은 일본에 충분히 알려지지 않았다. 미나마타병에 관해 말하자면, 기업활동에 따른 심각한 환경파괴의 전례로 아시오광독사건이라는 경험이 존재했음에도 불구하고, 고도성장 속의 사회 분위기 아래에서 과거의 사례를 충분히 되돌아 보지 않았다. 그리고 3.11의 경우, 스리마일섬과 체르노빌 등 해외의 중대사고가 뉴스로 크게 전해졌지만 오히려 일본의 「안전신화」가 강화되었다.

세 번째, 3.11의 경험은 결국 전재경험과 미나마타의 경험 모두를 제대로 교훈으로 삼지 않았다는 것이다. 전쟁재해 당시는 일단 움직이기 시작한 국책을 궤도수정 할 수 없었다는 문제, 미나마타는 경제우선정책이 위기회피의 문제를 미루어 버렸다는 문제가 있었다고 한다면 3.11은 이 두 문제를 모두 내포하고 있다고 할 수 있다. 전재와 미나마타를 통한 두 교훈이 전후 원전을 둘러싼 논의를 하는 데 충분히 활용되지 않은 상태에서 원전추진체제가 형성되었던 것은 아닐까. 그 결과 후쿠시마의 참극이 일어난 것은 아닌 것일까[33].

이 글에서는 재해와 정치의 관계를 주로 위기와 그 대응 방식을 중심으로 고찰하였다. 세 사례를 언급했지만, 다소 상세하게 논한 공습피해의 문제를 제외하고는 문제제기를 위한 토대적 분석이라 할 수 있다. 일본의 재해와 정치관계의 특징, 역사적 변천에 대해 향후 보다 상세하고도 다각적인 검토가 필요할 것이다.

(덧붙이는 글) 본고는 2014년 11월 고려대학교에서 개최된 공동 심포지엄의 보고를 가필수정 한 것이다. 공습, 미나마타병, 후쿠시마 제1원전사고, 시기도 재해의 성격도 크게 다른 세 사례를 군이 거론함으로써 재해발생의 배후에 있는 국책문제를 논하고 국책과 밀접하게 얽힌 재해인 만큼, 미연에 재해를 회피하는 위기회피가 소홀해지는 공통구조를 밝히고자 하는 것이 보고 및 보고를 바탕으로 한 본고의 목적이다. 그러나 가필수정 작업을 통해 통감한 것은 재해론에서 결정적으로 중요한 것은 재해에서 피해를 입은 당사자의 문제라는 점이다. 미나마타병 피해자에 대해 이시무레 미치코石牟礼道子는 「사민死民」, 와타나베 쿄우지渡辺京二는 「고환苦

---

33) 다만, 원전개발의 문제는 같은 핵에너지를 이용한 군사문제, 즉 핵무기 개발문제와 밀접하게 관련되어 있다. 거기에는 일본 국가와 핵이라고 하는 레벨의 문제와 더불어, 핵보유국이며 실질적인 동맹관계에 있는 미국의 세계전략과 일본과의 관계도 시야에 넣을 필요가 있다. 이 문제에 관해서는 우선 다음의 문헌이 참고가 된다. 야마모토 아키히로山本昭宏『핵에너지 언설의 전후사 1945-1960』진분쇼인人文書院, 2012년, 『핵과 일본인』츄우코신쇼, 2015년, 오오타 마사카쓰太田昌克『미일〈핵〉동맹』이와나미신쇼, 2014년.

患」이라는 말을 사용하여 표현하고 있다. 공습피해, 미나마타병, 후쿠시마 제1원전사고로 인해 수많은 사람들의 인생이 「상정외」의 형태로 크게 흐트러지고 중단됐다. 그것이 「사민」「고민苦民」「고환」으로서의 재해 피해자일 것이다. 이러한 재해 피해자의 목소리(또는 호소가 되지 않는 소리)를 어떻게 선별하여 어떻게 재해론의 형태로 논쟁해 갈 수 있을까. 당사자가 남긴 기록을 세밀히 읽고 이해하는 작업, 그리고 지금 현재 후쿠시마를 포함한 동북지방의 피해자들의 기록을 조금이라도 많이 모아서 남기는 작업이 매우 중요하지 않을까 생각된다.

가고시마에서 바라 본 3.11 동일본대지진

구와하라 스에오 桑原季雄, Kuwahara Sueo[*]

1. 서론

　필자는 2011년 3월 11일 동일본대지진(이하 「3.11」로 기재) 당일, 전통 음악의 지속적인 가능성에 대한 공동연구를 위해, 호주의 공동연구자와 함께 아마미오오시마奄美大島에서 조사 중이었다. 그런데 대지진의 거대 쓰나미에 의한 후쿠시마福島 원전사고 발생으로 공동연구자가 소속처 학장의 명령에 따라 급거 귀국해야 하는 사태가 되었다. 3.11의 영향이 후쿠시마와 미야기宮城, 이와테현岩手県 등 도호쿠東北지방으로부터 약 1,200km 멀리 떨어진 난세이제도南西諸島의 외딴섬까지 미친 것이다.

　2011년 「3.11 동일본대지진」 이전까지 국내에서 자연재해에 관한 인류학적 연구는 거의 찾아 볼 수 없었다[1]. 후술하는 바와 같이, 3.11 이후에 「재해인류학」 연구에 대한 관심이 급속히 커졌다[2]. 마찬가지로 가고시마현이 화산폭발과 태풍, 호우재해 등 자연재해의 다발지인데도 불구하고,

---

　*　가고시마대학교 법문학부 인문학과 교수
　1)　해외에서 「재해인류학」에 대한 연구는 3.11 이전에 일부 진행되었다. 예를 들어 다음을 참조할 것. 시미즈清水, 2003 등.
　2)　일본인 인류학자에 앞서, 피해지를 재빨리 방문하여 현지조사를 감행한 것은 외국인 인류학자들이었다(Tom Gill, Brigitte Steger, David H. Slater편 2013)

3.11 이전에는 가고시마鹿児島대학에서조차 인문사회계열의 재해연구가 극히 적었다. 그런 의미에서 3.11은 가고시마대학 인문사회계열의 재해에 관한 연구를 크게 자극한 셈이다.

가고시마현이 일본에서 두 번째로 섬의 수가 많다는 이유로, 가고시마 대학은 지금까지 수년 동안 도서島嶼연구에 힘을 쏟아 왔다. 그러나 최근 의 두드러진 경향으로 2011년 「3.11 동일본대지진」 이후 자연재해 및 방재 에 관한 심포지엄과 연구, 강연회 등이 수없이 개최되었다. 특히, 2010년 10월 아마미오오시마의 호우재해와 태풍재해를 계기로 도서의 자연재해 에 관한 연구, 그 중에서도 방재연구에 대한 노력을 이공계 연구뿐만 아니 라 인문사회계통 연구에서도 많이 찾아볼 수 있게 되었다. 「도서와 자연재 해」 연구는 이른바, 태풍의 상습지대인 사쓰난제도薩南諸島에 속한 가고시 마대학 특유의 연구테마라고 할 수 있다.

본고에서는 3.11 이후, 일본의 인류학자 및 가고시마대학의 자연재해 문제에 대한 대처와 연구의 특징에 대해 소개하고자 한다. 아울러 가고시 마에서 바라본 3.11 동일본대지진에 관한 인류학적 연구의 대부분이 「부 흥 스토리」인 반면, 가고시마의 자연재해에 대한 연구의 대부분은 「방재 스토리」라는 것을 지적하고 두 시각의 차이가 어디에서 발생하고 있는 것 인지 고찰해보고자 한다.

2. 3.11 인류학

2.1 3.11, 그리고 인류학자

일본의 인류학자들은 2011년 3.11 대지진에 대해 어떤 반응을 보였는 가. 지금까지 「인류학적 재해연구를 모색」해 온 4명의 인류학자들은 대지 진 직후 「동일본대지진에 다가서서」라는 문장을 공동 집필하고, 4월에 인 류학 학회지에 투고하여 2개월 후인 6월에 발간하였다(이치노사와市野

澤・기무라木村・시미즈清水・하야시林 2011).

그 내용은 인류학자들이 3.11을 어떻게 마주해야 하는가에 대한 것으로, 그 취지는 "이와 같은 재해가 얼마나 인류학의 연구대상이 될 수 있는지를 서술하는 것"이 아닌, "이와 같은 재해부흥에, 인류학자가 어떠한 방식으로 연관 가능할 것인가"(ibid.: 89, 하야시林・가와구치川口 2013)에 대한 몇 가지 가능성 제시에 있었다.

필자를 포함한 집필진 일동은 "인류학을 통해 가능한 일은 없을지도 모른다"는 생각과 "현실적으로 인류학이 지금까지 재해에 대해 독자적으로 구체적인 공헌을 이루지 못했다"고 하는 「깊은 무력감」을 느끼는 한편, "이 대재해 속에서 할 수만 있다면 무슨 일이든 하고 싶지만, 그 방도를 찾아 낼 길이 없다(ibid.)"는 당혹감을 직설적으로 토로하고 있다. 또한 인류학자로서 도움이 되고자 하는 초조함에서 비롯된 졸속행동이 피해자와 피해지역에 폐를 끼칠 수도 있다는 점을 상당히 자각했다(ibid.). 그리고 "재해는 상당히 복잡한 문제이기 때문에, 각자의 위치는 다양하면서 다층적이 된다"거나 심지어 "시시각각 변화하는 상황에 대해, 인류학자로서 가능한 것이 무엇인지에 대한 문제는, 그러한 관계성 속에서 고려할 필요가 있다(ibid.: 90)"고 밝히며, 다양성과 관계성이라는 인류학적 관점을 제시하고 있다.

또한 저자들은 재해발생 직후 재해문제에 대해 완전히 아마추어인 인류학자라도 "사태가 어느 정도 진정된 뒤라면, 예상치 못한 방법으로 부흥에 공헌할 수 지도 모른다(ibid.)"고 서술하며, 그러기 위해 중요한 것은 '피해자의 옆에서 피해자의 비탄과 고뇌를 그저 경청하는 자세(ibid.: 시미즈 2003)'라고 주장한다. 그것은 인류학자가 「장기간 가까운 인간관계를 유지하면서 배청・경청・응답가능」(이치노사와・기무라・시미즈・하야시 2011: 90)하기 때문이다. 그러한 「경청의 자세」는 피해자가 혼란스러운 경험과 감정을 다시 털어놓으면서, 자신을 객관시하고 슬픔의 경험을 극복해가는 계기를 가져올 수도 있다는 것이다(ibid.).

또한 경청과 더불어 인류학자의 스토리 재구성 및 제시도 피해자가 자신의 경험을 해석하고, 가혹한 현실과 타협하기 위한 재료가 될 수 있다고 한다. 그렇게 해서 「스토리를 엮어가는 과정에 관여하여, 역경을 헤쳐 나가기 위한 문화적 상상력=창의력을 만들어가는 것」이야말로 인류학자다운 「부흥의 기여」(ibid.:90-91)라고 말한다.

그 외에도 인류학자가 「부흥」과정에 관여 가능한 것으로서, 재해의 경험을 제대로 기록해 두는 인류학 에스노그라피 수법을 들 수 있다(ibid.: 숲 2011). 또한 장기적인 관여로 지속적인 신뢰관계를 형성해 가면서 무엇이 요구되고 무엇이 가능한지를 스스로 명확히 알 수 있다고 서술하며 「피해자/피해지의 장기적인 연관」의 중요성을 강조한다(이치노사와·기무라·시미즈·하야시 2011 : 91).

이렇게 "인류학자 「밖에」 할 수 없는 것이 아니라, 인류학자 「도」 가능한 일이 있다(ibid.:91-92)"고 주장하며, 현재 필요한 것은 '견해의 다양성을 유지한 상태로 제시, 논의를 계속 하는 일(ibid.:92)'이고, 그 다양성을 받아들이겠다는 의미에서 인류학자는 어느 정도 중요한 부분을 담당할 수 있는 존재라고 주장한다.

방송매체가 피해자/피해지의 다양성을 사상捨象하고 단순화하여 말한 결과, 외부인에게 받아들여지기 쉬운 「피해」와 「피해자」 상태만이 유통되고 있으나, 이 외에도 언뜻 보기에 고난으로 보이지 않는 피해자의 고통을 민감하게 감지하여 대변하는 것이 필요하다고 한다(ibid.).

이상과 같은 반성, 자각과 인식을 바탕으로 그 후 인류학자들은 2012년 5월 히로시마에서 개최된 일본문화인류학회 제46회 대회에서 3.11 문제를 처음으로 그것도 두 분과회에서 다루는 형태로 전개해 나갔다. 하나는 「부흥·교육·지역사회: 3.11 인류학(1)」, 또 하나는 「지진과 연계된 인류학: 3.11 인류학(2)」으로, 3.11에 대한 인류학자의 다양한 노력과 관련하여 인류학자 9명의 보고가 있었다[3].

---

3) 9명의 발표자 및 발표내용은 『일본문화인류학회 연구대회 발표요지집』(2012)을 참조(https://www.jstage.jst.go.jp/browse/jasca/2012/0/_contents/-char/ja/?from=1)

2.1.4 부흥·교육·지역사회[4]

다케자와 쇼이치로竹沢尚一郎는 지진 발생 후에 이와테현의 여러 시정촌으로 들어가 주민의 마을조성에 협력하면서 재해 후의 행동을 기록한다. 그 경험을 바탕으로, 중요한 것은 현지를 직접 방문하여 사람들의 의식과 행동을 이해하는 것이며 그런 의미에서 인류학은 피해사회의 「부흥」에 크게 공헌 할 수 있다고 주장한다. 다케자와는 이와테현의 일부 지역주민을 방문하여 "바다를 보면서 사는 생활을 유지하고 싶다"는 주민의 의향을 바탕으로 마을조성 계획을 수립하고, 지역주민에게 제시하여 합의를 얻어 행정기관에 제안했다고 한다.

또한 다케자와는 재해 후 마을마다 차이를 보이는 행동에 대해서도 사례를 들어 논의한다. 즉, 재해 직후에 대책본부가 설치된 곳과 그렇지 않은 곳이 있다는 점과 관련해, 전자에는 재해 이전에 축제와 각종 행사로 인한 결합을 통해 마을 구성원간의 강한 연대의식이 존재했다는 것과, 또한 외부 NPO의 출입을 금지하여 완전한 자치를 성립시키고 있었다는 점을 지적한다.

한편 대책본부가 설치되지 못한 피해지역은 시가지로, 다양한 의식과 이해가 존재하여 공통의식이 성립하기 어려웠던 지역이었다. 다케자와는 이상의 사례에서 도출되는 시사점에 비추어 봤을 때, 평소 지역사회 속에 각종 임의단체를 설립하여 단체간의 연계를 형성해 둘 필요가 있다고 말한다. 또한 인류학자의 역할에 대해서도 언급했는데, 피해사회에 가장 깊고, 쉽게 들어갈 수 있는 것이 인류 학자이며 많은 주민들과 대화하고 그들의 생활형태와 곤란(애로사항), 원망을 한 데 모아 명시하는 일이야말로

---

4) 분과회 발표자와 제목은 다음과 같다. 하야시 이사오林 勲男 「부흥·교육·지역사회- 3.11과 인류학 (1) 다케자와 쇼이치로竹沢尚一郎 「동일본대지진과 인류학- 인류학은 피해사회에 무엇을 할 수 있는가」, 이인자李仁子 「3.11 거대 쓰나미와 공양- 재해지가 부흥의 단초에 도착하기 전에」, 우치오 다이치内尾太一 「동일본 대지진과 피해자 존엄에 관한 공공 인류학적 연구- 미야기현의 가설주택의 교육지원 실천현장에서」, 가와구치 유키히로川口幸大 「인류학 수업에서의 지진에 관련한 현지조사 실시/조사- 동북대학 문화인류학전수의 활동을 사례로」

바로 인류학자의 사명이라고 주장한다.

이인자李仁子 교수는 지진으로 큰 피해를 입은 이와테현의 피해지역 곳곳에서 볼 수 있는 추석행사와 풍경의 기술을 통해 매년 추석이 다가오면 지역 내 집들을 서로 돌면서 향을 올려 선조를 서로 공양하는 의례적 실천이야말로 지역사회를 이어주는 역할을 하고 있다고 지적한다. 또한 어느 지역에서는 주민들의 결속을 만들어 온 근원 중 하나가 지역축제라고 한다. 이 지역에서는 「부흥」의 스타트를 끊기 위해 축제개최를 단행한 것이다. 이인자에 따르면 축제는 「부흥」의 시작을 실감할 정도로 생동감과 에너지가 넘쳤고 동시에 피해지를 공양하는 공동체 의식이라는 측면도 겸비하고 있었다고 지적한다.

우치오 다이치內尾太一는 인류학이라는 학문적 영위와 「부흥」 지원이라는 실천 과정에서 발생하는 딜레마가 자각적이라는 것을 지적한다. 진재震災 발생 이후 11월부터 미야기현에서 시작된 가설주택의 교육지원활동 경험을 바탕으로 연구와 실천의 대립을 극복할 수 있는 것으로서 「(학문의 공공성을 보다 강하게 의식한) 공공인류학」(우치오 2013)을 구상한다. 그리고 지원자인 동시에 조사자로서 장기간 피해자와 동행하고, 에스노그라피(Ethnography)를 통해 가설주택의 커뮤니티 내에서 공유되는 가치와 논리를 밝혀나가는 일은, 앞으로 재해지 지원과 재해지 연구에 있어 중요한 일임을 밝히며 끝맺고 있다.

2.2 지진과 연계의 인류학[5]

기무라 슈헤이木村周平는 재해를 바탕으로 생겨나거나 재편성된 구체적

---

5) 분과회 발표자와 제목은 다음과 같다. 기무라 슈헤이木村周平 「재해와 연대의 인류학」「가시화되는 관계성- 쓰나미 이후 고지대이전 프로젝트를 둘러싸고」, 이노세 고헤이猪瀬浩平 「포스트·후쿠시마, 그 세계의 성립- 대 방사능법의 조직화를 둘러싼 인류학적 고찰」, 야마시타 신지山下晋司 「3.11과 관광-리스크 사회 속에서」, 시미즈 히로무清水展 「재해, 선주민의 탄생, 문화인류학의 재상상=창조?- 피나투보산 대분화(1991) 후의 아에타피해자와 본인의 경험으로」.

인 관계의 바람직한 자세에 초점을 둔다. 그리고 동일본대지진 이후에 다양한 형태로 가시화된「연계」에 대해 언급하며, 그 예로 재해발생 후 반복되어 회자된 말 중 하나인「인연」을 다룬다. 기무라에 의하면,「인연」은 원래「부모와 자식의 인연」과 같이 바꿀 수 없을 정도로 강한 유대를 의미하여 벗어나기 어렵다는 의미에서 오히려 부정적인 이미지도 가지고 있지만, 막상 어떤 일이 일어났을 때에 진정으로 신뢰할 수 있는 것은 그러한 강한 유대라고 한다. 그런 의미에서「인연」은 사람들이 어떤 비상 사태에 휘말릴 때, 또는 큰 불안에 시달릴 때에 나타난다고 말한다. 또한 재해시에 거론된「인연」에서 주목해야 할 점은 바로 피해지역 이외의 사람들이 그때까지 거의 접점이 없었던 피해지역의 사람들을 도우려고 할 때 사용된 말이라는 것이다. 즉, 그것은 피해지역 지원을 목표로 견고한 관계성을 창조하기 위해 사용된 말이었다고 주장한다.

기무라 슈헤이는 이와테현 어느 해안 소도시의 피해자들 사이에서「부흥」과정을 통해 사람들 간에 형성되는 관계성이 어떻게 드러나고 또한 어떻게 재편성되어 가는지, 이러한 관계가 일시적인 것인지, 아니면 지속적으로 전개되어 나갈 것인지에 대해서도 논하고 있다(기무라 2013).

3. 3.11과 인류학 그 후의 전개

2013년 6월 8일, 9일에 동경의 게이오대학에서 개최된 일본문화인류학회 제47회 대회의 분과회의에서도 2년 연속으로 3.11 문제가 거론되었다. 하나는 ≪「삶」의 부흥을 향해-3.11과 인류학(3)≫, 다른 하나는 동북지역이 고향인 동북대학의 인류학자에 의한「동일본 대지진에 대한 인류학자의 사회관여와 그 가능성」이다6).

---

6) 보고자 11명의 발표내용에 대해서는 『일본문화인류학회 연구대회 발표요지집』
   (2013)을 참조(https://www.jstage.jst.go.jp/browse/jasca/2013/0/_contents/-char/ja/

3.1 삶의 부흥을 위해[7]

기무라 슈헤이는 3.11 발생으로부터 2년이 경과된 시점에서 그 동안 드러난 문제와 가능성 및 지속적으로 변함없는 문제에 대해서 고찰한다. 하나는「생활재건」이라는 말의 재검토로, 인류학자의 입장에서 생활재건 혹은, 재해와 재해로부터의「부흥」을 주거문제라고만 생각해도 좋을지, 그 이외의 중요한 측면을 간과한 것은 아닌지에 관한 물음이다.

다른 하나는「부흥이란 무엇인가」라는 문제의식과 깊이 관련되어 있으며, 구체적인 피해자 내지는 피해지역에서 어떤 상태가「부흥」인지, 국가와 현에 의해「부흥」의 이름으로 행해지는 인프라 정비는 사회적 측면을 진지하게 고려할 경우 과연「되돌리기」를 최종 목표로 삼아야 하는 것인지에 대해 재고해야 한다고 지적한다.

니와 도모코丹羽朋子는 피해자들의「소유」의식과 관련된 바람직한 자세 변화 조짐에 대해 고찰한다. 쓰나미로 인해 물리적·정신적인 많은「소유물」을 빼앗긴 경험을 한 사람들이 가설주택에서 다시 생활을 영위하며 떠내려 간 옛 생활터전을 새로운 장소로 만들고, 또한 고지대 이전 후 거주지를 만들어 가는 과정에서 어떻게 하여 기존의「소유」개념의 틀을 넘어서 새로운 공유방식을 모색할지 고민하고 있다. 아울러 가설주택의 골목, 거대한 방조제의 건설 예정지, 고지대의 주택 이전지라는 구체적인 장소를 단서로 고찰한다.

? from=3)

7) 분과회 발표자와 제목은 다음과 같다. 기무라 슈헤이木村周平「삶」의 부흥을 향해- 3.11과 인류학(3), 사지 오사무佐治靖「원전사고로 인한 방사능오염과 재래지역의 취약함 - 아부쿠마阿武隈산지의 전통 양봉의 존재의의를 통해」, 하야시 이사오林勲男「재해민속예능의「부활」- 산리쿠三陸해안의 사슴춤 지원을 통해」, 이인자「지진 피해지 커뮤니티의 행방- 구 오가쓰쵸雄勝町의 사례에서」, 우치오 다이치內尾太一「대규모 재해의 교훈전승에 관한 공공 인류학적 연구- 동일본 대지진의 재해민화는 창조가능한가」, 니와 토모코丹羽朋子「쓰나미 피해자가 어림잡는 새로운〈공유〉모습」.

3.2 대지진에 대한 인류학자의 사회관여와 그 가능성8)

미야기현 모토요시군本吉郡 미나미산리쿠쵸南三陸町 도구라하덴야戸倉波 伝谷마을의 조직 게이야쿠코契約講는 재해 이전 봄과 가을 연 2회 모임을 실시하여 마을의 운영에 대해 서로 논의해 왔다. 게이야쿠코 다음날은 봄을 맞이할 수 있도록 악귀를 내쫓는 봄의 의식을 실시하고, 젊은이가 사자로 분장해 집집마다 돌아다니며 사자춤을 추면서 마을의 재앙을 없앤다. 거의 모든 세대가 참가하여 마을 사람들 사이를 잇는 중요한 행사가 되고 있다. 마사오카 노부히로政岡伸洋는 재해 발생 후 마을은 거의 떠내려 갔지만 「재건」을 위해 게이야쿠코가 중심이 되어야 한다는 주장을 하며 2011년 10월 임시 총회와 이듬해 3월 봄 총회에서 게이야쿠코가 부활한 경위에 대해 설명하였다.

미야기현 히가시마쓰시마쵸東松島町 오오마가리하마大曲浜 사자춤을 사례로, 동일본대지진 피해지의 「전통」민속의 부활 및 유지가 떠안고 있는 패러독스에 대해 검토한 오카다 히로키岡田浩樹의 주장은 매우 흥미롭다. 그의 주장에 따르면 지역사회의 신사제사로서 열리는 전통민속 부활이 주민들에게 일찍이 존재했던 지역사회를 상기시킴으로써 피해경험을 극복하는 계기로 평가되는 경향이 있다고 한다. 또한, 전통민속의 부활을 피해지역 주민들이 담당하는 것은 새로운 커뮤니티를 구축하는 주체적인 자세를 양성하게 하고, 그 활동이 곧 공동성을 재창조하는 계기가 될 것으로

---

8) 분과회의 발표자와 제목은 다음과 같다. 다카쿠라 히로키高倉浩樹 「동일본 대지진에 대한 인류학자의 사회적 관여와 그 가능성- 2011-12년도 미야기현 지진 무형민속문화재사업에서」「재해구조 인류학의 가능성과 그 체제구축을 위해」, 마사오카 노부히로政岡伸洋 「부흥의 이름 하에서 무슨 일이 일어나고 있는가- 미야기현 모토요시군 미나미산리쿠쵸 도구라하 덴야宮城県 本吉郡 三陸町 戸倉波 伝谷의 경우」, 가네시로 이토에兼城糸絵 「재해부흥과 애니메이션 성지 순례자들- 미야기현 미야기군 시치가하마쵸 하마부치하마宮城県 七ヶ浜町 花渕浜를 예로」, 오카다 히로키岡田浩樹 「민속예능 부활과 재해부흥의 패러독스- 미야기현 히가시마쓰지마시 오오마가리하마宮城県 東松島町 大曲浜 사자춤의 「전통」과 근대성」, 다키자와 가쓰히코滝澤克彦 「재해 후의 사회공간 재편과정에서 제례의 의미에 대해」.

기대되는 바, 피해지 주민들 스스로도 민속문화의 부활은 커뮤니티「부흥」의 상징이라고 종종 일컫게 되었다고 말한다. 이와 같이 오카다는 피해지의 사자춤 사례에서 지진 전후의 사회적 맥락을 바탕으로, 민속문화 부흥에 관한 외부의 언설과 이에 대응하는 피해지 주민의 스토리 뒤에 있는 역설적인 상황을 밝힌다.

다키자와 가쓰히코滝澤克彦도 피해를 입은 제례의「부흥」을 공동체「부흥」의 상징으로 간주하고 어떤 방법으로 촉진할 것인가가 미디어와 연구자의 관심을 모으고 있다고 말한다. 제례의 지속성은 마을의 특정 집단이나 제도의 지속력과 관련되어 있다는 점에 주목하는 다키자와는 마을의 회복력(resilience)이라는 관점에서 사회공간의 재편과정에 있어 제례의 의미가 무엇인지에 대해 고찰하고 있다.

이상으로 지진 직후 2011년부터 2013년까지 3년 동안의 인류학자와 3.11의 관계에 대해 살펴보았다. 상기의「재해인류학」을 실천하는 인류학자들의 스토리에서 볼 수 있듯이, 그들의 스토리 속에 자주 등장하는 말은「부흥」이며, 그것은「부흥」의 의미를 되묻는 스토리 혹은「부흥」을 향해 인류학자로서 취해야 할 행동과 피해자나 피해지역을 위해 무언가를 해낼 수 있는 가능성에 대한 스토리이기도 하다. 어쨌든, 3.11은「재해인류학」을 주제로 연구해 온 일부 인류학자들이 피해지역의「부흥」을 향해 분발하도록 인류학회 전체에 커다란「부흥」의 소용돌이를 일으켰던 것이다[9].

다음은 동북지방의「부흥」스토리와는 상당히 성격이 다른 미나미큐슈 가고시마의「방재」에 대해서 살펴보자.

---

9) 특히, 동북지역의 인류학자들 사이에서 많은 연구활동이 이루어졌다. 예를 들어, 다카쿠라(高倉, 2012), 동북대학 지진체험기록 프로젝트편(2012), 가와시마(川島, 2012) 등.

4. 가고시마와 자연재해

4.1 가고시마현의 개요

일본 본토의 최남단에 위치한 가고시마는 태풍과 호우가 빈번한 지역이기 때문에 과거에 수많은 토사재해를 겪었다. 또한 가고시마현은 사쿠라지마桜島를 필두로 활발한 활동을 계속하고 있는 화산이 많아 화산폭발로 인한 대량의 화산재 뿐만 아니라 화쇄류와 용암류로 인한 재해도 겪어 왔다. 이처럼 가고시마는 자연재해가 매우 많이 발생해 왔고 특히 태풍이나 호우로 인한 풍수해는 매년 반복되어 왔다. 또한 현 본토에서는 호우로 인한 토사재해가 수많은 인명을 앗아왔다. 더불어 1993년 8월 6일의 호우재해도 기억할 만하다. 게다가 많은 외딴섬을 거느린 가고시마현은 태풍의 상습常襲지대이기도 하다. 현 본토 최남단에서 경계 최남단 요론지마与論島까지, 남북 약 600km 사이에 유인도 28개가 있으며, 그 중에서도 아마미군도奄美群島는 가고시마에서 남쪽으로 약 400km 떨어진 곳에 위치해 있으며 약 200km 해상에 8개의 유인도가 거의 남북으로 이어져 있다. 아열대 해양성 기후에 속하는 태풍의 길목으로, 아마미시 나제名瀬를 중심으로 500km 이내를 통과하는 태풍은 연평균 5~7회의 빈도를 나타내고 있다[10]. 그래서 섬 주민의 생명선인 정기항로가 어쩔 수 없이 수일간 결항되어 항만이나 어항시설, 민가, 공공시설에 대한 피해, 심지어는 농지침수와 농작물이 염해를 받는 경우도 있다.

수십 년에 한 번 찾아온다는 동북지방의 대지진, 쓰나미와 달리, 가고시마에는 매년 찾아오는 태풍이나 호우 등의 자연재해가 빈발했기에 이에 어떻게 대비할지가 가고시마 사람들의 최대 관심사로 지속되어 왔다. 다음을 통해 가고시마의 자연재해에 대해 좀 더 상세히 살펴보자.

---

10) 기상청 홈페이지(http://www.data.jma.go.jp/fcd/yoho/typhoon/statistics/average/average.html)

4.2 화산재해

일본은 낙도지역 15개 섬[11]에 활화산이 존재한다. 가고시마현에만 7개가[12] 있다. 그 중에서도 가장 활발한 화산활동을 계속하는 사쿠라지마는 가고시마만에 있는 동서 약 12km, 남북 약 10km, 둘레 약 55km, 면적 약 77㎢의 섬으로 1914년 지금으로부터 약 100년 전 대분화가 있었던 곳이다. 최고봉은 해발 1,117m의 기타다케北岳이며 현재 계속 활발한 분화활동을 하고 있는 곳은 해발 1,040m의 미나미다케南岳이다. 1955년 이후 계속 활발한 분화활동을 하고 있으며 산 정상 분화구에서 반경 2km 이내는 경계구역으로 지정되어 출입을 금지하고 있다. 유사 이래, 30회 이상의 분화가 기록되어 있고, 특히 분메이文明대분화(1471년), 야스나가安永대분화(1779년 사망자 153명), 다이쇼大正대분화(1914년 사망자 58명)가 커다란 분화였다. 다이쇼대분화로 인해 오스미大隅반도와 사쿠라지마 사이의 해협(거리 최대 400m, 최심부 100m)은 육지로 이어졌다(사쿠라지마 다이쇼분화 100주년사업 실행위원회 2014, pp.32-37).

분화활동은 1955년, 1970년대, 그리고 1985년에 절정에 달해 연간 474회의 폭발이 관측되었다. 반복되는 대량의 화산재 분출로, 1985년 농작물 피해액은 약 72억엔에 달했다. 2000년대에 들어서자 폭발횟수가 감소하여, 2003년~ 2006년에 걸친 폭발횟수는 연간 수십 회 정도로까지 진정되었지만 2009년 이후에는 다시 분화활동이 활발해져 2010년 896회, 2011년 996회, 2012년 885회로, 지금까지 관측된 기록의 상위 네 개의 자리를 모

---

11) 홋카이도北海道 리시리도利尻島 리시리산利尻山, 이즈伊豆제도 이즈오오시마伊豆大島·미야케지마三宅島·하치죠지마八丈島, 시마네현島根県 오키도고隠岐島後 미사키御埼, 나가사키현長崎県 오지카지마小値賀島 혼죠다케本城岳, 고토열도五島列島 후쿠에지마福江島 온다케鬼岳, 가고시마현 사쿠라지마지마桜桜, 구치노에라부지마口永良部島·이오지마硫黄島·구치노시마口之島·나카노시마中之島·스와노세지마諏訪之瀬島·구세키지마悪石島 7개 섬.오키나와현沖縄県 아구니지마粟国島.
12) 사쿠라지마지마桜桜, 구치노에라부지마口永良部島·이오지마硫黄島·구치노시마口之島·나카노시마中之島·스와노세지마諏訪之瀬島·구세키지마悪石島 7개 섬.

두 차지했다. 또한 2012년 1월의 분화기록은 월간 최다 기록인 172회였다(ibid.).

　지금까지 사쿠라지마 화산재해에 관한 연구에 대해 살펴보면 사쿠라지마분화의 자연재해에 대한 연구 대부분은 토사재해(가미노神野 2013, 시모카와下川 2011, 가도무라門村 외 1995)와 화쇄류(고바야시小林 1986), 강회재해(이시무라石村 1981, 히키다疋田 외 1981)에 관한 것이지만, 방재에 관련된 연구도 많다(이구치井口 2013, 2011, 사무라이 2007, 이시하라石原 2006a, 2006b, 사카모토坂本 외 2006, 고바야시小林 외 2002, 데라모토寺本 1989, 히가시지마東島 외 1982). 또한 1914년에 발생한 다이쇼대분화 100주년을 기념하여 사쿠라지마 분화의 역사와 재해기록, 방재의 대처 등을 정리한 기념 잡지도 출판되었다(사쿠라지마다이쇼분화 100주년사업 실행위원회 2014).

4.3 호우재해

　오스미반도에 위치한 다루미즈시垂水市에서는, 1989년 8월 태풍 11호의 영향으로 산사태에 의한 사망자 2명, 중경상 3명, 1993년 8월에는 태풍 7호의 영향으로 산사태와 토석류에 의한 사망자 5명 중경상 2명의 피해가 있었다. 2005년 9월 태풍 14호에 따른 호우재해로 토석류가 발생하여 5명의 희생자가 발생하였으며, 2006년 7월의 호우로 인한 산사태로 6채의 가옥이 전괴되었다(가메다亀田 2012, 2010).

　가고시마시는 1993년 8월 6일의 집중호우(통칭 「8.6 재해」)로 미증유의 피해를 입었다. 1시간 강수량 99.5㎜에 달하는 맹렬한 비가 몇 시간 동안 계속되어 가고시마시의 강우량은 1일 259㎜에 도달했고, 시내를 흐르는 강의 범람으로 돌다리가 떠내려갔으며 12,000가구가 침수피해를 입었다. 또한 고속도로에서도 잇따라 산사태가 발생하여 철도와 도로가 끊겼다. 가고시마 시내를 중심으로 사망자 48명, 실종자 1명의 희생자가 발생했으며 8월 두 차례의 호우로 결국 사망자 총 71명, 부상자 142명, 건물 전괴

437채, 반괴 208채, 마루 위 침수 9,118채, 마루 밑 침수 7,315채라는 미증유의 피해를 기록했다(다카하시高橋 외 1995a).

가고시마현 북부지역에서도 2006년 7월의 호우로 시비산紫尾山의 총 강우량이 6일간 1,237㎜에 달하여, 센다이가와川內川 유역이 홍수에 휩쓸렸고 5명의 희생자가 나왔다(데라모토 외 2006).

아마미군도는 매년 태풍이 닥쳐, 지금까지 몇 번이나 큰 피해를 입었다. 현재까지 전해져 온 태풍재해 중에서 잘 알려져 있는 것이 1898년 요론지마与論島와 오키노에라부지마沖永良部島를 강타한 태풍이다. 이 태풍으로 요론지마는 기근에 휩쓸렸고, 전체 인구의 5분의 1에 해당하는 약 2,000명이 나가사키현長崎県으로 집단이주했다. 전후에도 여러 차례 태풍재해를 입었지만, 근래 1990년 전후부터 2010년까지 약 20년간 매년 평균 2~3회 태풍으로 인한 풍수재해가 일어나고 있다. 1990년 9월의 태풍재해로 사망자 13명, 부상자 49명, 가옥 전괴 5채, 마루 위 침수 145채, 마루 밑 침수 142채의 피해를 입었다. 또한 1991년 7월에서 10월 사이에 태풍이 4차례나 아마미군도에 닥쳐, 총 사망자 1명, 부상자 3명, 가옥 전괴 10채, 마루 위 침수 1채, 마루 밑 침수 168채의 피해를 냈다. 1993년에도 태풍과 폭우 재해로, 사망자 3명, 부상자 11명, 가옥 전괴 80채, 마루 위 침수 64채, 마루 밑 침수 418채의 피해가 있었다(맹孟 2013, pp.122-123).

지금도 기억에 생생한 것이 2010년 10월의 호우재해이다. 아마미오오시마는 2010년 10월 18일부터 21일에 걸쳐 태풍 13호의 영향을 받았는데, 정체중이던 가을장마전선을 향해 습한 공기가 대량으로 흘러 들어 기록적인 호우가 되었다. 스미요住用지구에서는 1시간에 130㎜이상 맹렬한 비의 관측이 이뤄짐과 동시에 24시간 동안의 강수량이 700㎜를 초과하여 관측 사상 1위의 기록을 경신했다. 10월 18일부터의 총 강수량은 715㎜로, 10월의 평년 월강수량 238.7㎜의 약 3배에 달했다. 또한, 2010년 10월 20일 오전 10시부터 오후 1시까지 3시간 동안의 강수량도 354㎜에 달했다. 그 결과, 아마미오오시마 전역에서 하천이 범람하고 토사류가 다발하여 사망자

3명, 산업의 피해총액이 약 116억 엔, 주택 전괴 10채, 반괴 479채, 마루 위 침수 201채, 마루 밑 침수 110채라는 대재해가 발생되었다. 가장 피해가 컸던 스미요지구 니시나카마西仲間 마을의 경우 마루 위 침수 52채, 마루 밑 침수 16채로 사망자가 모두 85세 이상 노인이었으며, 그 중 2명이 니시나카마마을에서 사망하였다(가고시마 현 2012, pp.10-13).

다음으로 가고시마의 호우재해에 관한 연구에 대해 살펴보자. 1993년 8월 6일 호우재해에 관한 연구는 이듬해인 1994년부터 2004년까지 10년여 동안 많이 이뤄졌는데, 그 대부분은 이공계의 방재대책에 관한 연구이며(스야마陶山 외 2004, 기타무라北村 2004, 야마다山田 1997 다카하시高橋 외 1996a, 1996b, 1995a, 1995b, 1995c), 사회계 연구자의 연구는 재해발생 시 자원봉사동원(구로다黒田 1994)과 방재계획에 관한 연구(기타모토北元 1994), 방재교육(이와마쓰岩松 외 1994) 등으로 상당히 한정되어 있다.

또한, 「8.6 재해」이후 토사재해에 관한 연구 역시 다수 진행되었는데, 이것 역시 대부분 토목공학계의 재해분석이나 방재에 관한 연구(다카하시 외, 2008 이무라井村 2007, 지도우조 1999, 기타무라 외 2007a, 2007b, 나카가와中川 외 1997, 이와마쓰 1997 오오타太田 외 1993)로 사회학적 관점에서의 방재연구는 일부 찾아볼 수 있다(가메다亀田2012, 2010, 2009).

2010년 10월 이후 아마미 호우재해에 관한 연구를 살펴보면, 이공계와 사회계 연구 모두 중심적인 주제를 「방재」로 하고 있다. 예를 들어 이공계 연구에서는 「방재」나 「소방」관계의 저널에 게재된 연구가 많이 보인다(오오시마지구 소방조합 소방본부 2011a, 2011b, 가고시마현 하천과 방재해안계 2011, 2011a, 2011b, 국토교통성 하천국 방재과 2010a, 2010b, 고마쓰小松 2011, 후루타古田 2011). 한편, 사회계는 호우재해로 수많은 희생이 발생한 지역의 현지조사를 바탕으로 고령자의 「방재」를 주제로 삼은 연구가 특징적이다(요시이吉井 2013, 맹(孟 2013a, 2013b, 2012, 가미야神谷 외 2012). 또한 가고시마대학과 가고시마현의 종합조사도 간행되고 있으며 이러한 연구에서도 호우재해의 전반적인 상황파악과 「방재」를 향한 제언이 이루어지고 있다[가고시마대학 지역방재교육 연구센터 2013, 가고시마대학 아마미 호우재해 조사위원회편, 2012, 가고시마현 2012].

4.4 가고시마대학과 재해연구

가고시마에서는 2012년에 《지역방재교육연구센터》를 설립하고 지금까지 개개의 연구자가 실시한 재해와 방재에 관한 연구교육을 체계적으로 실시하는 체제를 구축했다. 설치 목적은 미나미큐슈에서 난세이제도에 걸쳐 호우, 태풍, 분화, 지진에 기인한 여러 자연재해(풍수해, 토사·지반재해, 화산·지진재해, 쓰나미 등)가 발생하고 있고, 재해가 시대와 함께 변천하여 대규모화, 복합화되고 있으므로 이러한 새로운 사태에 대응할 수 있는 지역「방재」체제를 확립하고 그것을 지지할 수 있는 종합적인 「방재」교육연구를 추진하는 것이라고 한다. 따라서 가고시마대학 지역방재교육 연구센터는 미나미큐슈를 비롯한 난세이제도 지역의 「재해방지와 경감」을 도모하기 위해 재해의 실태규명, 예측, 「방재」교육, 재해응급대응, 재해복구부흥 등의 과제를 지역과 연계하고 대처하여 지역「방재」능력 향상을 위한 활동을 실시한다고 강조하고 있다[13].

《지역방재교육연구센터》는 동일본대지진 발생으로부터 2년째를 맞이한 2013년 1월 11일 「쓰나미방재 심포지엄: 동일본대지진 후의 쓰나미 감재·방재를 고찰한다」를 개최했다. 심포지엄 당시의 토론에서는 "막대한 피해를 상정하고 GPS 파랑계로 진원에 가까운 위치에서 관측·경보발령, 해저드 맵의 개량 등에 의한 소프트·하드 양면의 성능설계를 실시해야 한다. 즉, 정확한 방재·감재실시가 필요"하다는 지적도 이루어졌다. 이 외에도 화산재해와 호우재해, 지역방재에 관한 심포지엄과 수업이 개최되고 있다.

---

13) 가고시마대학 《지역방재교육연구센터》 홈페이지(http://bousai.kagoshima-u.ac. jp/mission)

5. 결론

3.11 이전 국내의 자연재해에 관한 인류학적 연구는 전무하다고 해도 과언이 아니다. 3.11 이후에 비로소 「재해인류학」에 대한 관심이 크게 늘었다. 가고시마가 자연재해 다발지역인데도 불구하고, 가고시마대학조차 3.11 이전까지 인문사회계열의 재해연구가 이공계 연구에 비해 압도적으로 적었다. 이런 의미에서 3.11은 가고시마대학 인문사회계의 연구에도 커다란 자극이 되었다. 특히 최근 두드러진 경향으로서 도서재해와 「방재」에 관한 인류학적 연구에 대한 노력이 보이고, 자연재해와 「방재」에 관한 심포지엄 및 연구, 강연회 등도 많아졌다. 특히, 저출산 고령화, 과소화의 진행이 드러나고 있는 상황과 고령자가 다른 고령자를 지원하는 「노노지원老老支援」이라는 현실에 직면하고 있으며, 지역의 자주 「방재」기능 약화가 지적되고 있다(맹 2013). 도서사회와 자연재해의 문제는 일본 유수의 도서지역에 위치한 가고시마대학 특유의 연구과제라고 할 수 있다.

가고시마에서 바라본 3.11 동일본대지진에 대한 연구의 접근은 「부흥」 스토리이며, 인류학적 연구의 대부분은 「부흥」에 관한 것으로 볼 수 있다. 반면 가고시마의 재해연구에 대한 접근은 「방재」 스토리이며, 낙도의 호우재해연구를 포함한 대부분은 「방재」나 「감재」에 관련된 것이다. 이러한 동북과 가고시마의 접근방식의 차이는 재해유형의 차이에 의한 것이다. 즉 하나는 수십 년에 한번 있는 대지진과 쓰나미인 반면, 다른 하나는 매년 다가오는 호우와 태풍, 게다가 일상적으로 흩날리는 화산재이다. 수십년에 한 번 발생할까 말까하는 사쿠라지마의 화산폭발은, 언뜻 보면 3.11의 쓰나미재해와 유사한 양상을 나타내기 때문에 「부흥」의 스토리처럼 보이기도 하지만 반드시 그렇지는 않다. 사쿠라지마의 다이쇼대분화는 지금도 기억에 새로운데, 동북 쓰나미재해와의 결정적인 차이는 대량의 용암으로 피해를 입은 도시와 마을은 「부흥」이 불가능하다는 점이다. 마을 전체가 용암으로 덮이면, 피난처에서 돌아와도 마을재건이 거의 불가능에 가까워 주민이 이주할 수밖에 없으며, 실제로 오스미반도 산간부와 다네가시마種子島로 집단 이주한 사례를 볼 수 있었다. 따라서 가고시마의 자연재해에 대한 연구자의 접근방식 대부분은 '방재 스토리'를 기반으로 한 것이다.

「부흥」과 「방재」의 차이는 그 외에도 있다. 즉 항상 「부흥」이 거론되는 동북지역은 수많은 자원봉사자와 방문자로 피해자/피해지 사이에 다양한 드라마와 휴먼 다큐멘터리가 생겨나는 반면, '방재 스토리'가 만연한 가고시마에서는 동북지역과 같은 드라마틱한 스토리가 만들어지기 어렵다고 할 수 있다. 예를 들어 '부흥 스토리'는 상술한 축제의 부활과 「인연」의 스토리에서 보듯이, 사람들의 약동과 당연한 일상을 되묻는 듯한 스토리를 연출하는 반면, '방재 스토리'는 기술 혹은 전략에 대한 스토리로 끝나버리는 경향이 강한 것으로 보인다.

번역: 최수연(고려대학교 중일어문학과 박사수료)

참고문헌

井口正人 2013 「記念講演 桜島火山の観測研究から予想される今後の活動と災害：減災への新聞の役割(第66回新聞大会から)」『新聞研究』749：22-24

_____ 2011 「桜島の火山活動と防災」『地域経済情報』258：2-5

石原和弘 2006a 「桜島火山防災マップの改訂について(地区ニュース)」『自然災害科学』25(2)：251-252

_____ 2006b 「火山情報と自治体の防災対応：2006年桜島噴火の例」『京都大学防災研究所年報』50：59-62

石村満宏 1981 「桜島の降灰災害 (火山災害〈特集〉)」『地理』26(6)：88-96

市野澤潤平・木村周平・清水展・林勲男 2011 「資料と通信・東日本大震災によせて」『文化人類学』76(1)：89-93

岩松暉 1997 「1997年7月鹿児島県出水市針原川土石流災害」『自然災害科学』16(2)：107-111

岩松暉・中原征五 1994 「1993年鹿児島豪雨災害と防災教育」『地学教育と科学運動』23：

19-25

内尾太一　2013「東日本大震災の公共人類学事始─宮城県三陸地方における被災地支援の現場から」『文化人類学』78(1)：99-110

大島地区消防組合消防本部　2011a「平成22年・奄美豪雨災害における災害対応の概要」『月刊消防』33(3)：1-6

＿＿＿＿＿2011b「平成22年奄美豪雨災害から1年・消防は災害をどう乗り越えてきたか」『月刊消防』33(11)：10-13

太田岳洋・大島洋志・大保正夫　1993「1993年8月の鹿児島市竜ヶ水地区における土石流および斜面崩壊について」『応用地質』34(5)：245-252

鹿児島県　2012『奄美地方における集中豪雨災害の記録』鹿児島県

鹿児島県河川課防災海岸係　2011「各県コーナー　奄美豪雨災害について」『防災』748：8-14

鹿児島県土木部砂防課　1998「鹿児島県出水市における土石流災害の状況について」『宅地開発』167：39-43

鹿児島大学奄美豪雨災害調査委員会　2012『2010年奄美豪雨災害の総合的調査研究報告書』鹿児島大学

鹿児島大学地域防災教育研究センター　2013『「南九州から南西諸島における総合的防災研究の推進と地域防災体制の構築」報告書』鹿児島大学

門村浩・知念民雄　1995「活動火山地域における土砂災害防止への環境地形学的研究アプローチ：有珠山・十勝岳・雲仙普賢岳・桜島を例に」『流通經濟大學論集』29(4)：21-61

神野隆司　2013「施工報告　活発な火山活動が続く桜島における土砂災害対策：無人化試験施工の取組み(特集　災害特集　：　災害復旧と防災対策)」『土木施工』54(6)：55-58

神谷大介・赤松良久・板持直希　2012「小規模集落における豪雨災害に対する課題と支援方策：奄美大島豪雨災害を事例として」『地球環境研究論文集：地球環境シンポジウム』20：305-312

亀田晃一　2009「豪雨災害における災害情報伝達に関する社会学的考察」『地域政策科学研究』6：109-125

＿＿＿＿＿2010「災害情報伝達と避難における社会学的アプローチに関する一考察─鹿児島県垂水市の事例をもとに」『災害情報』8：77-85

＿＿＿＿＿2012「地域におけるインフォーマルな社会関係と災害情報伝達に関する考察：鹿児島県垂水市における量的調査を中心に」『災害情報』10：43-55

川島秀一 2012『津波のまちに生きて』冨山房インターナショナル

北村良介 2004「土木工学からみた防災研究の展望」『奄美ニューズレター』12

＿＿＿ 2005「はじめに（平成16年豪雨による土砂災害）」『自然災害科学』24(2)：107

北村良介・落合英俊・矢ケ部秀美高田誠 1998「鹿児島県出水市土石流災害と防災対策」『土と基礎』46(7)：24-26

北元静也 1994「反省から始まった防災企画—'93夏 鹿児島風水害」キャンペーン」『新聞研究』521：32-34

木村周平 2013「津波災害復興における社会秩序の再編—ある高所移転を事例に—」『文化人類学』78(1)：57-80

ギル，T.・シテーガ，B.・スレイター，D.(編) 2013『東日本大震災の人類学—津波，原発事故と被災者たちの「その後」』人文書院

黒田洋司 1994「自然災害時における行政組織のボランティア動員過程に関する考察：平成5年鹿児島豪雨・北海道南西沖地震の教訓」『地域安全学会論文報告集』4：215-222

国土交通省河川局防災課 2010「災害最前線 鹿児島県奄美地方における大雨による災害について」『防災』738：9-11

児島末雄 1987「桜島降灰の記録と対応について(災害復旧事業〈特集〉)」『水と土』(71)：90-92

小林哲夫 1986「桜島火山の形成史と火砕流」文部省科学研究費自然災害特別研究，計画研究『火山噴火に伴う乾燥粉体流(火砕流等)の特質と災害』137-163

小林哲夫・溜池俊彦 2002「桜島火山の噴火史と火山災害の歴史」『第四紀研究』41(4)：269-278

小松幸夫 2011「平成22年奄美豪雨災害における自治体等の対応について」『消防科学と情報』

坂本昌弥・木下紀正・八田明夫・森脇広 2006「桜島火山防災マップを活用した防災教育」『日本理科教育学会九州支部大会発表論文集』34：17-20

桜島大正噴火100周年事業実行委員会 2014『桜島大正噴火100周年記念誌』桜島大正噴火100周年事業実行委員会

地頭薗隆 1999「南九州における最近の土砂災害」『自然災害科学』17(4)：309-313

清水展 2003『噴火のこだま：ピナトゥボ・アエタの被災と新生をめぐる文化・開発・NGO』九州大学出版会

下川悦郎 2011「桜島火山大正大噴火に伴う土砂災害(特集 3.11震災後の砂防事業)」『季刊河川レビュー』40(2)：14-21

陶山賢治・廣井脩・藤吉洋一郎　2004　「8.6豪雨災害から10年--鹿児島防災シンポジウム」『災害情報』2：35-41

高倉浩樹・滝澤克彦・政岡伸洋(編)　2012　「東日本大震災に伴う被災した民俗文化財調査2011年度報告集』『東北アジア研究センター報告』5号

高橋和雄・阿比留勝吾　1995a「平成5年8月6日豪雨時における鹿児島市内の防災・報道機関の対応」『自然災害科学』14(2)：125-134

＿＿＿＿　1995b「鹿児島市の自主防災組織の現状と平成5年8月6日豪雨時の対応」『自然災害科学』14(1)：43-57

＿＿＿＿　1995c　「平成5年8月6日豪雨時における鹿児島市内の防災・報道機関の対応」『自然災害科学』14(2)：125-134

高橋和雄・阿比留勝吾・三重野恵介　1996　「平成5年8月豪雨による鹿児島水害後の地域防災計画の見直しと自主防災組織の対応に関する調査」『自然災害科学』15(2)：125-138

高橋和雄・河内健吾・近藤久泰・中村聖三　2008　「2005年台風14号における土砂災害警戒情報の運用と鹿児島県内市町村および住民の対応」『自然災害科学』26(4)：343-353

武士俊也　2007　「防災情報の発信拠点：桜島国際火山砂防センターの役割」『建設の施工企画』690：16-19

寺本潔　1989「近年の桜島における災害と住民生活の変化」『地理学報告』68：83-88

寺本行芳・下川悦郎・地頭薗隆　2007　「2006年7月の鹿児島県北部豪雨による土砂災害」『鹿児島大学農学部演習林研究報告』35：17-24

とうしんろく(東北大学震災体験記録プロジェクト)(編)　2012　『聞き書き　震災体験―東北大学 90人が語る3.11』新泉社

東北学院大学　2012『震災学』創刊号

中川一・高橋保・里深好文・立川康人・市川温・吉田義則・中村行雄　1997「平成9年鹿児島県出水市針原川で発生した土石流災害について」『京都大学防災研究所年報』(41B-2)：287-298

林勲男　2011「災害のフィールドワーク」鏡味治也・関根康正・橋本和也・森山工(編)『フィールドワーカーズ・ハンドブック』pp.244-262，世界思想社

林勲男・川口幸大　2013　「≪特集≫災害と人類学―東日本大震災にいかに向き合うか・序」『文化人類学』78(1)：50-56

東島栄・村田秀一・岡林巧　1982「桜島の噴火活動にともなう災害調査」『鹿児島工業高等専門学校研究報告』16：65-71

疋田誠・平野宗夫・羽田野袈裟義　1981　「桜島の降灰災害とその予測に関する研究」『鹿児島工業高等専門学校研究報告』15：73-90

孟憲晨　2012　「シマの災害における「結いの精神」―奄美市住用地区住民の災害経験から―」『プロジェクト研究報告集』9：21-27

_____ 2013a　「奄美大島における高齢者の防災に関する比較考察―知名瀬と西仲間集落の住民の災害経験から―」『島嶼研究』14：55-74

_____ 2013b　「奄美大島災害時の「老老支援」に関する考察―西仲間集落豪雨災害の高齢者支援を事例にして―」『南太平洋研究』33(2)：119-135

山田啓一　1997　「鹿児島市における93年および95年水害と住民行動」『自然災害科学』16(3)：191-200

吉井博明　2013　「豪雨災害時における避難と高齢者施設の対応：平成22年10月奄美豪雨災害を事例として」『コミュニケーション科学』38：91-103

古田英之　2011　「奄美豪雨災害について(特集 平成22年の災害)」『河川』67(2)：58-63

シンポジウム他

「奄美防災シンポジウム―奄美豪雨災害から学ぶ―」2011年10月，鹿児島大学

「地域防災力の向上を考える」2012年10月6日，鹿児島大学地域防災教育研究センター

「九州防災シンポジウムin鹿児島―火山災害・豪雨災害を考える―」2012年10月30日，鹿児島大学地域防災教育研究センター

「津波防災シンポジウム―東日本大震災後の津波減災・防災を考える―」2013年1月11日，鹿児島大学地域防災教育研究センター

「いのちと地域を守る防災学」(Ⅰ・Ⅱ)(2013年度の鹿児島大学共通教育科目・地域防災教育研究センター教員他複数の学部教員による総合講義)

제II부

재해의 기록과 표상表象

일본율령국가의 '천재이변天災異變'과 정책의 전환

송완범 宋浣範, Song Whan-Bhum*

1. 서론

2013년11월8일, 필리핀 중부 레이테섬을 강타한 초대형 태풍 하이옌은 전 세계에서 발생한 열대저기압 중의 최대급으로, 상륙 시의 순간 최대풍속이 무려 380km/h를 기록했다. 필리핀 국가재해위기관리위원회(NDRRMC)는 12월 현재, 5천680명이 숨지는 등 약 7천400명이 사망·실종된 것으로 공식 집계, 필리핀 당국은 이번 태풍으로 중부지역 7개 주에서 3억 4천360만 달러 상당의 피해가 난 것을 비롯해, 모두 7억 90만 달러(3천400억 원) 규모의 물적 피해가 발생한 것으로 집계했다[1].

그런데 이번 필리핀 태풍은 2011년3월11일에 일어난 '3.11동일본대지진'[2]을 연상케 한다. '3.11동일본대지진'은 거대지진에 의한 거대 쓰나미津

* 고려대학교 글로벌일본연구원 부교수
※ 본고는 2007년 정부의 재원으로 한국연구재단의 지원을 받아 수행된 연구(KRF-2007-362-A00019)이며, 2013년10월23일(수), 고려대학교 일본연구센터와 일본 가고시마鹿児島대학대학원 인문사회과학연구과·가고시마대학 지역방재교육연구센터의 공동주최로, 가고시마대학에서 열린 한·일공동심포지엄『3.11以後の人間と社会』에서 발표한 논문(「律令国家の天災異変と政策の転換」)을 저본으로 하여 대폭 첨삭한 것이다.
1) 〈연합뉴스〉 2013.12.04.

波의 발생, 또 이로 말미암은 후쿠시마福島 원전사고가 결합된 미증유의 '거대복합연쇄재난'으로 정리되어 가고 있다. 특히 후쿠시마 원전사고는 천재가 아닌 인재의 성격을 강하게 띠는 것으로 이해된다.

일본의 국토면적은 세계의 0.25%에 해당하는데, 매그니튜드6 이상의 지진횟수가 20.5%, 활화산 활동 횟수 7%, 피해액 11.9%, 그리고 세계의 활화산의 약 7퍼센트가 존재하는 지진대국이며 화산대국이다. 다시 말해 일본 그 어디에서 언제라도 지진과 화산 현상이 발생해도 이상하지 않은 것이다[3].

그렇다고 하더라도 '3.11동일본대지진'은 일본을 연구 필드로 삼고 있던 본인에게는 엄청난 충격이었으며, 또 한편으로는 특히 '움직이는 산 같은 검은 파도'로 기억하는 거대 쓰나미의 진격은 무력감을 넘어 자신의 연구에 대한 강한 '자괴감'마저 안겨주었다. 이에 지진 발생 3일 후인 3월14일에 고려대학교 일본연구센터에서, 6인의 동료들과 같이 가칭 '3.11지진 연구팀'을 꾸렸다. 현재 그 팀은 '포스트3.11과 인간-재난(재해)과 안전, 그리고 동아시아 연구팀'으로 확대 개편되어, 많은 성과물을 축적해 오고 있다[4]. 이는 그 성과의 배경에 '재난'과 '안전'을 키워드로 하는 연구는 이제

---

2) 〈일본판 위키디피아〉 2013.12.01 검색.
  이 지진은 당일 일본시간으로 14시46분18초 미야기宮城현 오시카牡鹿반도의 동남동 130km, 센다이仙台시의 동방 70km 지점의 태평양 해저를 진원으로 한다. 지진의 규모는 매그니튜드9.0으로 일본 주변에서 발생한 지진 중 관측사상 최대의 지진이다. 지진으로 인한 피해 범위는 이와테岩手현에서 이바라키茨城현까지의 남북 약 500km, 동서 약 200km의 거의 10만 평방km에 미치는 광범위한 것이었다. 이 지진의 특색인 거대 쓰나미는 파도 높이가 보통 10m 이상, 최대 파고가 무려 40.1m에 이르렀다. 지진에 의한 사망과 행방불명자는 11월 현재 18,534인이며, 건축물의 전파와 반파는 39만9,028호이다.
3) 日本地震學會 홈페이지, 平成22년도 「防災白書」(온라인 판) 참조.
  원래 일본은 인간의 몸이 느끼는 진도1 이상의 유감지진이 연간 1,000-1,500여회, 즉 매일 3-5회가 발생하며, 또 대지진이라고 말해지는 매그니튜드7 이상의 지진이 1년에 1회 꼴로 집계된다.
4) 고려대학교출판부 홈페이지; 동일본대지진과 핵재난시리즈(http://www.kupress.com/2013.12.01 검색) 참조.

어느 한 나라만의 역량으로는 해결할 수 있는 문제가 아니라는 공통된 인식이 존재하고 있기 때문일 것이다.

이상의 인식을 배경으로 '재난'에 의한 상정외의 엄청난 피해는 국가 기반을 흔드는 것이었으며, 국가는 시대를 넘어 그 충격의 해소에 매달리게 되고, 그 피해를 최소화하기 위한 노력을 경주하게 되는 것을 알 수 있다. 이러한 일련의 노력은 현대에 국한된 것은 아닐 것이다.

그래서 본인은 고대일본의 가장 완성된 국가형태라고 이야기되는, 7세기말 이후의 율령국가시기에 집중적으로 발생한 천재이변이 율령국가의

김유영 외 역, 『재해에 강한 전력네트워크』, 2013
송완범 외 역, 『동일본대지진. 부흥을 위한 인문학적 모색』, 2013
전성곤 역, 『재해에 강한 사회를 만들기 위하여 -과학자의 역할과 대학의 사명』, 2013
김영근 역, 『일본 원자력 정책의 실패 -후쿠시마 원전사고 대응과정의 검증과 안전규제에 대한 제언』, 2013
김선희 역, 『동일본대지진과 환경오염 -환경공학자의 진단』, 2013
김유영 역, 『신문은 대지진을 바르게 전달했는가 -학생들의 신문지면 분석』, 2013
홍윤표 역, 『빠르고 적절한 구조와 지원을 위하여 -초동체제 가이드라인 제안』, 2013
정유경 역, 『대규모 재해 극복을 위한 자치체 간 연계 -현장에서의 보고와 제언』, 2013
김정민 역, 『피해지역 아이들의 마음에 다가서기 -임상심리학의 시점』, 2013
송완범 역, 『문화유산의 보전과 부흥철학 -자연과의 창조적 관계 재생』, 2013
박미현 역, 『동일본대지진과 헌법 -일본에 직언하다』, 2013
김효진 역, 『확대되는 방사능 오염과 법규제 -구멍투성이 제도의 현황』, 2013
양민호 역, 『3.11쓰나미로 무엇이 일어났는가 -피해조사와 감재전략』, 2013
김유영 역, 『재해에 강한 전력 네트워크 -스마트 그리드 기초 지식』, 2013
김영근 외 역, 『제언 3.11동일본대지진』, 도서출판문, 2013
고려대학교일본연구센터 [포스트3.11과 인간: 재난과 안전연구팀] 역, 『검증 3.11 동일본대지진』, 도서출판문, 2012
김영근 역, 『일본대재해의 교훈』, 도서출판문, 2012
그 외 저서로는, 송완범 외, 『저팬리뷰2012-3.11동일본대지진과 일본-』, 도서출판문, 2012 이 있는데, 이 책은 일본 関西学院大学出版会로부터 출판조성금을 지원받아, 2013년5월에 『東日本大震災と日本-韓国からみた3.11-』로 일본에서 번역 출판되었다.

변용에 어떻게 작용하고 있는지를 분석하고자 한다. 왜냐하면, 그렇게 하는 것에 의해 '3.11 동일본대지진'과 거의 비슷한 규모라고 이야기되는 '조간貞觀지진'5)이 가져다준 9세기 일본율령국가의 다면적인 모습을 알 수 있다고 생각하기 때문이다. 제2장에서 역사학적 의미에서의 '3.11 동일본대지진'을, 제3장에서는 지진이 왕성하게 일어난 8세기 나라奈良시대에 대해, 제4장에서는 천재지변의 9세기와 율령국가의 전환에 대해 살펴보기로 하자.

2. '역사지진학'과 '3.11동일본대지진'

현재 '3.11동일본대지진'에 대한 정의는 여러 가지겠지만, 거대 지진으로 말미암은 거대 쓰나미의 발생 그리고 원자력발전소 폭발사고를 '복합연쇄재난'이라고 부르는 것에 수긍이 간다6). 그리고 '3.11동일본대지진'은 다음과 같은 9가지 특징을 갖는 지진이라고 한다7). 즉, 초광역/복합/장기화/거대 쓰나미/사회 취약층에 집중/대책 부재/행정구역 재편이 초래/전문가 부재/물류에 엄청난 피해를 주었던 재난으로 정리되어가고 있다.

한편 '3.11동일본대지진'은 지금까지의 재해론災害論 전체에 광범위한 충격을 주었고, 재해/재난을 역사적으로 돌아보려는 움직임도 나타나고 있다. 나아가 자연적인 현상인 지진을 역사적으로 생각하며, 재난을 막는다는 방재防災에서 어떻게 하면 그 피해를 줄일 수 있을까 하는 감재減災로

---

5) 헤이안平安시대전기인 조간11년5월26일에 무쓰陸奧국의 동쪽 먼 바다의 해저를 진원으로 해서 발생한 거대지진이며 거대 쓰나미도 동반해 막대한 피해를 주었다. 지진의 규모는 매그니튜드 8.3이상이라고 한다. 다른 이름으로는 '조간산리쿠三陸지진, 혹은 '9세기무쓰해구지진' 등이 있다.

6) 김영근 역, 『일본대지진의 교훈』, 도서출판문, 2012 참조.

7) 고려대학교일본연구센터[포스트3.11과 인간:재난과 안전연구팀] 역, 『검증 3.11동일본대지진』, 도서출판문, 2012, pp29-34 참조.

의 전환이라는, 재난에 대한 원천적인 사고의 변환까지 초래하고 있다[8].

우선, 역사학적 지진연구의 목적은 연구 성과를 방재에 이용한다는 것보다는, 재해와 사회의 관계성을 밝히는 것에 의해, 그 시대를 충실히 설명하고자하는 데 있다. 근대적인 관측기기가 없던 시대의, 고문서古文書와 재해기념비災害記念碑 등의 기록에 남아있는 과거의 지진을 '역사지진'이라 부른다[9].

그럼 '역사지진'의 의미와 그 실태에 대해 좀 더 알아보자[10]. 먼저 일본에서의 '역사지진'은 1885년경에 지진계 등 관측망의 정비가 개시되기 때문에, '역사지진'은 일반적으로 1884년 이전에 발생한 것을 가리킨다. '역사지진'의 조사연구는 장래 일어날 것이라고 상정되는 지진의 예측 등 방재 상에서는 빠트릴 수 없는 것으로 플레이트 간의 거대지진의 발생주기 등을 논하는 지진학의 한 분야이다. 그런 점에서 계기관측이 시작된 이래의 지진만으로는 데이터의 축적이 불충분하다. 그래서 고지진학의 도움을 빌릴 필요성이 생긴다[11].

'역사지진' 연구는 고문서의 조사부터 시작한다. 고문서는 국가의 역사를 기록한 정사부터 개인의 일기 등 다종다양하며, 오기와 오식 그리고 과장과 전해들은 이야기, 혹은 정치적인 판단으로 왜곡된 기록 등을 포함하여 신뢰성에 의문점이 있는 것도 많다. 그러하기에 가능한 한 여러 종류의 다양한 사료를 모아서 검증하는 작업이 요구된다[12].

---

8) 고려대학교일본연구센터[포스트3.11과 인간:재난과 안전연구팀] 역, 『검증 3.11동일본대지진』, 도서출판문, 2012, pp52-55 참조.
9) 한편으로 기록에 남아있지 않은 유적 발굴이나 조사 등으로 판명한 유사이전의 지진은 선사지진이라고 부른다. 또 이들 지진을 포함하여 근대적 지진관측 개시 이전의 지진은 고지진古地震이라고도 한다. 나아가 고지진은 어제까지 일어난 모든 지진을 이르기도 한다.
10) 일본 위키디피아 '歷史地震'(2013.12.10 검색) 참조.
11) 일본지진학회 홈페이지(http://www.zisin.jp/ 2013.12.01 검색) 참조.
12) 島村英紀, 『ポケット図解 最新 地震がよ~くわかる本』, 秀和システム, 2005年; 동, 『巨大地震はなぜ起きる これだけは知っておこう』, 共栄書房, 2011 참조.

근대일본의 고지진 연구를 위한 사료조사는 1891년의 노비濃尾지진[13]
이 계기가 되어, 1892년에 진재예방조사회가 설치된 이후 시작되었다. 기
초자료로서 도쿄東京대학 사료편찬소의 전신인 사료편찬괘史料編纂掛가 10
년 세월을 거쳐 고문서 등의 지진 관련 사료를 수합하였다. 이것이 바로
『대지진개요大地震概要』이다.

그 후 데라다 도라히코寺田寅彦[14]의 지도를 받은 무샤 긴키치武者金吉[15]
가 이후 수합된 사료를 더하여 『일본지진사료日本地震史料』와 『증정대일본
지진사료增訂大日本地震史料』(1-3권)로 집대성했는데, 모두 6,000건 이상의
고지진에 대한 사료를 모은 것으로 1941-49년에 간행되었다. 다시 무샤는
1951년에 일본의 지진관련 사료를 『일본지진사료日本地震史料』로 재정비하
고 있다.

이후의 새로운 자료의 수집은, 우사미 다쓰오宇佐美龍夫[16]가 이어받았
다. 1981년부터 1991년에 걸쳐 도쿄대학 지진연구소의 편찬으로, 『신수일
본지진사료新收日本地震史料』(본 1-5권, 별권과 그 분책, 보유補遺와 보유별
권, 속續보유와 속보유별권 등 모두 21권의 구성)가 간행되었다. 또한 1998
년부터 2012년에 걸쳐, 우사미 등에 의해 『일본의 역사지진사료습유日本の
歷史地震史料拾遺』(1-8권)가 모두 도쿄대학 지진연구소에서 간행되었다. 이
상의 자료들은 전자화작업을 거쳐 공개되고 있다[17].

---

13) 1891년 10월 28일 6시에, 기후岐阜현 노비지방에서 발생한 매그니튜드8.0으로 추
   정되는 일본사상 최대의 내륙지각내지진이다.
14) 데라다(1878년-1935년)는 전전일본의 물리학자이자 수필가로 하이쿠俳句에도 조
   예가 깊었다. 데라다는 자연과학자이면서 문학 등 자연과학 이외의 분야는 물론
   이고, 과학과 문학을 조화시킨 수필도 남기고 있다. "천재天災는 잊어버릴 즈음에
   찾아온다."는 말로 유명하지만, 실제로 그의 저서 중에는 보이지 않는다.
15) 무샤(1891 - 1962년), 다이쇼大正, 쇼와昭和 시대의 저명한 지진학자로 독학으로 지
   진학을 연구, 도쿄東京제국대학 지진연구소에 근무하면서 지진사료를 광범위하게
   수집하였다.
16) 그의 최근 자료집으로 宇佐美龍夫, 『日本被害地震総覧』, 東京大学出版会, 2013 참조.
17) http://www.eri.u-tokyo.ac.jp/tosho/documents/jishinshiryo.pdf(2013년12월1일 검
   색) 참조.

이러한 옛 지진, '역사지진'의 선구자는 역시 무샤이다. 다만, 초기의 연구란 것이 무샤에 의해 집성된 사료집을 그대로 암기하는 대상으로 여겼고, 과학적인 입장에 의한 지진학적 분석은 더뎠다는 것도 지적할 수 있다[18].

또한 역사연구의 일부를 담당할 고고학의 일종으로 '지진고고학'의 분야도 개척되고 있다[19]. '지진고고학'은 지진학과 고고학을 합한 학문으로 유적에 있는 지진흔적의 조사와 역사자료의 지진에 관한 기술과의 대조에 의해, 발생연대의 추정과 앞으로의 지진의 예측을 하는 새로운 학문분야이다. 제창자는 산가와 아키라寒川旭이며, 이 새로운 학문 분야가 제창된 시기는 비교적 최근인 1988년 5월에 열린 일본문화재과학회와 일본고고학 협회에서였다.

그럼, 이상의 역사적 지식을 바탕으로 한다는 '역사지진학'에 대한 접근이라는 시각에서 '3.11동일본대지진'에 대해 살펴보자. 역사지진의 분야를 포함해 근대지진학으로 찾아낼 수 없었던 고지진의 실례에 대해 몇 가지 언급하기로 한다[20].

먼저 최근에 3.11 '동일본대진재'와 맞먹는 규모의 지진이 과거 3,500년 동안 일곱 차례나 발생했다는 주장이 나왔다. 홋카이도北海道대 특임교수인 히라카와 가스오미平川一臣[21]는 홋카이도에서 산리쿠三陸앞 태평양지역에 걸쳐 과거 3,500년 동안 일곱 번 이상 지진과 쓰나미가 연안을 반복해 덮쳤다고 한다[22].

---

18) 石橋克彦, 「歷史地震研究で感じたこと」, 東京大学地震研究所 『歷史地震』 第1号, 1985 참조.
19) 寒川旭, 『地震考古学 : 遺跡が語る地震の歷史』, 中央公論社, 1992; 寒川旭, 『地震の日本史 : 大地は何を語るのか』, 中央公論新社, 2007 참조.
20) 송완범, 「'3.11'로 보는 역사 속의 동일본대진재」, 『저팬리뷰2012-3.11동일본대지진과 일본-』, 도서출판문, 2012 참조.
21) 平川一臣, 『asahi.com : 地殼変動3倍の「超」東海地震, 千年周期で発生か- 社会』 朝日新聞社, 2007.09.04 참조.
22) 共同通信, 2012년1월26일; 헤럴드경제, 2012년1월26일자 참조.

히라카와의 전공분야는 빙하의 생성과 소멸, 그리고 하류 평야부의 형성사에 관한 연구, 일본의 지형발달사연구 등인데, 2000년경부터는 쓰나미의 퇴적물의 연구에 주목하고 있다. 그는 2007년에 산업기술총합연구소 활단층연구센터 그룹과 중부전력의 하마오카浜岡원자력발전소 부근 토지의 보링 조사를 하여, 과거 5,000년 사이에 국가가 상정한 도카이東海지진의 약 3배 정도의 지각변동을 가져오는 엄청난 도카이지진이 적어도 3회는 있었다고 발표했다. 이후 2011년의 '3.11동일본대지진'에 의해 히라카와의 연구는 새삼 주목을 모으게 되었다.

또 히라카와에 따르면, 홋카이도의 네무로根室시로부터 이번 대지진의 피해가 가장 컸던 미야기宮城현의 게센누마気仙沼시 사이의 400곳 이상에서 확인된 지진과 해일에 의해 생긴 퇴적물의 연대비교를 통해, 치시마千島 해구와 일본 해구에 진원지역이 네 군데 있었던 것으로 추정하고, 일곱 차례의 대지진 가운데 특히 2,400년 전과 3,500년 전의 두 번의 대지진은 복수의 진원이 동시에 활동했을 가능성이 크다고 분석했다.

다음으로 도호쿠東北학원대의 마쓰모토 히데아키松本秀明교수 등의 지질조사에 의하면, 구체적인 시기를 특정할 수 있는 동일본 지역에 발생한 지진의 예가 다수 있다고 한다[23]. '3.11동일본대지진'에 의해 쓰나미에 피해를 입은 센다이 평야는 약2천 년 전의 야요이彌生시대의 쓰나미와 이번 '3.11동일본대지진'에 의한 쓰나미에 의해 운반된 모래와 진흙의 범위가 유사하다고 한다. 요컨대, 센다이 평야는 869년의 조간貞觀 쓰나미에서도 같은 규모의 침수가 발생하고 있는 것으로 보아, 거의 동일한 규모의 쓰나미가 약 1,000년 주기로 반복되고 있음을 알 수 있다.

그리고 '조간연간의 대지진'을 엿볼 수 있는 또 다른 증거로는, 지진과 쓰나미에 의해 해안이 침강하는 사실이 지적된다[24]. 산업기술총합연구소의 사와이 유키沢井祐紀 주임연구원에 따르면, 후쿠시마현 미나미소마南相

23) 朝日新聞, 2011年5月18日자.
24) 朝日新聞, 2011년5월20일자; 朝日新聞, 2011년8월22일자.

馬시에서 해안에서 1.8킬로 내륙에 위치한 밭의 지하에 퇴적하고 있던 모래에 섞인 규조가 담수에 사는 것인지, 아니면 해수에 사는 것인지를 조사했더니, 1,100년전의 '조간 쓰나미' 후에 오랫동안 해수에 담겨져 있었던 것을 알았다. 이러한 사실은 지반이 침강한 것을 말해준다. 이상과 같이 과거의 지진들에 대해 '3.11동일본대지진'을 계기로 여러 연구영역에서 재조명하고 있는 것을 알 수 있다.

그런데, 원래 지진에 대한 역사학의 사회적 책임 문제는 지진의 주기성周期性을 둘러싼 논의로 시작되었다. 이마무라 아키쓰네今村明恒는 과거의 지진에 관한 기록으로부터, 20세기 초인 1905년에, 앞으로 50년 이내에 간토關東지방에 큰 지진이 있을 것임을 예고했다[25]. 잡지 『태양太陽』에 기고한 「시가지의 지진에 의한 생명 및 재산에 대한 손해를 경감하는 간단한 법市街地に於る地震の生命及財産に對する損害を輕減する簡法」[26]은 당시의 신문 지상에 크게 다루어졌고, 이는 사회를 혼란시킨다는 비난을 받기도 했다. 하지만 1923년에 발생한 '간토關東대지진'[27]으로 그 평가가 일전해 '지진의

---

25) 今村明恒(1870년-1948년)는 일본지진연구에 큰 획을 그은 인물이다. 1899년에 쓰나미는 해저의 지각변동을 원인으로 한다고 발표했는데, 지금은 당연한 것이지만 당시에는 별 호응을 얻지 못했다. 1911년 이마무라식 지진계 계발, 1928년 난카이南海지동연구소를 사비로 설립, 그의 예언대로 1944년 도난카이東南海지진, 1946년 난카이지진이 발생했다. 1929년 해산하고 있던 일본지진학회를 재설립, 1933년 산리쿠오키三陸沖지진이 발생하자 쓰나미 피해를 막기 위해서는 주민들을 고지대로 이주시켜야 한다고 주장하는 등 현재 일본 지진연구의 초석을 놓았다. 山下文男, 『地震予報の先駆者:今村明恒の生涯』, 青磁社, 1989 참조.
26) 『太陽』11, 1905, pp162-171 참조.
27) 1923년9월1일 11시58분에 가나가와神奈川현 사가미相模만 북서쪽 80km를 진원으로 한 매그니튜드 7.9의 지진이다. 가나가와현, 도쿄부를 중심으로 치바千葉현·이바라키茨城현부터 시즈오카静岡현 동부까지의 내륙과 연안에 광범위한 피해를 입혔다. 2004년경까지는 사망과 행방불명자 합해서 약 14만인이라고 추정했다. 그러나 최근의 조사를 반영한 이과연표理科年表에서는 약 10만5천여 명으로 집계되고 있다.
武村雅之, 『関東大震災 – 大東京圏の揺れを知る』, 鹿島出版会, 2003; 文部科学省国立天文台 編, 『理科年表』, 丸善, 2006 참조.

신'으로 칭송받았다.

이와 같은 선구적인 노력은 최근의 '3.11동일본대지진'의 아카이브 구축 이라는 논의로 전개되어 가고 있다. 아카이브 구축의 집대성은 고베神戸대 학의 명예교수인 이시바시 가쓰히코石橋克彦[28]를 중심으로 한 그룹에 의해 진척되고 있는데, 그 성과는 『고대·중세지진·분화사료 데이터베이스β 판』이다[29].

이상으로 과거의 지진의 기록으로부터 지진이 반복적으로 일어난다는 지진의 주기성을 확인하고 예측하는 작업은 아직도 현재진행 중인 것을 알 수 있다. 또한 지진의 주기성을 논하기에는 종래의 학문영역인 문과와 이과의 구분은 무의미하다고 생각한다. 앞으로는 지진학, 역사학, 고고학 의 여러 학문분야가 서로 협력하는 데서 지진의 주기성의 예측이 조금이 라도 앞당겨지는 것은 아닐까.

3. 고대지진의 왕성기로서의 8세기 나라시대

일본고대국가의 완성된 형태라고 말해지는 율령국가는 보통 7세기말에 그 성립을 보인다고 말해진다. 이후 일본율령국가는 8세기의 나라奈良시 대를 거쳐 9세기 중반 혹은 10세기 중반에 변용을 맞이하고 있다. 혹자는

---

28) 이시바시는 1976년의 일본지진학회 및 지진예지연락회에서 도카이東海지진설의 근거인 '쓰르가駿河만 지진설'을 발표하여 유명해졌다.(石橋克彦, 「東海地方に予想 される大地震の再検討 -駿河湾大地震について-」, 『地震学会講演予稿集』, No.2, 1976, pp30-34 참조; 同, 「東海地方に予想される大地震の再検討 -駿河湾地震の可 能性-」, 『地震予知連絡会会報』 17, 1977, pp. 126-132 참조) 1997년에는 「原発震災 ―破滅を避けるために」, 『科学』10월호에서 대지진에 의해 원자력발전소가 노심 용융사고를 일으키고, 지진재해와 방사능오염의 피해가 복합적으로 일어나는 재 해를 '원발진재'라 불렀다. 그의 염려는 '3.11동일본대지진'에 의해 현실로 되었다.
29) 古代中世地震史料研究会, 静岡大学防災総合センター공개(http://sakuya.ed.shizuoka. ac.jp/erice/ 2013.09.07 검색) 참조.

12세기까지, 즉 가마쿠라鎌倉 막부 성립 이전까지를 율령국가시대라고 하기도 한다. 한편 일본고대에서 율령국가의 이미지는 '문명국가'의 시기라고도 이야기된다.

보통, 일본율령국가의 성립과 그 지표의 형성에는 7세기의 긴박한 동아시아의 국제정세가 지적된다. 다시 말해 7세기의 동아시아 국제정세는 수·당의 건국과 이로 인한 부담이 주변국들에 미쳐, 660년의 백제멸망과 663년의 '백촌강白村江의 싸움'을 전후로 한 동아시아의 재편으로 이어지고, 이후 왜국의 고대 최대의 내전이라고 말해지는 '임신壬申의 난'이 발생하는 원인이 되었다. 결국 그 결과가 바로, 천무·지통조의 왜국에서 일본으로의 국호 변경과, 천황이라는 군주호의 개변으로 나타났다는 것이다[30].

일본율령국가의 시작을 나타내는 상징이라면, 689년 정어원령淨御原令의 시행과 694년 후지와라藤原경의 건설이다. 그 뒤 8세기에 들어 701년 다이호大寶령의 시행, 710년 헤이조平城경 천도, 718년 요로養老율령의 제정이라는 일련의 과정의 정점에 720년의 『일본서기日本書紀』의 완성이 있었다. 특히 『일본서기』는 고대일본의 완성으로서의 율령국가의 이상을 담아낸 지침서이자 텍스트 구실을 담당했다[31].

한편 8세기는 대외관계의 면에서 많은 갈등의 시기였다. 특히 그 갈등의 양상이 많이 표출된 것은 신라와의 외교관계에서였다. 이러한 8세기 나라시대의 신라라는 대상의 존재는 두 차례에 걸친 나라조정의 '절도사 체제'와 후지와라노 나카마로藤原仲麻呂가 중심이 된 '신라정벌계획'이라는 국가적 사업으로 표출되었다[32].

---

30) 송완범, 「백촌강 싸움'과 '임신의 난'」, 김준엽선생 기념서편찬위원회 편, 『동아시아국제관계사』, 아연 출판부, 2010 참조.
31) 송완범, 「일본율령국가'와 '일본중심주의'-『일본서기』를 중심소재로 하여」, 『동아시아세계의 일본사상-'일본 중심적 세계관' 생성의 시대별 고찰』, 동북아역사재단, 2009 참조.
32) 송완범, 「백촌강싸움과 왜-동아시아세계의 재편과 관련하여-」, 『한국고대사연구』

하지만 이상의 율령국가의 모습과 어울리지 않게도 당시의 사료를 들여다보면, 율령국가의 시기도 많은 자연재해와 재난에 직면하고 있는 것을 알 수 있다. 혹자는 이 시기를 "대지동란, 온난화, 전염병"의 시기였음을 인식할 필요가 있다고 한다. 특히 고대일본의 전염병 중 가장 무서운 것은 천연두의 창궐이었다[33].

율령국가는 이상의 자연재해와 많은 재난을 극복하기 위해, 특히 천황이 거주하는 도시공간인 서울, 즉 나라시대의 헤이조궁과 헤이조경의 도처에서 제사의 장을 설정하고 제사를 행하고 있다. 신기령神祇令에서는 6월과 12월의 그믐날에 도향제道饗祭[34]가 열린다고 특정하고 있다. 이것은 궁성의 네 귀퉁이에서 귀신이 경내에 침입하는 것을 막는다는 의미가 있다. 이와 같이 헤이조궁·경, 기나이畿內 각각의 경계에서 나쁜 기운을 막는 제사가 행해지고 있다. 또 6월, 12월의 그믐날에 행해지는 오하라에大祓에서는 백관이 참가하는 대규모의 액막이 제사가 궁의 정문인 주작문朱雀門 앞에서 행해진다[35].

제사유물 중에는 헤이조궁이 남면하는 궁성문 앞의 도랑에서 오하라에에서 사용된 제사구로 보이는 인형, 제사용구의 하나로 나뭇가지에 종이 오리를 매단 이구시齊串, 목제 제사구(말 모양, 배 모양, 칼 모양 등), 흙으로 만든 말, 사람 얼굴모양의 묵서墨書토기 등이 출토된다. 또한 비슷한 제사유물은 헤이조경내의 조방條坊도로의 양쪽 편의 도랑이나 하천에 걸린 다리 부근에서도 대량으로 발견된다. 이러한 물가에서 액막이를 하는 제사에 의해 궁도의 청정을 지키고, 경내로의 악역의 침입을 지키려고 한

45집, 2007 참조.
33) 保立道久, 『歷史のなかの大地動乱-奈良·平安の地震と天皇-』, 岩波新書, 2012, pp 7-15; 保立道久 外, 『津波, 噴火...日本列島地震の2000年史』, 朝日新聞出版, 2013, pp82-141 참조.
34) 미치아에노마쓰리道饗祭라고 하며 궁중 제사의 한 가지이다.
『延喜式』卷1의 『延喜式四時祭式』; 『神祇令義解』 道饗祭条 참조.
35) 『延喜式』 臨時祭条 참조.

것이었다36).

이와 같이 자연재해와 재난에 대처하는 방법의 바탕에는 재해와 재난의 책임은 원래 고대일본의 지배자 천황이 진다는 의미가 깔려있다37). 우선 8세기를 중심으로 한 대규모 지진의 예를 들어보자.

701년 단고丹後지진
715년 도토미遠江/미카와三河지진

> 734년 가와치河内/야마토大和지진
> 737년 천연두 대규모유행
> 742년 오스미大隅해저화산분화
> 744년 히고肥後지진
> 745년 미노美濃지진

762년 중부지방지진
764년 오스미大隅해저화산분화
772년 분고豊後 쓰루미타케鶴見岳분화

일견하는 것만으로도 8세기에 지진이 집중되어 있는 것을 알 수 있다. 그 중 박스 안의 지진과 대규모 전염병은, 나라시대(710-784년)의 천황 중에 가장 재위기간이 길었던 쇼무聖武천황(701-756년; 재위 724-749년)때 발생한 것이다. 나라시대의 문화를 덴표天平문화라고 하는데, 이는 쇼무천황의 재위 기간 중의 연호를 딴 것이다. 다시 말해 8세기 일본율령국가의 대표 천황인 쇼무천황 시기에 재난과 자연재해가 집중되어 나타난 것이다. 그로부터 촉발된 국가의 제사, 특히 불교에 경도된 당시의 모습이 많

---

36) 佐藤信, NHKカルチャーラジオ歴史再発見『木簡から読み解く平城京』, NHK出版, 2010, p159 참조.
37) 의지를 가진 하늘이 자연재해와 이상 현상을 일으켜 사람들에게 충고를 준다는 유교사상에 기반을 둔 재이災異사상을,『춘추春秋』등의 역사서에서는 당시의 군주의 실정과 악덕에 대해 하늘이 견책한 것으로 해석했다.

이 보인다. 쇼무천황은 불교의 힘에 의해 자연재해와 재난의 후유증을 극복하려 했는데, 이는 도다이지東大寺의 대불 조영과 국분사, 국분니사, 그리고 화엄경의 보급에서 잘 알 수 있다.

다음으로는 나라시대의 재난과 자연재해에 대한 사례가 풍부한 쇼무천황 시기의 국가 제사를 살펴보자. 먼저 701년의 다이호大寶율령의 성립에 의해 규정된 정식 궁중의 연중행사로서, 6월과 12월의 그믐날에 행해지며, 범한 죄나 부정을 제거하기 위한 행사인 오하라에大祓는 2회[38]보인다. 그 다음으로 천황의 명에 의해 신사와 산릉 등에 폐백을 바치는 봉폐奉幣의 사례는 14회[39] 보이느데, 쇼무의 딸인 고켄孝謙천황대의 5회[40]가 모두 쇼무의 병환이 빨리 쾌차하기를 바라는 것이어서 쇼무와의 관련은 무려 19회에 이른다.

하늘의 신과 땅의 신을 통칭하는 신기神祇는 9회[41]에 이른다. 그 중 천평7년8월, 동 9년5월, 동 9년7월의 3회가 '역병유행'을 행사의 이유로 들고 있는 것은 737년의 천연두가 대규모로 유행한 사정이 배경에 있을 것이다. 이는 나라시대의 대부분의 신기 행위의 이유가 기우祈雨인 것을 감안할 때, 후지와라藤原 4형제의 사망이라는 지배층의 붕괴를 하늘과 땅의 신들에게 의지해 극복해 보려는 절실함이 느껴진다.

다음은 반야경전의 집대성인 대반야경을 독송하는 행위가 베풀어지는데 11회나 보인다[42]. 율령제의 형벌 면제행위인 대사大赦의 경우도 15회[43]

---

38) 신귀3년12월, 천평원년2월의 2회이다.
39) 신귀2년7월, 동 3년7월, 동 5년8월, 천평2년윤8월, 동 4년7월, 동 7년8월, 동 9년4월, 동 9년8월, 동 15년5월, 동 17년5월8일, 동 17년5월11일, 동 17년9월19일, 동 17년9월20일, 동 19년7월 등의 14회이다.
40) 천평승보7년7월, 동 7년11월, 동 8년4월23일, 동 8년4월29일, 동 8년5월의 5회가 보인다.
41) 천평4년5월, 동 4년6월, 동 7년8월, 동 9년5월, 동 9년7월, 동 13년윤3월, 동 17년7월, 동 18년7월, 동 19년6월 등의 9회이다.
42) 신귀2년윤정월, 천평7년5월, 동 9년3월, 동 9년4월, 동 9년5월, 동 9년8월, 동 16년3월14일, 동 16년3월15일, 동 17년5월, 동 17년9월20일, 동 17년9월23일의 11회이다.

로 압도적으로 많다. 게다가 고켄천황 때의 7회 중 4회[44])가 쇼무천황의
병환을 걱정하는 것임을 볼 때 모두 19회에 이른다.

　이처럼 나라시대의 국가의식인 오하라에, 봉폐, 신기, 대반야경, 대사
등 모든 행위에서 쇼무천황 대의 건수가 많은 것은, 앞에서 언급한 박스
안의 지진과 대규모 전염병의 압도적인 횟수와 무관하지 않을 것이다.

　요컨대, 8세기 율령국가의 최대 관심사는 자연재해와 재난의 극복에 있었
다고 해도 과언이 아닌 것이다. 이제 다음 장에서는 율령국가의 변용의
시기에 자연재해와 재난이 어떻게 영향을 미쳤는가에 대해 살펴보기로 하자.

4. '천재이변'의 9세기와 율령국가의 전환

　본장에서는 9세기의 천재지변에 대해 살펴본다. 많은 천재이변의 사례
들이 9세기의 정치와 어떻게 얽히는지 살펴보고, 그 위에 율령국가의 변용
의 흔적과 이로 말미암은 율령국가 정책의 전환까지 살펴보는 것을 목적
으로 한다.

　앞장에서 일본율령국가의 네 가지 특징을 들었다. 이는 7세기 말부터
정비되기 시작한 율령법의 계수, 율령의 이념을 땅에 구현한 궁도宮 · 京의
조영, 그리고 국가의 정사인 국사 편찬사업, 마지막으로 이상의 세 가지
지표가 국외의 나라들에 대해 노정된 것이 '동이의 소제국'으로서의 일본
등의 네 가지이다.

　그럼 먼저, 대략 9세기의 지진의 사례를 중심으로 모아보면 다음과 같
다. 특히 감무천황 시기는 덴무天武천황계통의 천황들의 시대였던 나라시

---

43) 신귀3년7월, 동 5년8월, 천평4년7월, 동 5년5월, 동 7년5월, 동 7년윤11월, 동 9년5
　　월, 동 9년7월, 동 11년2월, 동 12년6월, 동 17년9월, 동 18년3월, 동 19년정월,
　　동 19년12월, 동 20년3월의 15회이다.
44) 천평승보3년10월, 동 6년11월, 동 7년10월, 동 8년4월의 4회에 이른다.

대를 마감하고, 덴치天智천황계통으로의 회귀라는 왕통 변경의 주역이면서, 헤이안平安경으로의 천도를 통한 헤이안시대를 개창했다는 점에서 이전 시대와 구별된다. 물론 사료에 남겨진 9세기의 지진의 사례는 이보다 훨씬 더 많다[45]. 하지만 규모가 큰 재난을 중심으로 논을 전개해 가기로 한다.

감무桓武천황(781-806년)
781년 후지산富士山 분화
784년 나가오카長岡경 천도
788년 오스미大隅 기리시마산霧島山 분화
794년 나가오카경 지진, 헤이안경 천도
796년 아소산 신레이이케神靈池 고갈
799년 히타치常陸국 쓰나미
800년 후지산 분화
802년 후지산 분화

헤이제이平城천황(806-809년)

사가嵯峨천황(809-823년)
818년 북관동 지진

쥰나淳和천황(823-833년)
825년 아소산 신레이이케 고갈
827년 헤이안경 군발지진
830년 데와出羽 아키타秋田 지진(M7.0—7.5)
832년 이즈화산 분화

닌묘仁明천황(833-850년)
837년 무쓰陸奥 나루코鳴子화산 분화
838년 이즈 고즈시마神津島 대분화
839년 데와 초카이산鳥海山 분화

---

45) 古代中世地震史料研究会, 静岡大学防災総合センター공개(http://sakuya.ed.shizuoka.ac.jp/erice/ 2013.09.07 검색) 참조.

840년 아소산 신레이이케 고갈

841년 시나노信濃 지진, 북北이즈 지진

분토쿠文德천황(850-858년)

850년 데와 쇼나이庄內 지진

851년 헤이안경 군발지진

855년 지진으로 동대사대불의 머리가 낙하

세이와淸和천황(858-876년)

863년 엣츄越中, 에쓰고越後 지진

864년 후지분화, 아소산 신레이이케 분화

867년 분고豊後 쓰루미타케鶴見岳 분화, 아소산 분화

868년 하리마播磨지진, 평안경군발 지진

869년 무쓰陸奧해구 지진과 쓰나미(M8.3), 비고肥後국 지진, 야마토大和 지진

871년 데와 초카이산鳥海山 분화

874년 사쓰마薩摩 가이몬타케開聞岳 분화

요제이陽成천황(876-884년)

878년 남관동 지진

880년 이즈모出雲 지진, 평안경 군발지진

고코光孝천황(884-887년)

885년 사쓰마 가이몬타케 분화

886년 이즈伊豆 니지마新島 분화

우다宇多천황(887-897년)

887년 남해, 동해연동 지진(M8.0—8.5)

이 중 지진의 밀도가 높은 곳이 두 군데 눈에 띤다. 감무천황과 세이와 천황의 시기이다. 두 시기는 거의 매년처럼 재난과 자연재해의 기사가 보인다.

먼저, 감무기의 천재지변과 정치의 상관관계를 들여다보자. 감무기는 앞에서도 언급한 것처럼 나라시대 천황들의 이미지와 많이 다르다. 덴무 천황계통에서 덴치천황계통으로의 황통의 변경이 일으킨 파장은 크다. 더

구나 감무의 아버지 고닌光仁천황의 부인이 혈통상 존귀한 나라 귀족 출신
의 여성이나 황녀가 아닌, 도래계 여성이었다는 점은 당시의 풍조에 비추
어 보자면 파격에 가까운 것이었다.

이러한 도래계 여성을 어머니로 하는 감무에게 있어, 나라는 위화감이
있었을 것이다. 그래서 서둘러 784년 나가오카경으로의 천도가 철야 공사
속에 진행되었다. 하지만 갑작스런 천도는 많은 후유증을 가져오게 되
고[46], 결국 다시 10년 만에 헤이안경으로의 천도를 결행할 수밖에 없게
된다.

하지만 헤이안경으로의 천도에 즈음한 시기에, 감무의 근친자들이 연이
어 사망하고 있다[47]. 이러한 사건의 배경에 억울한 죽임을 당한 황태제
사와라친왕이 원령이 되었다는 소문과 함께, 784년 나가오카경으로의 천
도, 788년 오스미大隅 기리시마산霧島山 분화, 그리고 794년 나가오카경 지
진은, 같은 해 헤이안경으로의 천도를 부추겼을 가능성이 크다고 보아야
할 것이다.

다음은 세이와천황 때이다. 그는 858년 9세의 어린 나이로 즉위하여,
876년 26세의 나이로 양위하고, 880년 31세의 나이로 세상을 떠났다. 세이
와천황의 즉위 이후 사거할 때까지 그의 생애는 천재이변의 연속이었다.
달리 표현하자면 세이와는 약 30년간의 존명기간 거의 노이로제 상태로

---

46) 나가오카경으로의 공사를 총감독하던 후지오라노 다네쓰구藤原種継가 나가오카로
의 천도 후 얼마 되지 않은 때, 남은 공사를 감독하던 중 암살된 사건은 나라에서
나가오카로경으로의 천도가 매끄럽지 않았다는 것을 웅변한다. 北山茂夫, 「藤原種
継事件の前後」, 『日本古代政治史の研究』, 岩波書店, 1959; 栄原永遠男, 「藤原種継暗
殺事件後の任官人事」, 『長岡京古文化論叢』, 同朋社出版, 1986; 木本好信, 「藤原種
継」, 『藤原式家官人の考察』, 高科書店, 1998; 木本好信, 「藤原種継暗殺と早良廃太子
の政治的背景」, 『奈良時代の人びとと政争』, おうふう, 2003 참조.
47) 785년의 황태제 사와라早良친왕의 사거, 788년 감무의 부인 후지와라노 다비코藤
原旅子의 사거, 789년 감무의 어머니 다카노 니이가사高野新笠의 사거, 790년 감무
의 황후 후지와라노 오토무로藤原乙牟漏의 사거, 792년의 황태자 아테安殿친왕의
병, 794년의 헤이제이천황의 후지와라노 다라시코藤原帯子의 사거 등 흉흉한 사건
이 연달아 발생하고 있다.

살았다고 과언이 아니다. 특히 다음의 그가 기거하는 헤이안궁과 헤이안
경은 이변의 연속이다.

> 858년 즉위
> 868년 헤이안경 지진(21회)
> 869년 조간대지진
> 872년 헤이안경 지진(15회)
> 873년 헤이안경 지진(12회)
> 874년 헤이안경 지진(13회)
> 876년 다이고쿠덴大極殿 화재/양위
> 879년 출가/헤이안경 지진(12회)
> 880년 헤이안경 지진(31회)

게다가 866년의 응천문応天門의 변[48], 869년의 신라해적에 의한 연공年
貢공납선 습격사건[49] 등은 세이와천황에게 국내, 국외의 정치적 부담으로
작용했을 것임이 틀림없다.

특히 869년의 조간대지진은 '3.11동일본대지진'과 많이 유사하다는 측면
에서 1,100년 전의 동일본대지진으로 불리고 있다[50]. 당시 지진의 무대라
고 보이는 다가죠多賀城시의 이치카와바시市川橋 유적에서는 탁류로 도로
가 파괴된 흔적이 발견되고 있다. 또 이 사료에서는 거대한 쓰나미의 흔적

---

48) 헤이안시대의 정치사건으로 応天門이 방화 사건이라고도 한다. 고발과 무죄를 거
  쳐 다시 밀고가 이어지는 등, 도모노 요시오伴善男 부자에게 혐의가 씌어져 유형
  에 처해졌다. 이로써 고대의 명족이었던 도모(오토모씨)가 몰락했다. 후지와라씨
  의 다른 씨족에 대한 배척사건의 하나로 여겨진다.
49) 『日本三代実録』貞観11년6월15일조 참조.
50) 869년의 지진은 마치 이번 피해 그대로이다. 익사자의 숫자는 정확한 통계는 아
  니지만 당시의 총인구를 추정하여 5백만 명이라고 한다면, 현대로 말하자면 약
  2만인 규모의 피해라고 상정된다. 이 숫자도 '3.11동일본대지진'과 유사한 피해
  규모를 상정하게 한다.
  『日本三代実録』貞観11년9월7일조, 12월조 참조.

이 명확히 드러난다[51].

조간11년(869)5월26일 밤에 대지진이 발생했다[52]. 그러나 '조간 지진'은 서장에 지나지 않았다. 9세기 후반동안 진원을 간토지방과 서일본의 서쪽을 포함한 거의 일본열도 전역으로 이동하면서 열도는 지진과 분화, 쓰나미의 연속이다.

다음의 지도와 연번의 자료는 일본열도를 종횡으로 치닫는 '천재이변'을 여실히 나타내고 있다[53].

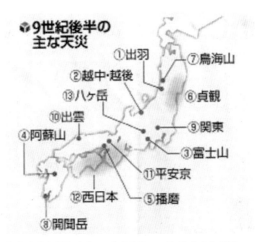

① 850년 데와(야마가타현)지진 : 모가미가와最上川를 쓰나미가 역류
② 863년 엣츄越中·에치고越後 지진 : 압사자 다수, 작은 섬들이 궤멸
③ 864-66년 후지산 분화 : 용암류가 흘러 아오키가하라쥬카이青木ヶ原樹海가 만들어짐
④ 864년 아소산 분화(3년 후 재분화)
⑤ 868년 하리마(효고현) 지진 : 관청과 사원이 붕괴
⑥ 869년 조간지진(무쓰) : 대규모 지진과 쓰나미로 사망자가 1,000인
⑦ 871년 초카이산(아키타현·야마가타현) 분화
⑧ 874년 가이몬타케(가고시마현) 분화
⑨ 878년 간토 지진으로 사가미와 무사시에서 큰 피해, 헤이안경 지진
⑩ 880년 이즈모 지진으로 신사와 불각이 붕괴

---

51) 多賀城市埋蔵文化財調査センター, 「市川橋遺跡現地説明会資料」, 2000; 多賀城市史編纂委員会, 『多賀城市史 1 原始·古代』, 1997 참조.
52) 『日本三代実録』 貞観11년(869)5월26일조 참조.
53) 読売新聞, 2011.05.18. 참조.

⑪ 881년 헤이안경 지진, 다음 해까지 여진 계속
⑫ 887년 헤이안경 외에도 각지에서 큰 피해, 오사카만에 쓰나미, 난카이·도난카이 연동지진
⑬ 888년 야쓰카타케(八ヶ岳; 나가노현·야마나시현) 분화

　이상과 같은 천재이변의 연속은 일본의 3대 마쓰리 중의 하나인 교토의
기온祇園마쓰리의 기원이 이 시기였음을 짐작케 한다. 다시 말해 기온마쓰
리의 제신을 '지진신'으로 설정해도 아무런 위화감이 없는 것이다. 기온마
쓰리는 헤이안시대의 조간11년(869)에 역병이 유행했을 때, 역병을 막아주
는 고즈牛頭천왕(스사노오노미코토)을 받들고 부정을 불식하며, 자신의 뜻
과는 상관없이 죽음을 맞이한 영혼들에 의한 재앙을 막기 위한 목적으로
고료에御靈会를 행한 것이 그 시초이다. 이 고즈천왕 자신이 지진을 예방
하는 신이었던 셈이다[54].
　본인은 근래에 '사천왕신앙'이 중국과 한반도를 통해 고대일본에 들어왔
으며, 고대일본에서의 사천왕신앙은 경계인식의 발로로 사용되고 있다고
논구한 적이 있다[55]. 이 '사천왕신앙'은 7세기말의 유입기와 8세기의 전개
기에는 외부로부터의 실제적인 위협으로 신라를 간주해, 신라의 침입을
예방하는 역할을 담당했다. 그런 점에서 '사천왕신앙'이 구현된 사천왕사
四天王寺나 사왕원四王院 등은 어김없이 신라를 의식하는 위치에 건립되었
다는 공통점을 갖고 있었다. 그런데 '사천왕신앙'이 9세기 중반 이후에는
신라보다는 역병이나 재난을 막아주는 구실로도 활용되고 있음도 지적한
바와 같다.
　그럼 그 실례를 확인해 보자.

　　【史料】『日本三代実録』貞観8년(866)2월14일조
　　神祇官奏言。肥後国阿蘇大神懐蔵怒気。由是、可発疫癘憂隣境兵。勅、国
　　司潔斎、至誠奉幣、

---

54) 保立道久, 『歴史の中の大地動乱-奈良·平安の地震と天皇』(岩波書店, 2012) 참조.
55) 송완범, 「일본율령국가의 信仰과 災難-'四天王신앙'과 '貞観대지진'-」, 『일본학』 34
　　집, 2012 참조.

并転読金剛般若経千巻、般若心経万巻。大宰府司於城山四王院、転読金剛
般若経三千巻、般若
　心経三万巻、以奉謝神心消伏兵疫。

이 사료에 의하면, 아소대신의 역정으로 생각하는 역병이나 이웃 나라
의 군사적 위협에 대처하기 위한 방법으로, 사왕원에서의 금강반야경과
반야심경의 강송을 행하고 있다. 즉, 오노성의 사왕원은 역병과 괴이 현상
에도 효험이 있는 능력 있는 대상으로 신봉되었음을 알 수 있다. 이렇듯
사천왕신앙은 9세기 중엽을 거치면서 역병이나 재난과 재해의 경우에서도
효력이 발휘되고 있는 것을 알 수 있다. 결국 이러한 변화는 9세기 중반에
들어서 활발하게 나타난 현상으로, 앞에서 언급한 율령국가의 9세기 사천
왕신앙의 용도 변경이라고 생각하지 않을 수 없다56).

　다시 말해, 국가를 외적으로부터 진호한다는 수호신의 기능을 갖던 시
대에 요긴했던 사천왕신앙은, 이제 역병과 재난, 지진 같은 천재이변을 수
호하는 예측하지 못할 재변에 대한 국가 수호의 예방신의 기능으로 변질
되게 된 것이다. 이후 이러한 변질된 사천왕신앙은 중세와 근세를 통해서
는 이국異國정벌에 대한 방위 차원의 종교적 기도와 기도 이야기로서의
문예화 과정을 거친 전승된 이야기57)로도 변용된 흔적이 엿보인다.

　그런데, 이상의 천재지변의 극성기와 '사천왕신앙'의 변용이 우연히도
9세기 중엽이라는 공통의 시점에서 대응하고 있는 것을 알 수 있다. 그렇
다면 율령국가의 전환과 9세기 중엽은 어떤 관련이 있는 것은 아닐까?

---

56) 8세기는 특히 한반도의 제국과 열도의 일본은 서로를 의식하면서 경쟁하게 된다.
　　그 중에서도 특히 일본은 신라를 현재적인 가상 적국으로 여기고 있던 것이 확인
　　된다. 이에 비해 9세기 들어서의 일본이 생각하는 신라는 왜소해진 대외관 속의
　　신라, 즉 과거의 적국이었던 신라에 대한 대외관의 변화가 나타난다고 볼 수 있
　　다. 자세한 내용은, 송완범, 「'일본율령국가'와 '일본중심주의'」, 『동아시아세계의
　　일본사상』, 동북아역사재단, 2009; 송완범, 「9세기 일본율령국가의 전환과 백제
　　왕씨의 변용」, 『한일관계사연구』제29집, 2008 참조.
57) 김시덕, 『異国征伐戦記の世界』, 笠間書院, 2010 참조.

일본학계의 율령국가 연구의 연구사는 매우 두텁고 그 역사도 오래 되었다. 그만큼 고대일본의 완성된 국가형태라고 이야기되는 율령국가의 생성과 전개 그리고 그 전환과 소멸, 율령국가의 생애주기에 관한 연구는 헤아릴 수 없이 많다. 그 중에서도 일본율령국가의 전환을 둘러싼 연구로는 10세기 전환설[58] 9세기 전환설[59]이 대표적이다.

본인은 전에 발표한 논문에서 후자의 9세기 전환 설에 한 표를 던진 바가 있다[60]. 즉, 당시의 일본 지배층의 내향적 자세가 9세기 중엽의 율령국가의 변경의식의 변질에 영향을 초래했다고 설명했다. 이러한 율령국가의 전환의 배경에 율령국가 외부, 즉 당과 신라의 변동이 한 요인이 되었다는 것은 10세기 전환설과 9세기 전환설의 어느 쪽을 택하든지 공통적이다.

869년의 '조간지진'에 이은 일본열도 전역의 천재이변은, 닌나仁和3년(887)7월에 헤이안경의 대지진을 맞아 최고조에 이른다. 『일본삼대실록』은 헤이안경 만이 아니라 일본 전국을 가리키는 의미인 '오기五畿와 칠도七道'가 크게 흔들렸다고 기록하고 있다. 당시의 고코光孝 천황은 궁전에서 피난하여 정원마당을 거주공간으로 삼았을 정도이다. 창고와 가옥이 도괴하여 다수가 압사하고, 관리들 중에는 쇼크로 죽은 자마저 생겨났다. 『일본삼대실록』의 마지막은, 아직도 여진이 지속하는 8월에 고코 천황이 급서하고 있는 기사로 끝나고 있다[61]. 이후 다음 천황들의 정사인 『신국사』

---

58) 이시모다 쇼石母田正가 '고대 전환기로서의 10세기'라는 테제를 언급한 이래 10세기 전환설은 매우 강고한 패러다임으로서 존재하고 있다. 石母田正, 『古代末期の政治過程及び政治形態』, 1950; 同『古代末期政治史序説』, 未来社, 1964 참조.

59) 무라이 쇼스케村井章介는 중세적인 '왕토왕민王土王民사상'과 '신국神國사상'의 출발은 9세기의 신라와의 관계를 중시하지 않으면 이해할 수 없다고 주장하고 9세기 전환설을 주장하였다. 村井章介, 「王土思想と九世紀の転換」, 『思想』847, 1995. 그 외에도 佐藤信·藤田覚 編, 史学会シンポジウム叢書『前近代の日本列島と朝鮮半島』, 山川出版社, 2007의 제1부의 田中史生, 「江南の新羅人交易者と日本」, 榎本渉, 「新羅海商と唐海商」을 참조.

60) 송완범, 「9세기 일본율령국가의 전환과 백제왕씨의 변용」, 『한일관계사연구』 제29집, 2008; 동, 「일본율령국가의 변용에 대한 일고찰」, 『일본학연구』 31호, 2010 참조.

의 편찬이 시도되었다고는 하지만 완성을 보지 못했다[62]. 일본율령국가의 가장 중요한 사업이었던 국사편찬사업은 이것으로 종지부를 찍게 되는 것이다[63].

결국, 일본율령국가의 핵심 사업이자 국가 질서의 근간인 텍스트 사업이 중단하게 된 이면에는, 끊임없이 다발하는 9세기 중엽 이후의 천재이변이 있었던 것이다. 다시 말해 율령국가는 더 이상 7세기말의 모습으로는 존속이 불가능하게 되었다는 것을 고백하지 않을 수 없게 되었다. 이러한 사실은 역시 9세기 중엽이 일본율령국가의 전환의 시점이 될 수 있음을 재삼 보여주는 것이 아닐까.

5. 결론

이상으로 '3.11동일본대지진'으로 촉발되어 일본율령국가 시기의 거듭된 '천재이변'이 국가 시스템에 어떠한 영향을 주고, 그 체제는 어떠한 변용을 거듭하는지에 대해 몇 가지 지견을 얻었다. 이를 간단히 적어 결말에 대신하려 한다.

결국, 9세기 중반 이후의 일본은 이전 나라시대가 가졌던 '율령법의 정비' '국사의 편찬' '궁도의 조영' '동이의 소제국을 지향하는 대외관'의 4대 가치를 포기하게 되었다고 할 수 있다. 이러한 국가 정책의 변화와 전환에, 빈번하게 발생한 9세기 중반 이후의 천재지변이 있었음은 부정하기

---

61) 『日本三代実録』 仁和3년(887)8월조 참조.
62) 육국사 최후의 『일본삼대실록』의 뒤를 이어 10세기 편찬하려한 고대일본의 국사로 초고인 상태로 끝났다고 한다. 다른 이름으로는 『속삼대실록』이라고도 한다. 이후 우다천황과 다이고천황 2대의 사건을 다른 정사편찬사업도 편찬을 시도한 흔적은 있었던 것 같다.
63) 細井浩志, 『古代の天文異変と史書』, 吉川弘文館, 2007; 遠藤慶太, 『平安勅撰史書研究』, 皇學館大学出版部, 2006 참조.

어렵다고 생각한다.

그런데 이렇게 새롭게 추가된 역사의 동인動因을 어떻게 개발해서 활용해 나갈 것인지에 대해서는 아직 많은 노력이 요구된다는 지적[64]이 있는데, 이에 동감한다. 앞으로 자연과학 전공자들과 역사학자들이 공동으로 지진과 쓰나미를 연구하고, 그에 따른 사료를 집성하여 천재이변에 관한 통사通史를 만들 필요성이 있다고 생각한다. 그러기 위해서는 천재이변에 대한 종합적 사고를 위해 문과와 이과의 구분 같은 고식을 탈각해야 할 것이다.

이학이라든가 공학 전공자는 재난 이후의 '피해'에 시선이 머무르고 마는데 반해, 역사학을 중심으로 한 천재이변에 관한 '지식과 지혜'의 축적은 재해가 일어난 후의 구제, 복구와 부흥에 방점을 둔다는 지적은 국경을 넘은 재난연구에 시사하는 바가 크다고 하겠다. 이울러 각국의 실정에 맞게 '천재이변'에 관한 민중의 잊혀진 '재난 지식과 지혜'를 발굴해 데이터화하는 작업은 빠르면 빠를수록 좋을 것이다.

참고문헌

고려대학교일본연구센터 [포스트3.11과 인간: 재난과 안전연구팀] 역, 『검증 3.11동일본대지진』, 도서출판문, 2012
김영근 외 역, 『제언 3.11동일본대지진』, 도서출판문, 2013
김영근 역, 『일본대재해의 교훈』, 도서출판 문, 2012
保立道久, 『歴史の中の大地動乱-奈良・平安の地震と天皇』, 岩波書店, 2012
保立道久 외, 『津波, 噴火... 日本列島地震の2000年史』, 朝日新聞出版, 2013
송완범, 「3.11'로 보는 역사 속의 동일본대재난」, 『저팬리뷰2012』, 도서출판문, 2012
송완범, 「일본율령국가'와 '일본중심주의'」, 『동아시아세계의 일본사상』, 동북아역사재단, 2009

---

64) 保立道久 외, 『津波, 噴火... 日本列島地震の2000年史』, 朝日新聞出版, 2013, pp 10-35 참조.

佐藤信, NHKカルチャーラジオ歴史再発見 『木簡から読み解く平城京』, NHK出版, 2010

古代中世地震史料研究会/静岡大学防災総合センター(http://sakuya.ed.shizuoka.ac.jp/erice/

송완범, 「일본율령국가의 信仰과 災難」, 『일본학』34집, 2012

村井章介, 「王土思想と九世紀の転換」, 『思想』847, 1995

지역방재의 재해정보 전달의 합리성에 관한 사회학적 시론

가메다 고이치 亀田晃一, Kameda Koichi*

1. 문제의 소재

동일본대지진이 발생했을 당시 주민이 지진이나 쓰나미 등의 재해정보를 어떻게 입수했는지 살펴본 바, 재해 발생 후의 보고서들에 의하면 방송미디어나 방재행정무선을 의지했던 것으로 나타났다[1].

그러나 한편으로 쓰나미나 지진에 의한 파괴로, 앞서 서술한 재해정보의 전달이 제대로 기능하지 못하고, 주민이 충분한 재해정보를 입수하지 못해 피해가 확산된 경우도 있다.

방송이나 방재행정무선은 기술적 수단을 이용하여 정보를 광범위하게 합리적으로 전달하는 방법으로는 탁월할지도 모른다. 그러나 지난 대지진을 통해 그 시스템적 예상을 넘어선 재해가 닥쳐와 제 기능을 하지 못했을 때 그것이 막대한 피해로 이어진다는 사실이 드러난 것은 아닐까. 일본의 재해정보 전달의 대부분이 이와 같은 합리성이 높은 정보전달 수단에 의

---

* 미나미니혼방송국(MBC) 기상재해전문기자
1) 총무성「재해 시 정보통신의 이상적인 상태에 관한 조사」(2012년)와 NHK방송문화연구소「동일본대지진·피해자는 미디어를 어떻게 이용했는가」『NHK방송연구와 조사』(2011년)등 참조.

존하고 있으며, 정보를 일방적으로 유출하는 것을 목적으로 하고 있다. 즉, 정보를 제공받는 주민의 사회적인문맥은 거의 고려되지 않는 실정이다.

　재해정보를 합리적으로 전달하는 것은 당연히 필요하지만, 정보전달을 송신하는 측의 입장만 있을 뿐 수신하는 주민의시점이 현재 재해정보 전달시스템에는 반영되어 있지 않다.

　본 논문은 기술적 수단을 이용한 합리성 높은 정보전달 시스템과 관련하여 주민 생활 수준에서의 정보전달방식을 재고하고자 하는 것으로, 지역주민의 사회관계를 중시한 재해정보 전달의 중요성을 지적하고자 한다.

2. 재해정보 전달의 현황

　우선, 일본의 재해정보 전달의 개요를 부감한다. 국가로부터 지역사회 주민들에게로 전달되는 재해정보의 흐름을 나타낸다. (그림 1 참조)

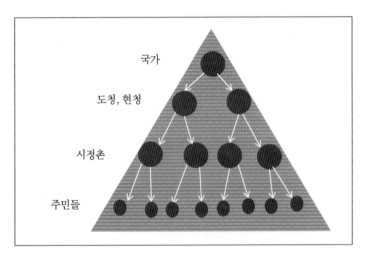

[그림 1] 재해정보의 흐름

국가의 방재기관(기상청이나 내각부 등)에서 나온 재해정보는 그림1과 같이 계층구조적으로 흘러, 상위 레벨에서 하위 레벨에 대해 의견충돌 없이 원활하게 흐르는 구조로 되어 있다. 도도부현都道府県 시정촌市町村레벨의 정보발신 지침은 지역방재계획에 따라 정해져있으며, 그 규정에 따라 기계적으로 이뤄진다. 주민에게 정보를 전달하는 방법으로는 방송이나 방재행정무선, 행정의 홍보용차로 효율적으로 전달하는 방법이 주류가 되고 있다. 이와 같이 조직적이며 기술적으로 합리성이 높은 정보전달의 방식은, 규정에 따라 정보를 내고 신속하게 전달하는 것을 목적으로 하고 있으며, 주민에게 정보가 얼만큼 수신되었는가는 그다지 고려되지 않는 실정이다.

3. 방재행정무선의 한계: 동일본대지진 이후의 조사

동일본대지진 발생 이후, 내각부 등이 실시한 조사를 통해 방재행정무선에 의한 정보전달이 용이하지 않은 상황을 엿볼 수 있다. 다음은 동북 3현(이와테岩手・미야기宮城・후쿠시마福島)의 태평양 쪽 시정촌 주민(N = 389)에 대해 청취를 실시한 것이다. 「지난 지진에서 쓰나미경보를 어떤 수단을 통해 입수했는가」라는 질문에 대해, 주민 52%가 방재행정무선에서 정보를 입수했다고 답변하였다. 즉 방재행정무선은 중요한 재해정보의 입수수단으로서 인식되고 있다고 할 수 있다.

또한 3현의 태평양 쪽 시정촌 37곳 중 35곳이 방재행정 무선을 정비하였다. 그러나, 이번 지진에서의 방재행정무선 기능 여부에 대해서는, 방재행정무선을 정비한 시정촌 중 27곳에서 답변하였으며, 27곳 중 17곳이 「방재행정무선의 이용이 불가능한 때가 있었다」고 답변했다. 지진이나 쓰나미에 의한 파괴와 파손, 배터리부족 등의 이유였다. 이 조사결과에서도 볼 수 있듯 방재무선은 합리성이 높은 정보전달 수단이지만, 큰 지진이나 쓰나미와 같은 재해에서는 한계가 있다고 할 수 있다.

4. 재해정보 전달의 새로운 시점

따라서 정보전달을 기기에만 의존하는 것이 아니라 지역의 재해정보 전달을 사회학적 관점에서 다시 살펴보고자, 지역주민의 일상적인 사회적 관계에서 정보전달을 고찰해 본다. 우선 재해정보 전달의 행정의존 및 기술적 시스템에 대한 의존으로부터의 탈피이다. 이로써 주민이 주체하는 지역방재로 회복할 수 있을 것으로 생각된다. 또 하나는, 주민의 생활수준에서 지역의 정보전달을 재인식하는 것이다. 이를 통해, 주민들의 일상적인 사회관계의 연속성에 착안하여, 재해정보 전달의 파악이 가능할 것으로 생각한다. 상기와 같은 시점에서 고찰함으로써, 기술 합리성을 우선시한 재해정보 전달의 시점에서는 보이지 않았던 부분을 분명하게 드러낼 수 있을 것이다.

5. 가고시마현鹿児島県다루미즈시垂水市의 사례연구

본 장에서는 지역의 재해정보 전달을 사회적 시점에서 파악하기 위해, 주민의 어떠한 사회관계하에서 정보가 전해졌는지를 사례연구로 검토한다. 그럼으로써 재해정보 전달의 사회적 시점의 중요성을 지적하고자 한다.

사례연구로, 호우재해가 다발하는 가고시마현 다루미즈시지구를 살펴본다(그림 2, 그림 3 참조). 다루미즈시는 가고시마현 본토의 오스미大隅반도의 사쿠라지마桜島 근처에 위치해 있으며, 특히 가고시마현 내에서도 호우가 잦은, 화산재해와 호우재해의 위험에 항상 노출되어있는 지역이다. 그 다루미즈시 중에서도 비교적 주민이 단결하여 피난을 실현할 수있는 이치키市木지구, 그와는 대조적으로 재해발생 시, 피난하는 주민의 비율이 낮은 교와協和지구를 거론하고자 한다. 두 지구 모두 헤이세이平成에 접어들어 인적 피해와 가옥파괴 등의 피해를 경험한 바 있다.

[그림 2] 가고시마현 다루미즈시

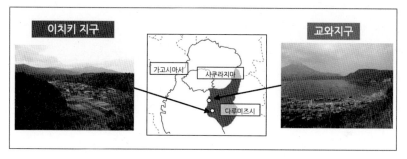

[그림 3] 다루미즈시의 이치키지구 및 교와지구

　우선 이치키지구는 230세대의 주민이 살고 있으며, 전원풍경이 펼쳐져 있는 지역이다. 일상적인 지역활동에서 주민의 대면성이 높다(그림 4). 주민이 기획하는 가을축제, 성인부터 아이까지 참가하여 지역의 문화재나 자연을 돌아다니면서 학습하는 워크숍, 모내기 후에는 「모내기축제」라는 마을단위의 위로회가 열리고 있는 것이 관례이다. 또한 지구의 방재훈련에도 주민의 80% 이상이 참가하는 만큼, 공식·비공식적인 지역활동이 활발하다. 그리고 과거에 발생한 호우시, 행정측의 피난권고 전에 거의 모든 주민이 피난을 했을 정도로, 단결된 피난이 달성가능한 지역이다. 비공식적인활동을 통해 단련된 주민의 사회관계가 공식적인[2] 활동에도 피드백되고 있는 것으로 여겨진다.

가을축제

이치키시 워크숍

모내기축제

방재훈련

[그림 4] 이치키지구의 주민활동

한편, 교와지구는 가고시마만에 접해 있어 양식업이 왕성한 지구이다.

---

2) 본 논문은, 재해정보 전달을 주민 입장에서 바라 본 사회학적 관점에서 분석을 전개할 것인데, 이에 앞서 본 논문의 「formal」, 「informal」 이라는 용어에 대해서 설명해 두고자 한다. formal은 「공식적인」이라는 의미로, 공식적인 조직은 행정이나 방송 미디어 등을 의미한다. 공식적인 재해정보란 그 조직에서 나오는 재해정보이다. 「informal」은 「비공식」이라는 의미로, 「비공식적인 관계」는 친구나 지인, 이웃 주민과의 관계이다. 비공식적인 재해정보는 친구나 지인, 이웃 주민들로부터 얻는 정보이다. 또한 「사회관계」는 일상생활 속에서 구축된 지역주민 상호간의 사회적 유대로 정의한다.

800세대의 주민이 살고 있으며, 지역활동이 이치키지구에 비해 양적으로 많고 진흥회(일반적으로 말하는 반상회)의 가입률도 거의 동일하다. 그러나 운영을 공민관 직원에 의존하는 등 질적으로 경직화되어 있는 실정이다. 또한 자주방재조직이 조직되어 있지 않은 마을도 있어 재해발생 시 주민의 피난은 이치키지구에 비해 용이하지 않다.

이 두 지구는 모두 촌락환경으로 조사결과에 따르면 응답자의 특성(연령, 거주경력 등)에서는 유사한 점이 많은데도 불구하고 재해시의 피난행동은 대조적이다.

6. 이치키지구와 교와지역의 재해정보 전달

그렇다면 두 지구의 재해발생 시 정보전달에 어떤 차이가 있는 것일까? 2010년 6월의 장마전선에 의한 집중호우 발생 시의 정보전달을 통해 고찰해보고자 한다.

먼저 이치키지구 A반지역의 공식적인 조직구조는 진흥회장(반상회장), 반장, 주민으로 구성되어있다.

우선, 시청이나 방송 미디어에서의 공식적인 재해 정보전달은(방재무선이나 홍보용차 등) 노란색 화살표 방향으로 전달된다. 또한 시청에서 자주방재조직을 통해 지역 내의 조직을 따라서 이동하는 공식적인 정보전달은 검은색 화살표대로 흘러간다. 공식적인 정보는 상기 조직으로부터 주민으로, 계층구조와 같이 흐르고 있는 것을 알 수 있다.

이에 반해 비공식적인 관계에 의한 정보전달은 계층구조가 아니라 쇼핑동반이나 골프 등의 비공식적인 관계를 통해 이뤄지고 있는 것을 알 수있다.

지역의 공식적인 정보는 지역조직의 상위에서 하위로, 말하자면 세로방향으로 전해지고 있지만 이에 비해 비공식적인 정보는 주민의 수평적인 관계 방향으로도 전해지고 있다. 또한 공식적인 정보와 비교했을 때 정보가 우회하여(지름길로 접어들어) 전해지는 것을 알 수 있다(예를 들어, 자주방재회장 N씨에서 반장 M씨로). 이러한 정보의 흐름은 공식적인 정보채널보다도 정보를 재빨리 전달하여, 공식적인 정보가 끊겨도 그것을 우회하면서 정보를 전달 가능하게 하는 것이라 생각할 수 있다. 즉, 이치키지구 정보전달의 특징은 정보채널이 중층적이고 종횡으로 흐르고 있으며 비공식적인 관계에 의한 정보전달이 충실하다는 점이라 할 수 있다.

다음은 교와지구의 재해정보 전달을 검토해 본다. 교와지구는 나카마타구中俣区라는 지역과 가이가타구海潟区라는 지역으로 나뉜다. 자주방재조직이 있는 나카마타구의 경우 지역조직의 공식적인 정보전달이 주민에게 전달되었지만 가이가타구는 자주방재조직이 없는 지역도 있으며, 지역내 공식적인 정보전달이 부족하여 지구의 스피커로 방재행정무선이나 홍보용차량, 방송 미디어 정보에 의존하고 있는 것이 현 실정이다.

그리고 비공식적인 정보채널의 흐름을 살펴보면, 필자가 조사한 지역의 비공식적인 정보경로는 상당히 적었다. 이 반이 예외로 비공식적인 관계가 부족한 지역이었을지도 모른다고 생각하여 그 외 다른 반에서도 청취조사를 실시했지만 행정정보에 의존하는 경향은 다른 반 역시 마찬가지로, 지역 내 정보교환이 상당히 적다는 결과를 얻었다.

교와지구에서 집중호우 발생시의 정보전달은 정보의 경로가 적어 공식적인정보에 의존하고 있으며, 비공식적인 관계에 의한 정보전달이 부족하다는 특징을 갖는다. 이치키지구와는 달리 공식적인 정보가 끊길 경우 정보전달의 우회도 기대할 수 없다. 교와지구는 예상한 대로 고령화가 진행되고 있으며, 따라서 재해시에 필요한 정보가 주민에게 전달되지 않아 '정보약자'가 생겨날 가능성도 우려된다. 또한 행정측이 상정하고 있는 공식적인 정보조차 전달되지 않고 있으므로, 지역에서의 단결된 피난이 어려울 것으로 추측된다.

7. 고찰

위의 내용을 통해 재해시 정보전달과 피난행동에서 차이를 보이는 다루미즈시 두 지구의 정보가 어떻게 전해졌는지 청취조사를 바탕으로 검토하였다.

그 결과 이치키지구에서는 주민의 일상적인 사회적 접촉에 의해서 형성된 비공식적인 관계에 의한 정보채널이 충실히 기능하는 동시에, 비공식적인 관계가 공식적인 조직의 활동에도 활용되고 있었으며, 이를 통해 지역방재의 기능을 높일 가능성을 찾아낼 수 있었다.

또한 이치키지구와 비교해 주민의사회관계가 희박한 교와지구에서는 주민의 비공식적인 관계의 구축이 어렵고 이런 취약한 주민의 사회관계에 따라 정보전달 역시 취약한 것을 알 수 있었다.

결국, 지역사회에서 재해정보를 전달하여 단결된 주민의 피난을 촉구하기 위해서는 평소 주민들 상호간에 비공식적인 사회관계구축이 중요한 것이라 할 수 있다.

8. 결론 및 향후과제

본 논문은 지역사회의 재해정보 전달 시, 행정이나 미디어가 조직적·기술적으로 합리성이 높은 전달수단을 우선시 하는 것과 달리, 정보를 수신하는 주민의 생활수준관점에서 정보전달의 바람직한 모습을 재인식하고자 한 것이다. 정보가 빠르고 정확하게 전해져야 피난대책이 세워지는 것이며, 필자 역시 합리적인 정보전달의 필요성을 부정하는 것은 아니다. 다만 정보를 받는 것은 주민이며, 정보가 유효하게 기능하게 하기 위해서는 지역주민의 생활을 기점으로 한 사회적 시점도 필요하고, 이와 같은 합리적인 시점과 사회적 시점의 복안적인 시점에 따라 재해정보 전달시스템을 구축하는 일이 중요하다고 생각한다.

향후 연구과제로는 연구대상지로 다룬 다루미즈시의 두 지구에서 왜 지금까지 비공식적인 사회관계의 차이가 생겼는지를 규명할 필요가 있을 것이다. 또한 비공식적인 사회관계가 희박한 지역에서 주민을 어떻게 대피시킬 것인가에 관한 방책에 대해서도 고찰할 것이다.

후쿠시마福島 원전사고 이후의 일본사회 :
다와다 요코多和田葉子의 문학을 중심으로

최가형 崔佳亨, Choi Ga-Hyung*

다와다 요코多和田葉子의 작품세계는 3.11 이전까지 주로 그녀의 독특한 이력과 관련하여 논의되었다. 19살에 혼자 독일로 건너갔고 그 이후 1982년부터는 계속 독일을 근거지로 활동중인 다와다 요코는 일본어와 독일어 두 가지의 언어로 창작활동을 이어왔다.

다와다 요코는 "항상 거의 모든 작품에서 '나'를 중심으로 이야기"[1]를 만들어왔고 자신의 경험들을 작품에 많이 녹여내는 작가로 평가받는다. 그랬던 그녀의 작품은 3.11을 계기로 큰 전환점을 맞는다.

3.11 이후 발표된 「불사의 섬不死の島」은 2023년도라는 미래의 시점에서 화자인 주인공이 독일에 입국하는 장면으로 시작된다. '나'는 계속 독일에 거주중이며 일본에 다녀온 것은 한참 전의 일이지만 '나'의 여권을 받아든 독일 입국관리소의 직원은 공포와 두려움을 느끼며 여권을 받아드는 것조차 주저한다.

일본이 이렇게 세계인들의 공포의 대상이 된 것은 피폭에 대한 두려움

---

* 고려대학교 일어일문학과 강사
1) 최윤영 「낯선 것과 익숙한 것 사이에서」『영혼 없는 작가』(을유문화사, 2011) p.171.

이 증폭되었기 때문이다. 2011년 3.11이 발생한 이후 일시정지 되었던 원전은 이후 다시 가동을 시작하게 되었고, 방사능 오염을 경계하는 시선에 의해 일본은 고립된 국가가 되어버린다. 2017년 또 다시 큰 지진과 쓰나미가 일본을 덮친 이후 일본을 오가는 모든 통신 수단, 교통 수단은 일제히 사라져 버렸으며 일본은 노인들이 죽지도 못한 채 젊은이들의 질병 간호를 도맡아야 하는 괴이한 땅이 된다.

이러한 초현실적인 듯 그러나 다른 한편으로는 지극히 현실적인 다와다 요코의 소설은 3.11 이후의 정치, 경제, 민생 등의 문제를 부분적으로나마 모두 담아내고 있다. 그리고 2014년, 다와다 요코는 「피안彼岸」[2]이라는 「불사의 섬」의 후속작이라고도 할 수 있는 소설을 발표한다.

「피안」은 한 비행사가 군수송기에 탑승한 채 원자력발전소 위로 추락하는 장면부터 시작된다. 3.11 이후 원전 재가동을 실시한 일본은 계속해서 원전의 안전성을 강조해왔지만 결국 다시 한 번 원전이 폭발하게 되고 일본은 사람이 살 수 없는 땅이 되어버린다. 결국 일본을 떠난 사람들은 난민 자격으로 중국에 도착해 입국심사를 받게 된다.

그러므로 「피안」은 2011년과 2023년 사이의 어느 시점, 즉 3.11 발생 이후로부터 일본이 「불사의 섬」이 되어버리기까지의 시기를 배경으로 하고 있다.

1. '민영화'가 의미하는 것

지난 2002년 이른바 '도쿄스캔들'이라 불리는 도쿄전력의 원전 관리 부실 사태가 수면위로 드러났다. 정부의 조사 결과 도쿄전력이 원전 시설에서 발생한 문제점들을 고의로 감춰온 것이 드러났으며 이를 계기로 당시

---

2) 초출은 『早稲田文学』(早稲田文学会, 2014.秋), 이후 다와타 요코의 단편집 『献灯使』(講談社, 2014)에 게재됨. 본문의 인용은 2014년 발간된 단편집에서 발췌.

임직원 여러 명이 사임하는 한편 가동중이던 원전들 중 상당수가 안전점검을 이유로 일시적인 가동 중지 상태에 들어가기도 했다.

후쿠시마 원전사고의 발생은 지진과 쓰나미로 인한 '상정외想定外'의 사고였던 것이 아니라 명백한 인재人災였음을 지적하는 목소리가 높았던 까닭은 도쿄전력의 방만한 경영과 안전 불감증이 원전사고 이전부터도 이어져왔기 때문이다. 원전사고 직후 뿐 아니라 사고 발생 이후 몇 년 간의 시간이 경과한 시점에서도 도쿄전력의 원전 관리 부실이나 조작 실수에 관한 보도[3]가 신문에 오르내렸을 정도로 도쿄전력의 원전 관리 실태는 미진했다.

민영화 기업인 도쿄전력은 원전 사고 직후 막대한 배상액을 감당하기 어렵고, 국민들에게 안정적인 전력공급을 계속해 나가야 한다는 것을 이유로 국유화의 논의 대상이 되기도 했다[4]. "민영화는 단순히 경제적인 차원의 문제에 그치지 아니하고 기본권과 연관되어 국민 생활 전반에 중대한 영향을 미치는 결과를 가져오며, 그동안 사회국가의 이념에 따라 국민의 생활에 필요한 급부를 제공하던 국가가 자신의 책임을 민간에 넘겨버리고 공법적 구속으로부터 탈피하는 수단이 될 수도 있다"[5]는 점에서 늘 논란의 대상이 되어왔다. 이러한 민영화의 배경에는 신新자유주의가 존재한다.

> 신자유주의는 이윤을 위해서라면 학문적 진리도, 노동자의 생활도, 인간의 목숨까지도 희생시키는 것을 상관없다고 말한다. 때문에 노동자의 단결과 노동조합을 파멸시키고, 임금을 낮추고, 민영화, 외주外注화에 의한 비정규직화를 전全사회화 시켜왔다. 원전산업은 신자유주의의 썩어 빠진 모습 자체이며 그 귀착점이 후쿠시마 원전사고다[6].

---

3) 読売新聞「東電、ミスの連鎖・満水タンク弁開放、警報も軽視」 2014년 2월 20일
4) 読売新聞「東電国有化案が浮上」 2011년 3월 29일
5) 홍석한「민영화에 따른 국가에 책임에 관한 독일에서의 논의」『법학논총』(법학연구원, 2010.12) p.228.

新自由主義は利潤のためなら、学問的真理も、労働者の生活も、人間の命さえも犠牲にして構わないというものだ。そのために、労働者の団結と労働組合を破滅し、賃金を切り下げ、民営化・外注化による非正規職化を全社会化してきた。

철저하게 자본의 논리에 따라 이윤을 위해 움직이는 것이 신자유주의의 본질이며 민영화의 폐단이라고는 하지만, 도쿄전력을 비롯한 일본의 전력회사들의 경우 원전의 설립과 운영은 전적으로 국가와의 긴밀한 협력 아래 이뤄져왔다는 사실을 기억할 필요가 있다.

「불사의 섬」이 '민영화'라는 개념을 강조하고 있는 것은 단지 민영화된 도쿄전력의 행태가 이윤추구, 경영 태만, 안전관리 소홀 등의 문제를 안고 있었음을 지적하기 위해서만이 아니다. 「불사의 섬」은 민영화된 정부라는 설정을 강조함으로써 공공성, 공리公理성으로 포장되어 있는 원전의 실체를 폭로한다.

'국가안전보장을 위한 원자력'의 공리란 것은 일본은 핵무장을 중지하지만 핵무장을 위한 기술적, 산업적인 잠재력을 보유한다는 방침이며 그것을 일본안전보장정책의 주요한 일환으로 함을 말한다. 그것에 의해 핵병기의 보유를 안전보장정책의 기본으로 설정한 미국과 일본 양국의 군사적 동맹의 안정성이 담보되어 있다. '국가안전보장을 위한 원자력'이란 말의 부대적인 의미에는 선진적인 핵기술, 핵산업을 갖는 것이 국가 위신의 큰 원천이 된다고 하는 함의가 있다. 말하자면 '원자력은 곧 국가'라는 함의인 것이다[7]. 「国家安全保障のための原子力」の公理というのは、日本は核武装を差し控えるが、核武装のための技術的・産業的な潜在力を保持する方針をとり、それを日本の安全保障政策の主要な一環とするということである。

---

6) 「原発御用学者を許すな–新自由主義・民営化粉砕」『国際労働運動』(前進社, 2011. 11) p.28.
7) 吉岡斉『原発と日本の未来・原子力は温暖化対策の切り札か』(岩波書店, 2011) p.43.

それによって核兵器の保持を安全保障政策の基本に据えるアメリカと、日本の両国の軍事的同盟の安定性が担保されている。「国家安全保障のための原子力」という言葉の付帯的な意味には、先進的な核技術・核産業をもつことが国家威信の大きな源泉となるという含意がある。いわば、「原子力は国家なり」という含意である。

위의 인용문에서도 지적하고 있는 것처럼 원자력 관련 기술, 원자력 발전은 일본이라는 '국가'의 존재양상과 불가분의 관계를 갖는다. 특히 미국과의 외교적 관계와 떼려야 뗄 수 없는 것이 원자력 발전소의 존재다. 잠재적인 핵개발과 핵기술의 상시 보유는 국가의 위신 및 미국과의 외교적 관계를 수립하는 데 있어 필수불가결한 것이며 국민들이 이를 공리公理로서 인식하고 있는 한 원전의 존재와 원전 추진 계획은 합리성을 담보하게 된다.

그러므로 '민영화된 정부'라는 앞뒤가 맞지 않는 비현실적이고 모순적인 표현은 '원전을 국책으로서 강력하게 추진[8])해 온 일본 정부, "경제 지배자, 금융 독점 주체들이 스스로의 이익확보 및 확대를 위해 철저히 국가를 이용하고자"[9]) 할 때 그 앞에서 무력한 신자유주의 정부의 모습을 꼬집는다.

원전 가동을 추진하며 핵 이용을 교묘하게 평화 혹은 안보의 문제와 연관시켜 포장하려 하는 국가의 정부는 사실상 정부로서의 기능을 상실한 민영화된 집단에 불과하다는 것을 「불사의 섬」은 드러내고 있다. 이와 더불어 또 한 가지 눈여겨 볼 부분은 「불사의 섬」이 원전의 문제를 천황이나 정치계의 행태와도 긴밀히 연관 짓고 있다는 점이다.

> 대지진이 일어난지 딱 2년째 되던 날 생방송으로 천황폐하의 말씀이 있을 거라는 이야기에 호텔 휴게실 텔레비전에는 종업원이나 숙박객들이 모여 들어 진정되지 않는 표정으로 방송을 기다리고 있었다. (중략) 그러나 그

---

8) 小出五郎「原子力村ペンタゴンの罪」『序局』(アール企画, 2011.11) p.178.
9) 鎌倉孝夫「新自由主義の展開と原発震災」『序局』(アール企画, 2011.11) p.162.

후 나타난 것은 예상했던 얼굴이 아닌 검은 복면을 쓴 남자였다. (중략)
남자는 마이크를 향해 훅 하고 거북이처럼 목을 내밀더니 "모든 원자력발
전소의 스위치를 지금 당장 끄시오. 이것이 폐하의 말씀이오"라고 말했
다[10].

大地震からちょうど二年経った日に生放送で天皇陛下のお話があるとい
うことで、ホテルの休憩室のテレビには従業員や泊まり客が群がり、落ち
着かない表情で放送を待っていた。(中略) ところがそのあと現れたのは
予想していた御顔ではなく、黒い覆面をした男だった。(中略) 男はマイ
クに向かってふっと亀のように首を伸ばして、「すべての原子力発電所の
スイッチを直ちに切りなさい。これが陛下のお言葉です」といった。

3.11 발생 직후인 2011년 3월 15일, 아키히토明仁 천황은 대국민 담화를
발표한 바 있다. 그의 아버지인 히로히토裕仁가 패전 후 항복을 선언함과
동시에 천황의 신격神格을 부정하며 인간선언을 행한 이래로 천황이 전국
민을 대상으로 담화를 발표한 것은 3.11 직후가 처음이었다.

물론 실제 아키히토 천황의 담화에 위의 인용문에서와 같은 '원전 반대'
를 분명히 하는 내용은 들어있지 않았다. 지진, 쓰나미로 인한 희생자들을
애도하는 한편 국민들의 고충을 헤아리고자 하는 천황의 모습은 3.11 발생
이후 연이어 화제를 몰고 왔다. 또한 평화헌법 문제와 관련하여 천황이
아베 수상의 개헌 노선과는 다른 입장을 표명한 바 있는 것도 '평화를 사랑
하는 천황'의 이미지와 부합되면 자주 회자되었다.

복면 쓴 남자는 원전의 스위치를 당장 끄라고 협박조로 이야기한 뒤 다
시 상냥한 목소리로 "여러분, 걱정 마십시오. 이건 유괴사건이 아닙니다.
저는 오늘 여기서 원래 말씀할 예정이었던 분과 아주 가까운 관계에 있는
사람입니다"라고 덧붙인다. 복면 쓴 남자가 벌인 소동 이후, 천황의 행방
은 소문만 무성할 뿐 제대로 알 수 없게 되었으며 천황의 목소리를 다시
듣는 일도 일어나지 않았다.

---

10) 多和田葉子「不死の島」p.14.

평화의 상징, 자애로운 부모로 비유되며 여전히 국민통합의 중추에 서 있는 천황의 존재가 '당장 원전 가동을 중지하라'고 외쳐대는 모습을 상상하기란 쉽지 않다. 때문인지 「불사의 섬」은 천황 대신 천황과 가까운 사람이라고 자신을 밝히고 있는 복면 쓴 남자를 등장시켜 천황의 말을 대신 전하게 하고 있는데, 이 남자가 정말 천황과 가까운 사람인 것인지, 남자가 천황의 뜻이라고 밝힌 원전 반대 의사는 정말 천황의 뜻이 맞는 것인지 등은 확실히 알 수 없다. 이런 애매한 상황은 총리대신과 관련된 부분에서도 등장한다.

> 그 후 또 놀랄 일이 벌어졌다. 내각총리대신이 돌연 NHK의 '모두의 노래'[11]에 등장했고, 어떤 노래를 부를 건가하고 보자 '다음 달, 모든 원전의 운행을 영원히 정지합니다'라고 외쳤던 것이다. (중략) 그리고 얼마 지나지 않아 총리대신은 세상에서 모습을 감췄다. 보통은 '암살' 뉴스가 나올 일인데, 매스컴에서는 웬일인지 '납치'라는 말을 사용했다. 대체 누가 납치했다는 걸까[12].
>
> それからまた驚くべきことが起こった。内閣総理大臣が突然NHKの「みんなのうた」に現れて、どういう歌を歌うのかと思っていると、「来月、すべての原発の運行を永遠に休止します」と叫んだのである。(中略) それからしばらくして総理大臣はこの世から姿を消した。普通なら「暗殺」のニュースが流れるはずなのに、マスコミはなぜか「拉致」という言葉を使った。いったい誰が拉致したのか。

갑자기 국민 모두가 친숙하게 즐겨 보는 음악 프로그램에 등장해 원전 반대를 외친 총리는 느닷없이 '원전 영구永久 정지'를 외친다. 원전 반대 의사를 밝힌 이후 협박과 안전 위협에 시달리던 총리는 어느 날 자취를 감추게 되고 미디어에서는 총리의 실종을 살인이 아닌 납치로 보도한다.

---

11) 「みんなのうた」NHK의 음악방송.
12) 多和田葉子 「不死の島」 p.15~16.

총리가 어느 날 갑자기 자취를 감춘 것과 천황이 복면 쓴 남자의 소동 이후 동일하게 자취를 감춘 것으로 미루어 짐작해볼 때 천황 역시 원전반대의 의사를 표명한 뒤 사라진 것으로 보아도 무방할 것이다.

천황의 대국민 담화, 내각총리대신의 느닷없는 원전 반대. 내용의 차이는 있지만 둘 모두 3.11 발생 이후 실제 일본에서 일어났던 일을 모티브로 하고 있음을 알 수 있다. 천황의 대국민 담화는 앞서도 언급한 것처럼 3.11 발생 직후 이뤄졌으며, 천황이 직접 담화를 발표한다는 사실만으로도 화제가 되었을 뿐 아니라 방송 전 천황이 "연설이 나가는 도중 긴급 속보가 전해지면 연설을 끊고 속보를 전할 것"이라는 조건을 달았다는 사실이 알려지면서 천황의 파격적인 행보가 큰 이슈로 다뤄졌었다.

또한 전前 내각 총리대신인 고이즈미 준이치로小泉純一郎가 원전 반대 운동을 벌인 것 역시 화제였다. 실제 인물을 연상시키는 두 인물은 원전 반대 입장을 표명한 이후 자취를 감추게 되고 두 인물의 실종 이후 얼마 지나지 않아 일본 정부는 민영화된다. '민영화된 정부'는 원전을 반대하는 목소리를 모두 배제한 정부로 표상되고 있는 것이다.

> 총리대신이 모습을 감춘 뒤 혼란기를 지나 2015년, 일본정부는 민영화되었고, Z그룹이라 자칭하는 한 단체가 주식을 사들이면서 정부를 회사처럼 운영하기 시작했다. 방송국도 점령당했고, 의무교육은 없어졌다. 그즈음까지는 베를린에 사는 나도 인터넷 뉴스나 친구로부터의 메일로 상세한 정보를 접할 수 있었지만, 얼마 지나지 않아 일본에서는 인터넷을 쓸 수 없게 된 것 같았다. 메일이나 그와 비슷한 것이 불가능하게 된 것 뿐 아니라 일본에서 만들어진 사이트가 갱신되는 일도 없었다. (중략) 또한, 일본에 착륙하면 방사성물질이 기체에 붙는다는 연구결과를 어느 독일의 원자물리학자가 발표하자 비행기도 일본으로는 뜨지 않게 되었다[13].
>
> 総理大臣が姿を消してから、混乱期を経て、二〇一五年、日本政府は民営化され、Zグループと名乗る一団が株を買い占めて政府を会社として運

---

13) 多和田葉子「不死の島」p.16.

営し始めた。テレビ局も乗っ取られ、義務教育はなくなった。そのへん
まではベルリンに住むわたしにもインターネットニュースや友達から
のメールで詳しく情報が掴めたのだが、やがて日本ではインターネッ
トが使えなくなったようだった。メールやそれに類するものができな
くなっただけでなく、日本で作られたサイトが更新されることもなく
なった。(中略) また、日本に着陸すると、放射性物質が機体に付着すると
いう研究結果をあるドイツの原子物理学者が発表してから、飛行機も日
本へは飛ばなくなった。

'민영화된 정부'가 들어선 이후 가장 먼저 벌어진 일은 정보의 차단과
공공교육의 실종이다. 방송국이 점령당한 것은 물론 전자통신 수단마저
차단되어 더 이상 일본에 메일을 보내거나 일본으로부터 메일을 받거나
하는 간단한 일조차 하지 못하게 된 상황. 기본적인 의무도 이행하지 않으
면서 모든 정보를 차단, 은폐하고자 하는 '민영화된 정부'의 모습은 원전사
고 발생 이후의 도쿄전력과 흡사하다.

미래의 일을 생각할 여유 따위 없이 지내는 사이, 다음 대지진이 덮쳐왔다.
새로이 부서진 네 개의 원자로에서는 아무것도 새어나오지 않았다고 정부
는 발표했지만, 어쨌든 민영화된 정부가 하는 말이라 신용해도 될지 어떨
지 모르겠다[14].
未来のことを考える余裕などないうちに、次の大地震が襲ってきた。新
たに壊れた四つの原子炉からは何も漏れていないと政府は発表したが、
何しろ民営化された政府の言うことなので信用していいのかどうか分
からない。

위에 인용된 문장 안에 "새로이 부서진 네 개의 원자로에서는 아무것도
새어나오지 않았다고 도쿄전력은 발표했지만, 어쨌든 민영화된 도쿄전력

---

14) 多和田葉子「不死の島」pp.19~20.

이 하는 말이라 신용해도 될지 어떨지 모르겠다."와 같이 '정부'라는 단어 대신 '도쿄전력'이라는 말을 넣어도 위화감은 느껴지지 않는다. 이때, 사실상 정부의 기능을 상실한 채 거짓말만을 반복하고 있는 '민영화된 정부'의 존재와 대비되고 있는 것이 통일된 한국과 북한이다.

> 북한이라는 나라가 있었던 때는 자주 이 '납치'라는 단어를 사용했었지만 2013년에 갑자기 북한에서 과격한 반핵운동이 일어나 그것을 계기로 한국과 북한은 통일됐다[15].
> 北朝鮮という国があった頃には、よくこの「拉致」という単語が使われていたが、二〇一三年に突然、北朝鮮から過激な反核運動が起こり、それがきっかけで韓国と北朝鮮は統一した。

위의 인용문에서 눈여겨보아야 할 부분은 통일의 계기가 된 것이 북한에서 일어난 '과격한 반핵운동'이었다는 점이다. 「불사의 섬」은 원전반대의 목소리를 배제한 민영화된 일본 정부와, 반핵운동을 통해 통일까지 달성하게 된 남한, 북한의 경우를 대비시킴으로써 원전을 허용하는 정부, 핵을 용인하는 정부는 사실상 '민영화된 정부'의 모습과 다르지 않다는 점을 분명히 하고 있다.

2. 「불사의 섬」에서 「피안」으로

민영화된 정부는 더 이상 정부 구실을 하지 못하고, 일본을 오가는 운송수단, 정보 통신 수단의 사용도 모두 불가능하게 되어버린 상황 아래 일본은 목숨을 걸고 모험하듯 가야만 하는 불가사의한 섬이 되어버렸다. 젊은 이들은 제대로 움직일 수조차 없는 병약한 상태가 되어버리고 백세 넘은

---

15) 多和田葉子「不死の島」 p.16.

노인들은 죽을 수 없는, 죽어지지 않는 몸이 되어 젊은이들의 간호와 부양을 도맡는다.

결과적으로 일본 땅에 병약한 젊은이들과 노인들만이 남게 된 경위는 「불사의 섬」에 자세히 등장하지 않는다. 그러나 후속작인 「피안」을 통해 원전사고 이후, 불사의 섬이 되기까지의 사이에 어떤 일이 벌어졌는지를 알 수 있다.

그러나 사람들이 눈에 보이는 광경에 주의를 빼앗겼던 것은 수 초 간이었고 그 후에는 화상의 아픔과의 사투였다. 눈으로 봐서는 피부에 변화가 보이지 않았지만 팔이나 손이 뼈 근처까지 바비큐 꼬치로 꽂힌 채 숯불에 대어진 듯한 아픔이었다. 지금까지 경험한 적 없는 불가사의한 화상이었다. (중략) 그날 수천만의 사람들이 양손을 앞으로 뻗은 채 비틀거리며 근처 강이나 호수를 향해 걸어갔다. (중략) 살 방법은 하나뿐이었다. 그것은 일본을 떠나는 일이었다. 이 열도에서는 더 이상 살 수 없다. 머리가 박살난 원전이라는 이름의 괴물의 분노는 앞으로 수 천 년 동안 접근하는 인간의 피부를 태워버릴 것이다[16].

しかし人々が目に見える光景に注意を奪われていたのは数秒間のことで、その後は火傷の痛みとの戦いとなった。目で見ただけでは皮膚に変化は見られないのに、腕や手がバーベキューの串で骨の近くまで突き刺されて、炭火にあてられ続けているように痛い。これまで経験したことなない不思議な火傷だった。(中略)　その日、何千万人という人々が両手を前に伸ばしてよろけながら、近くの川や湖に向かって歩いていった。(中略)　生き延びる方法は一つしかなかった。それは、日本を離れることだった。この列島にはもう住むことができない。頭をかち割られた原発という名前の怪物の怒りは、この先何千年、近寄る人間の肌を焼き続けるだろう。

위의 인용문 서두에 언급되고 있는 사람들의 '눈에 보이는 광경'이란 군

---

16) 多和田葉子「彼岸」『献灯使』(講談社, 2014) pp.208~209.

軍수송기 한 대가 원자력발전소로 곤두박질쳐 추락하게 되는 장면, 그 추락으로 인해 원자력발전소가 크게 폭발해버리는 장면을 가리킨다. 수송기가 싣고 있던 것이 하필 폭탄이었기 때문에, 원자력발전소는 엄청난 소리와 연기를 내며 폭발해버리고 만다.

인용문에서 묘사되고 있는 원전 폭발로 인한 피폭 증상은 즉각적이고도 무시무시하다. 실제 원전사고 이후 피폭량의 허용치, 피폭으로 인한 건강의 이상증세 등과 관련한 정부의 발표 내용은 의구심을 불러일으키기에 충분한 내용들을 담고 있었다. 특히 후쿠시마현에 거주하는 아이들의 건강에서 갑작스러운 이상 증세가 나타나는 등 피폭의 징후라고 볼 수 있을 만한 일들이 연이어 일어나는데도 불구하고, 방사능과 해당 증세의 인과관계가 명확하지 않다거나 특정 요인을 규명해낼 수 없다는 식의 핑계로 인해 진상 파악은 요원한 상태에 머물고 있다.

「피안」은 '당장은 눈에 보이지 않는다'는 핑계로 일관하고 있는 현실을 정면으로 비판하기라도 하듯 피폭으로 인한 증상을 처참하게 그려내고 있으며 더 나아가 「불사의 섬」은 피폭 이후의 일상이 어떻게 달라지고 있는가를 보여주고 있다.

> 핀트가 도쿄에 머물렀던 것은 마침 8월의 한창 더운 때로, 어느 집이든 문이나 창문을 열어둔 채로 있었다. 빈집, 도둑, 강도 등은 사어死語가 되었다. 여자도 남자도 맨발에 짚신을 신고, 팔다리의 피부를 드러낸 채 회사나 학교에 다니게 되었다. 집 안에서는 알몸으로 지낸다[17].
> ピントが東京に滞在したのはちょうど八月の暑い盛りで、どの家もドアや窓を開けっ放しにしていた。空き巣、泥棒、強盗、などは死語となった。女も男も裸足に草履をはき、手脚の肌を剥き出しにして、通勤通学するようになった。家の中では真っ裸で過ごす。

---

17) 多和田葉子「不死の島」p.20.

「불사의 섬」의 일부인 위의 인용문에 등장하고 있는 '핀토'는 스스로를 16세기에 활약했던 포르투갈인 모험가 '페르난 멘데스 핀토(Fernão Mendes Pinto)'의 손자로 칭하면서 일본에 건너간 사람으로 묘사되고 있다. 핀토는 일본에서의 생활을 책으로 펴내 화제를 불러일으킨 것으로 설정되어 있으며 「불사의 섬」의 화자인 '나' 역시 핀토의 책을 통해 일본의 현재 실상을 접하게 된다.

핀토가 쓴 책에 의하면 일본인들은 문단속을 하거나 경비를 서는 등 집의 안전을 지키고자 하는 행위를 일체 하지 않는다. 또한 강도, 도둑, 빈집 등의 단어를 전부 사용하지 않게 되었다고 하는 것으로 보아 '소유'에 관한 개념이 상당히 희박해져 있음을 짐작해볼 수 있다.

가장 눈길을 끄는 부분은 일본인들이 더 이상 의복생활을 제대로 하지 않고 있다는 점이다. 회사나 학교에 다닐 때는 짚신을 신는 게 전부고, 집에서는 그나마 아무것도 걸치지 않은 채 알몸으로 생활하게 되었다.

「불사의 섬」만을 본다면 의복이 제대로 갖추어지지 않은 것을 소유의 개념이 희박해진 것과 연관시켜 '물자 부족' 탓으로 해석해 볼 수도 있을 것이다. 그러나 「피안」에서 드러나고 있는 처참한 피폭 증세가 「불사의 섬」의 과거와 만나는 지점에서, 알몸으로 생활할 수밖에 없는 이유 역시 피폭으로 인한 화상 증세와 관련해 해석해 볼 수 있는 여지가 발생하게 된다. 단순한 물자 부족 탓이 아니라 화상의 고통으로 인해 옷을 입을 수 없는 처지가 된 일본인이라는 해석을 고려해 볼 수 있게 된 것이다.

앞서 살펴본 「피안」의 인용문에서 피폭을 피해 살아남을 수 있는 방법은 단 하나였다. 일본을 떠나는 것. 그렇다면 원전 폭발과 피폭 이후 「불사의 섬」에 남지 않고 일본을 떠나기로 결정한 사람들의 모습은 어떻게 묘사되고 있는가. 「피안」은 제목 그대로 「불사의 섬」을 떠나 다른 '건너편'으로 떠난 사람들의 이야기를 담아낸다.

사람들은 본능적으로 가장 가까운 곳에 있는 항구로 향했다. 항구에 정박해 있던 배는 여객선 뿐 아니라 어선도 화물선도, 피부가 심한 화상으로 짓무른 사람들을 싣고 대륙을 향했다. 일본해 쪽에 살고 있던 사람들 중에는 비교적 일찍 대륙에 도착할 수 있었던 사람도 있다. 태평양 측에 있었던 사람들은 거친 파도에 시달려 마실 물도 식량도 부족한 배 위에서 며칠씩 지냈으며, 대륙에 도착했을 즈음에는 의식이 몽롱해진 사람도 있었다[18].
人々は本能的に一番近くにある港へ向かった。港に停泊していた船は旅客船だけでなく漁船も貨物船も、肌の焼けただれた人々を乗せて大陸に向かった。日本海側に住んでいた人たちの中には比較的早く大陸に辿り着くことができた人もいた。太平洋側にいた人たちは、荒波にもまれて、飲み水も食料も不足している船の上で何日も過ごし、大陸に着いた頃には意識の朦朧としている人もいた。

심한 화상을 입은 채로 항구로 향한 사람들은 일본을 떠나기 위해 항구로 향한다. 모든 수단을 동원해 대륙 즉 중국으로 가는 배에 몸을 실은 사람들은 배 위에서의 비참한 생활을 견뎌가며 대륙 땅으로의 탈출을 꾀한다.

중국에 도착하기 전 배 위의 상황을 설명하는 장면에서 세데 이쿠오瀨出郁夫라는 남성이 등장한다. 세데는 원전 폭발을 피해 중국으로 향하는 배에 오르기 전까지는 국회의원을 지냈던 남자로, 중국으로 가는 배 위에서 매우 우울한 상태에 빠져 있는 것으로 묘사된다. 세대가 중국으로 향하면서 그토록 우울하고 근심에 휩싸여 있는 것은 그가 국회의원으로 활동할 때 중국과 관련하여 망언을 일삼았기 때문이다.

배가 항구를 출발한 뒤 한동안 세데는 선내 매점 옆에 앉아 얼빠진 채로 있었다. 몇 시간 후 중국 정부는 일본에서 온 난민을 여권이 없는 사람도 포함하여 전원 수용하겠다고 전해왔다는 선내 방송이 있었다. 그것을 들은 배에 탄 사람들의 피곤에 절은 얼굴에 안도의 미소가 번졌지만 세데만은

---

18) 多和田葉子「彼岸」pp. 209~210.

괴로운 듯 호흡하며 파랗게 질린 얼굴로 갑판으로 뛰쳐나갔다. 세데는 최근 수년 간 중국을 모욕하는 발언을 거듭해왔고, 그에 대해서는 국내에서도 꽤 비난을 받아왔다[19].

船が港を出てしばらくは瀬出は船内の売店の隣にすわって、ぼんやりしていた。数時間後に中国政府は、日本からの難民をパスポートを持っていない人も含めて全員受け入れると言ってきているという船内放送があった。それを聞いて船に乗っている人たちの疲れ切った顔に安堵の微笑みが浮かんだが、瀬出だけが苦しそうに呼吸しながら、あおざめた顔で甲板に飛び出した。瀬出はここ数年、中国を侮辱する発言を重ね、それについては国内でもかなり非難を浴びてきた。

중국 정부가 일본 난민들을 까다로운 신분 절차의 확인도 없이 전격 수용하기로 했다는 방송을 들은 배 안의 사람들은 모두 기뻐한다. 그러나 세데만큼은 국회의원으로 활동할 당시의 행동이 마음에 걸려 도무지 기뻐할 수가 없었으며, 그동안 본인이 중국에 대해 일삼아온 망언들을 돌아보게 된다.

세데가 중국에 대한 망언을 일삼기 시작하게 된 계기는 극히 개인적인 것에서 비롯되고 있다. 외교정책에 관해 한 신문기자의 날카로운 질문을 받게 된 세데는 그만 홧김에 중국을 모욕하는 말을 내뱉는다. 그리고 순간 그 동안 도통 반응을 하지 않았던 자신의 남성 즉 성기性器가 확실히 반응하고 있는 것을 확인하게 된다.

세대는 대기실에 틀어박혀 방금 한 실언을 어떻게 변명할지 고민하면서 의자에 푹 들어앉았다. 늘 하던 습관처럼 다리를 꼬려고 했으나 꼬아지지 않았다. 하반신의 상태가 아무래도 이상해서 숨을 들이켜고 지방이 붙은 배를 살짝 당겨봤다. 그 순간, 오랜 고민이 해결된 사실을 알아챘다. 세데는 무릎 위에 두었던 오른손을 천천히 가져가 신체의 그 부분을 만져봤다. 밑

19) 多和田葉子「彼岸」pp.211~212.

을 수 없어. 세데는 자리에서 일어나 복도를 급히 지나 '남성'이라고 써진 공간으로 빨려 들어갔다[20].

瀬出は控え室に引っ込んで、今の失言をどうやって言い訳しようか思い悩みながら椅子にどしっと腰を落とした。いつもの癖で脚を組もうとそたが組めない。下半身の様子がどうも変なので息を吸って脂肪のついた腹を少しひっこめてみた。その瞬間、長年の悩みが解決していることに気がついた。瀬出は膝の上においた右手をゆっくり近づけて、身体のその部分をさわってみた。信じられない。瀬出は席を立ち、廊下を急ぎ、「男性」と書かれた空間に吸い込まれていった。

　패전 후 일본의 내셔널리즘은 "미국에 의해 소실된 '남성성'을 복원시키고 새로운 정체성을 구축"[21]하고자 한 시도와 불가분의 관계에 놓여있다. 전후 일본이 패전으로 거세당했던 일본의 아이덴티티에 다시금 강력한 남성성을 덧입히고자 했던 것은 그러한 시도를 통해 전쟁의 상처와 기억으로부터 달아나는 한편 내셔널리즘의 강화와 국민통합을 기대했기 때문이었다.

　남성성을 구축하기 위해서는 남성성을 부각시켜 줄 상대로서 여성성으로 전제 될 대상이 필요하다. 전전戰前은 물론 전후에도 남성성의 구축 혹은 강화를 위해 여성성을 강요당했던 대상은 한국, 중국 등 동아시아의 다른 국가들이었다.

　세데가 중국에 대해 모욕적인 발언을 하고난 후 자신의 남성이 반응하고 있음을 확인하는 위의 장면은 일본의 내셔널리즘이 동아시아의 다른 국가들을 배제하고 억압하려는 가운데 성립되어 왔음을 상기시킨다. 세데는 자신의 남성성이 회복된 것을 확인한 뒤, 중국에 대한 모욕적인 발언을 일삼게 된다.

---

20) 多和田葉子「彼岸」p.213.
21) 조정민 「전후일본의 내셔널리즘과 스포츠 문화- 재일조선인 프로레슬러 역도산을 중심으로 -」『일본연구』(중앙대학교 일본연구소, 2014.08) p.341.

남성성을 되찾은 뒤 의기양양했던 세데지만 중국 입국을 앞두고 극도의 불안감에 사로잡힌 채 수동적인 태도로 일관하고 있는 그의 모습에서는 더 이상 남성성이 드러나지 않는다. 원전사고는 모처럼 되찾은 남성성을 순식간에 앗아갔고 세데는 난민 자격으로 중국의 입국관리 공무원들 앞에서 불안에 떨게 되었다.

실제로 3.11 이후 일본은 재해 이후의 부흥과 글로벌 경제에 관해 논할 때, 급속한 경제성장 신화를 기록 중인 중국과의 관계에 촉각을 곤두세우는 모습을 보인 바 있다. 이와 함께 "중국 경제는 20년 후 일본의 3.5배가 될 것"22)이라든가 "중국 금융업의 동향은 일본에 큰 영향을 미칠 것"23)이라든가 하는 식으로 중국 경제의 위협을 받는 일본 경제를 부각시키기도 했다. 일본경제를 위협할 만큼의 영향력을 행사하는 경제 대국 중국과 일본의 관계는 역전되었으며 더 이상 중국을 상대로 남성성을 과시할 수도 없게 되어버린 것이다.

> 과거의 일은 아무것도 추궁당하지 않고 모두 새로운 이름을 받아 일을 시작할 수 있다면 얼마나 좋을까. 세데는 이제까지의 인생에서 거의 사용한 적 없었던 '노동자'라는 단어를 동경의 마음을 담아 떠올렸다. 나도 노동자로서 받아줬으면 좋겠다. 모두와 같은 급료를 받고 노동자로서 군중 속에 묻혀버릴 수 있다면 얼마나 행복할까. 이렇게 큰 나라니까, 작은 섬에서 온 수백만의 피난민을 받아들이는 일쯤은 그다지 큰 사건이 아닐지도 모른다24).
>
> 過去のことは何も調べられずに、みんな新しい名前をもらって、仕事を始められるならどんなにいいだろう。瀬出はこれまでの人生でほとんど使ったことのなかった「労働者」という単語を憧憬をこめて思い浮か

22) 野口悠紀男 「震災復興とグローバル経済　日本の選択(第59回)中国経済は20年後日本の3・5倍になる」『週刊東洋経済』(東洋経済新報社、2012.08.11.) p.116.
23) 野口悠紀男「震災復興とグローバル経済 日本の選択(第51回)中国金融業の動向は日本に大影響を及ぼす」『週刊東洋経済』(東洋経済新報社、2012.06. 16.) p.104.
24) 多和田葉子「彼岸」p.217.

べた。俺も労働者として受け入れられたい。みんなと同じ給料をもらって、労働者として群衆の中に埋もれてしまうことができたら、どんなに幸せだろう。これだけの大国であるから、小さな島から数百万の避難民を受け入れることなど、それほど大きな事件ではないのかもしれない。

　중국을 '큰 나라', 일본을 '작은 섬'이라고 칭하고 있는 부분 역시 흥미롭다. 중국에 대한 모욕을 일삼으며 남성성을 확인하던 세데의 모습을 더 이상 찾아볼 수 없는 것은 물론, 나아가 '큰' 중국과 '작은' 일본이라는 묘사를 통해 남성성과 여성성을 스스로 역전시키는 모습마저 보인다.

　세데와는 대조적인 모습으로 등장하는 것이 이른바 노동자, 소시민이라 불리는 일본의 평범한 사람들이다. 앞선 인용문에서 세데가 입국을 앞두고 과거의 만행들 때문에 불안해 할 때, 중국의 일본난민 전격 수용 조치를 반기며 피곤한 가운데서도 희미하게 웃음 지었던 바로 그들이다.

　위의 인용에서 세데는 '노동자'들 속에 매몰되어 살아갈 수만 있다면 하고 바란다. 일본에 살 때는 거의 사용하지도 생각하지도 않았던 노동자로서의 삶이 이제는 간절해진 것이다.

　남성성을 버려가면서까지 세데가 간절히 원하고 있는 것은 평범한 노동자의 삶이다. 그러나 모두가 같은 배에 타고 같은 난민의 자격으로 중국 땅을 밟게 되었어도 과거는 여전히 살아있다. 머무는 땅이 어디가 되었든 일본에서의 삶의 방식을 간단히 없었던 일로 할 수는 없다. 피폭의 위험을 피해 달아났지만 「피안」에서의 삶 역시 일본에서의 삶의 연장선상에 자리하게 될 것임을, '과오'에 대한 책임은 유효할 것임을 세데는 피부로 느끼게 된다.

　이와는 달리, 과거에 연연하지 않고 새롭게 출발하고자 하는 것으로 묘사되고 있는 대상이 등장한다. 「불사의 섬」에서 갑작스런 통일을 맞이하게 된 한국과 북한이 바로 그 대상이다. 통일된 한국과 북한은 '조선연방'이라는 명칭으로 등장하고 있으며, 중국 외의 또 다른 「피안」으로 그려진다.

'조선연방으로의 이주를 희망합니까?'란 질문사항을 읽은 순간, 세데瀬出의 손은 떨리기 시작했다. (중략) 중국에 머무는 것보다도 조선연방에 가는 편이 안전하지 않을까. 통일된 후의 조선은 과거에 연연하지 않고 미래를 보는 나라로서의 방침을 해외에 계속해서 발신해왔다. 세데는 북한과 한국에 대해 심한 발언을 한 적이 있었고 당시, 국내의 정적政敵이나 국민으로부터 비난을 받았지만 그건 이미 과거의 이야기인데다 한 번으로 그쳤다. 왜냐하면 얼마나 우수하든 비교적 작은 나라이기 때문에 험담을 해도 불능치료에는 효과가 없다는 걸 알았기 때문이다25).

「朝鮮連邦への移住を希望しますか」という質問事項を読んだ途端、瀬出の手は震え始めた。(中略) 中国に留まるよりも、朝鮮連邦に行った方が安全なのではないか。統一後の朝鮮は、過去にこだわらず未来を見る国として方針を海外に発言し続けてきた。瀬出は北朝鮮と韓国について一度ひどい発言をしたことがあり、その時、国内政敵や国民から非難を浴びたが、それはもう過去の話であるし、一度だけでやめてしまった。なぜならどんなに優秀であっても比較的小さな国なので、悪口を言っても不能の治療には効果がないことが分かったからだ。

세데를 통해 과거란 쉽게 잊거나 사라지게 할 수 있는 것이 아니며, 시공간을 초월해 유효한 것임을 보여준 뒤, 과거에 연연하지 않겠다는 입장을 표명한 조선연방을 등장시키고 있는 것은 언뜻 역설적으로 느껴진다.

조선연방이 말하는 '과거'란 것이 무엇을 가리키는지는 구체적으로 등장하지 않는다. 그러나 '한국은 과거에 연연한다' 혹은 '우리는 과거에 연연하고 싶지 않다'라는 수사를 가장 많이 사용해 온 당사자가 다름 아닌 일본이라는 사실은 새삼스럽지 않다.

다와다 요코는 한국 일간지와의 인터뷰를 통해 ""일본은 19세기 후반 유럽 식민지가 되지 않으려 오히려 가해자가 돼 아시아 국가를 식민지화했다"며 '잘못된 근대화의 길'로 규정했고, "일본은 창밖으로 쓰레기를 던

---

25) 多和田葉子「彼岸」p.218.

져 집안만 깨끗해지면 바깥에서 일어나는 일은 대수롭지 않게 여기는 가정집 같다"며 일본 역사교과서 문제를 꼬집기도 했다[26]."

이처럼 일본의 식민지배 역사와 현시점의 한일간 역사 관련 문제에 관해 정확히 알고 있는 다와다 요코가 아무 의도 없이 '조선연방이 과거에 연연하지 않기로 했다'는 설정을 했을 것이라고 보기는 어렵다.

세데는 자신의 과오를 인지하고 있으면서도 그것을 그야말로 쓰레기처럼 내던지고 깨끗해지길 원하고 있다. 그러나 삶의 터전이 바뀌어도 그 과오는 유효하며 중국에서의 삶은 예전의 과오를 온전히 책임지고 사죄해 나가지 않으면 안되는 삶일지 모른다.

> 세데는 용지를 낚아채 그곳에 '조선이주가능?'이라고 적었다. 여태까지 단정하고 아름다운 얼굴에 냉정한 표정을 띠우고 있던 여성이 갑자기 풍경風鈴과 같은 목소리를 내며 웃었다. 세데는 그 이유를 전혀 알 수 없었다. 여성은 새로운 종이를 손에 들더니 그곳에 크고 힘 있는 글자로 '불가'라고 적었다. 상대방은 뭔가 알고 있다. 나를 가지고 놀고 있는 것이라고 세데는 생각했다. 닭살이 돋고 배꼽을 중심으로 몸이 점점 줄어들어 작아져간다. 이마에서 땀이 배어 나오는 게 느껴진다. 머리를 숙인 채 얼굴을 들 수가 없다[27].
>
> 瀬出は用紙をひったくり、そこに「朝鮮移住可能?」と書いた。これまで端正麗美な顔に冷静な表情を浮かべていた女性が急に、風鈴のような声を出して笑った。瀬出にはその理由が全く分からなかった。女性は新しい紙を手に取って、そこに大きな力強い字で「不可」と書いた。相手は何か知っている。自分はもてあそばれているのだと瀬出は思った。鳥肌がたって、臍を中心に身体がどんどん縮んで小さくなっていく。額から汗がにじみ出てくるのが感じられる。うつむいたまま、顔をあげることができない。

---

26) 세계일보 「'언어의 경계' 넘나들며 새로운 세계로 빠져들다 일본어와 독일어로 문학작품 쓰는 다와다 요코」 2011년 5월 27일
27) 多和田葉子 「彼岸」 p.220.

위의 인용문은 「피안」의 결말 부분이다. 세데는 조선연방으로의 이주 가능성을 입국관리 담당 여직원에게 묻지만 여직원은 불가하다는 답과 함께 의미를 알 수 없는 웃음을 짓는다. 세데는 여성이 자신에 대한 것을 이미 알고 있을 것이란 사실을 직감한다. 일본에서 세데가 중국에 대해 모욕적인 발언을 일삼았던 것이나 조선연방에 대해서도 떳떳치 못하다는 점 등을 미리 알고 자신이 조선연방으로의 이주를 희망하는 것을 비웃고 있는 것이라 생각한다.

여성의 웃음이 무엇을 의미하는지는 알 수 없다. 그러나 세데는 여성의 의미심장한 웃음만으로 닭살이 돋고 이마에 땀이 번지고 신체가 줄어드는 느낌을 받는다. 중국은 세데에게 아직 어떤 일도 하지 않았다. 세데의 발목을 잡고 있는 것은 과거 그 자체이며, 과거의 족쇄를 생각대로 벗어던지기란 불가능하다.

조선연방이 과거에 연연하지 않겠다고 선언하고 있는 부분은, 일본을 벗어난 시점에서도 여전히 과거에 강력하게 붙들려있는 세데의 경우와 대비되며 조선연방의 새로운 출발 역시 절대 과거와 무관하지는 않을 것임을 역설적으로 보여주고 있다.

3. 피해자와 가해자의 경계

한편, 「피안」이 아닌 「불사의 섬」에 남을 수밖에 없었던 사람들은 기이한 삶을 살아가게 된다.

> 2011년, 후쿠시마에서 피폭당할 당시 백세를 넘겼었던 사람들은 모두 지금도 건재하고 다행히 지금까지 한 사람도 죽지 않았다. (중략) 피폭자 중에서 최고령자는 당시 112세였는데 120세가 넘어서도 아직 팔팔하다. '건강해 보이시네요'라고 핀트가 통역을 통해 칭찬을 건네자 '죽을 수가 없어요'라

는 답이 돌아왔다고 한다. (중략) 2011년에 아이였던 사람들은 차례차례 병에 걸려 일할 수 없게 되었을 뿐 아니라 간호가 필요해졌다. (중략) '젊다'라는 형용사에 젊음이 있었던 시대는 끝나고 '젊다'는 설 수 없다, 걸을 수 없다, 눈이 보이지 않는다, 제대로 먹을 수 없다, 이야기 할 수 없다라는 의미가 되어버렸다[28].

二〇一一年、福島で被曝した当時、百歳を越えていた人たちはみな今も健在で、幸にしてこれまで一人も亡くなっていない。(中略) 被曝者の中で最高年齢者は当時百十二歳だったが、百二十歳を越えてもまだぴんぴんしている。「お元気そうですね」とピントが通訳を介して誉めると、「死ねないんです」という答えが返ってきたそうだ。(中略) 二〇一一年に子供だった人たちは次々病気になり、働くことができないだけでなく、介護が必要なのだ。(中略) 若いという形容詞に若さがあった時代は終わり、若いと言えば、立てない、歩けない、眼が見えない、ものが食べられない、しゃべれない、という意味になってしまった。

　원전사고 발생 당시 아이였던 사람들은 병에 걸리고 눈도 잘 보이지 않는 허약한 지경에 이르러 노인들의 보살핌 없이는 살아갈 수 없는 몸이 되었다. 죽고 싶어도 죽을 수 없는 이상한 상태가 된 채로 젊은이들을 끊임없이 돌봐야 하는 노인들과 병약하다는 말로는 설명이 부족할 정도로 기력을 잃은 젊은이들. 이런 사태를 초래한 것은 방사성물질이다. 불사의 섬이란 '죽지 않는 섬'이 아닌 '죽을 수 없는 섬'인 것이다.

　"이번 원전사고는, 우리들 자신이 선택했다고 생각할 수밖에 없다"[29]고 했던 다카하시 겐이치로의 말을 다시 떠올려보면 원전사고의 책임이 누구에게 있는가를 따졌을 때 그 책임에서 자유로울 수 있는 것은 아직 주체적인 선택을 하기 어려운 상태였던 어린아이들뿐일 것이다.

　노인들이 죽을 수 없는 상태가 되어 원전사고 당시 아이들이었던, 지금

---

28)　多和田葉子「不死の島」 pp. 18~19.
29)　高橋源一郎, 森村泰昌「特別対談 震災と言葉」 p. 232.

은 젊은이가 된 사람들을 끊임없이 돌봐야 하는 것은 그들이 일찍이 원전과의 동거를 '선택'했기 때문이다. 원전사고라는 초유의 사태를 '상정외想定外라는 말로 덮어버리고 자본의 논리에 따라, 편의에 따라 용인해버린 책임은 그들에게 있다. 자신들의 그릇된 선택 탓에 눈멀고 말 못하고 제대로 설 수조차 없는 상태로 태어나게 된 다음 세대의 아이들을 돌보는 일은 형벌인 동시에 속죄인 것이다.

죽을 수 없는 몸이 되어버린 노인들이나 병든 몸이 되어버린 젊은이들이나 피폭을 당했다는 사실만을 두고 따진다면 명백히 '피해자'다. 그러나 「불사의 섬」은 피폭을 당했다는 이유만으로 혹은 사고의 희생자라는 이유만으로 모든 피해자들을 같은 선상에 두지 않는다. 그 어떤 판단 여하도 할 수 없었던 어린아이들의 입장에서 보자면 원전이라는 괴물과의 동거를 선택해 비참한 결과를 초래한 어른들은 분명 가해자인 것이다.

「피안」에서도 역시 가해자와 피해자에 관한 묘사가 등장한다.

인터넷상에서 비행기 조종을 배워 모의비행을 즐겼던 젊은 남자가 어느날 실제 비행기를 조종하고 싶다는 욕망을 누르지 못하게 되어, 국내선 여객기를 공중 납치해 공중에서 재주넘겠다는 오랜 꿈을 실현시켰다. 다행히 부상자는 나오지 않았지만 한 비행기에 탔던 승객들은 모두 직장에서 잘리고 다시는 취직할 수 없었다. 승객에게는 죄가 없는데 어째서 그렇게 된 것인지 의문이지만, 어쩌면 이는 가해자 뿐 아니라 피해자에게도 사건의 부정不淨함이 달라붙기 때문에 공동체에서 쫓아낸다고 하는 오래된 관습에서 유래된 것인지도 몰랐다[30].
ネット上で飛行機の操縦を習い、模擬飛行を楽しんでいた若い男が、ある日、本物の飛行機を操縦したいという欲望を抑えられなくなり、国内線の旅客機をハイジャックして、空中でトンボを切るという長年の夢を果たした。幸い怪我人は出なかったが、乗り合わせた乗客はみんな職場を首になり、二度と再び就職できなかった。乗客には罪がないのになぜ

---

30) 多和田葉子「彼岸」p.207.

そうなるのか不思議だが、これは、加害者だけでなく被害者にも事件そのもののケガレがつくので共同体から追い出す、という古い慣習から来ているのかもしれなかった。

비행기를 조종했던 것은 사태를 예견할 줄 아는 견지나 안전사고를 경계하고자 하는 의식 등 없이 오직 한 순간을 즐기고자 하는 '욕망'에 지배당한 한 남자였다. 그러나 그 비행기에 탑승하고 있었다는 이유만으로 남자가 벌인 사태에 대한 연대책임을 지게 된 승객들의 모습은 「불사의 섬」에서 노인들의 보살핌을 받게 된 젊은이들의 모습과도 겹쳐진다.

과오는 되풀이된다. 「불사의 섬」에서는 유독 100세 이상을 산 노인들만이 젊은이들의 간호와 양육을 맡아 죽지 못하고 살아가는 것으로 그려져 있다. 실제와는 조금 차이가 있을 수 있지만 3.11 발생 시점인 2011년 당시에 100세를 넘긴 노인들은 히로시마·나가사키의 피폭과 패전을 경험한 세대인 것으로 추측해 볼 수 있다.

이미 핵무기의 무차별적이고 반인륜적인 공격을 경험해 본 세대가 그 뼈아픈 교훈을 새기지 못하고 다시금 원전을 허용했고, 그 결과 다음 세대들이 또 다시 피폭당할 수밖에 없는 환경을 만들고 만 것이다.

젊은 세대를 부양해야 하는 것은 노인들이고 노인들은 피해자인 동시에 가해자로서 언제 끝날지 모를 가혹한 삶을 이어가게 되었다. 그러나 희생자들을 추모하는 일에 있어서만큼은 피해자와 가해자의 경계가 허물어지고 만다.

최근에는 노能에서 힌트를 얻은 '몽환 노 게임'이 시장을 지배하고 있다. 원한을 가진 죽은 사람들, 말하고 싶은 것을 하지 못하고 죽은 사람들, 그런 죽은 자들의 망령이 이야기하는 이해하기 어려운 말이나 단편적인 몽상을 잘 나열하여 하나의 이야기로 만들고 그들에게 적합한 불경을 골라주면 망령이 성불하여 없어진다는 게임인데, 없애고 없애도 새로운 망령이 모습을 드러내는 건 어째서일까. 그래도 정신을 잃지 않고 놀이를 계속한 사람이

이 게임에서 이기게 되는데, '이긴다'는 말의 의미를 기억하고 있는 사람도 거의 사라져버렸다[31].

最近は能にヒントを得た「夢幻能ゲーム」が市場を支配している。恨みを持って死んだ人たち、言いたいことを言いそびれて死んだ人たち、そういう死者たちの亡霊の語る理解しにくい言葉や断片的な妄想をうまく並べて一つの物語を作って、かれらにふさわしいお経を選んでやると、亡霊が成仏して消える、いうゲームなのだが、消しても消しても新しい亡霊が姿を現すのはどういうわけか。それでも気を失うことなく遊び続けた人がこのゲームに勝ったことになるのだが、「勝つ」という言葉の意味を覚えている人ももうほとんどいなくなってしまった。

망령들의 한을 풀어주고 성불시켜 주는 게임. 전기를 거의 사용할 수 없게 된 「불사의 섬」에서 그나마 여흥으로 즐길 수 있는 게임의 내용이다. 젊은이들은 이 게임을 끊임없이 이어나가는데 아무리 게임을 계속 해나가도 망령은 끊임없이 등장한다.

끊임없이 등장하는 망령을 상대하면서, 죽은 자들 모두에게 각자의 삶이 있었음을, 그 망령이 존재하는 한 재난은 아직 끝난 것이 아님을 상기하는 일은 비극을 되풀이하지 않기 위한 경고적 장치다.

이미 고립된 이상한 섬이 되어버린 일본이지만 여전히 섬에서 살아가는 사람들이 있고 그들의 삶이 존재한다. 그런 삶에 또 다른 비극이 되풀이되지 않도록, 죽은 자들의 말을 통해 교훈을 얻고 그들의 명복을 빌어주는 것이다.

원전사고를 초래한 것은 결국 인간에게 위협이 될 수 있는 핵발전의 불안전함을 감수하고서라도 원전이 주는 이익을 누리고자 했던 일본사회의 구성원 모두라고 할 수 있을지 모른다. 또한 원전사고가 일어난 이유를 어마어마한 지진과 쓰나미 탓으로 돌릴 수 있을지도 모른다. 3.11 이후 발표된 재난문학 작품들 중에는 그러한 막연한 연대책임 의식을 환기시키

---

31) 多和田葉子 「不死の島」 p.21.

거나 과오를 되풀이해서는 안된다는 단순한 반성 차원에서 원전사고를 묘사한 것들도 상당수 있다.

그러나 「불사의 섬」은 그러한 막연한 연대책임 의식을 그리는 데 머물지 않고 있으며, 보다 구체적인 묘사로 원전사고의 원인을 날카롭게 지적하는 한편 두 번 다시 같은 비극을 되풀이 하지 않는 길은 과거의 잘못과 가해자로서의 자신을 정확히 인지하는 것뿐임을 보여주고 있다.

기억과 격차 :
타자를 둘러싼 두 영화에 대해

나카지 다케시 中路武土, Nakaji Takeshi[*]

만일 우리가 감상의 장애물을 버리면서 감성적 감동의 가능성의 극한으로 단호하게 향했다고 치자. 그것이야말로 인간적인 태도이지만, 그랬을 때 우리의 눈 앞에 나타난 것은 동물적인 고뇌의 끝없는 《부조리》인 것이다.

(조르주 바타유(Georges Bataille) 『히로시마 사람들의 이야기』)

1. 도입

벌써 전후 70년의 세월이 흘렀다. 전쟁피해라고 하는 카타스트로피(파국=대참사)를 실제로 체험한 사람들의 숫자도 해마다 갈수록 줄어들어 그 「사건」의 「기억」의 풍화가 눈앞에 닥치고 있다. 그러나 전화戰禍를 반복하지 않기 위해서는 이 풍화에 맞서서 전쟁의 기억을 과거에서 현재로, 그리고 현재에서 미래로 전달해 나갈 필요가 있을 것이다. 오카 마리岡眞理는 「사건」과 「기억」을 둘러싸고 다음과 같이 기록한다.

어떻게든 〈사건〉의 기억은 타자와, 즉 〈사건〉의 외부에 있는 사람들과 나누어 갖지 않으면 안 된다. 집단적 기억, 역사의 언설을 구성하는 것은 〈사건〉을 체험하지 않고 살아남은 자들, 타자들이기 때문이다. 이러한 사

* 가고시마대학교 법문학부 인문학과 부(准)교수

람들에게 그 기억이 전달되지 않으면 〈사건〉은 없었던 일, 일어나지 않았던 일이 되어 버린다. 그 〈사건〉을 겪은 자들의 존재는, 타자의 기억의 저편, 「세계」의 외부로 던져져 역사에서 잊혀진다.

> 〈사건〉의 기억이 - 〈사건〉의 기억에 매개된 〈사건〉 그 자체가 - 다른 이들과 공유되어야 한다면, 그것은 어떻게든 언급되어야 한다. 우리는 〈사건〉의 외부에 사는 타자들에게 이르는 코스, 회로를 생성하지 않으면 안 된다. 그것은 지금 존재하는 세계와는 다른 세계를 우리가 만들어 살아가야 하기 때문이다(오카岡 2000:75).

그렇다면, 어떻게 해서 사건의 기억을 다른 사람과 나누어 가지게 되는 것일까.

사건은 「미디어」를 매개로 전달되어 구전된다. 전쟁에 대한 개인적인 기억은 사진이나 영화, TV와 같은 기록미디어, 또는 신문이나 서적과 같이 증언을 보존하는 언설미디어를 통해 회자되고, 시간적·공간적으로 외부에 있는 「타자」와 공유되면서 집합화되는 것이다.

전쟁피해, 특히 원자폭탄의 피폭체험은 전후 GHQ가 정한 프레스 코드가 실효된 1952년 이후, 다양한 영화를 통해 「표상 = 재현전화」가 시도되고, 「스토리화」를 통해 기억의 전달을 도모해 왔다. 예를 들어, 오사다 아라타長田新에 의해 편찬된 원폭체험기를 원작으로 제작된 『원폭의 아이들』(신도 가네토新藤兼人, 1952)과 『히로시마』(세키가와 히데오關川秀雄, 1953)에서는 「피카돈」이 시각적·청각적으로 표현되고, 상징적인 버섯구름의 영상과 함께 사람들이 피폭 당하는 순간이 구성된 픽션으로서 재현되어 전해지고 있다. 또한 다이고후쿠류마루第五福竜丸사건 후에는 『고질라』(혼다 이시로本多猪四郎, 1954)가 제작되어, 피폭의 공포가 도시를 유린하고 파괴하는 원자 괴수의 공포로 바뀌며 그려졌다. 또는 거듭되는 원수폭실험을 배경으로 한 『생존의 기록』(구로사와 아키라黒澤明, 1955)에 의해 광기에 이르기까지의 공포감이 강력하게 표현되거나 원수폭금지운동과 호응하여 『살아있어서 다행이다』(가메이 후미오亀井文夫, 1956)와 『세계는 등골이 서늘한 죽음의 재의 정체』(가메이 후미오, 1957) 등의 다큐멘터리 영화가 제작되기도 했다. 1960년대 이후부터 현재에 이르기까지 히로시마와 나가사키의 피폭체험을 테마로 한 영화(피폭자被爆者 시네마)가 양산되었고 『검은 비』(이마무라 쇼헤이今村昌平, 1988), 『8월의 광시곡』(구로사와 아키라 1991), 『아버지와 지내면』(구로키 가즈오黒木和雄, 2004), 「페코로스, 어머니를 만나러 갑니다」(모리 사키 아즈마森崎東, 2013)를 비롯하여 너무 많아서 일일이 셀 수없을 정도이다. 「히로시마」「나가사키」 그리고 「원폭=핵」의 〈이미지〉는 고정화되고 이야기로 구성되어, 우리들의 집합적 기억을 형성해 왔다고 할 수 있을 것이다. 이러한 가운데 파국을 둘러싼 그 자체, 압도적인 영상들은 수전 손택(Susan Sontag)이 말하는 것처럼 「대표적인 영상의 문서보관소에 보관되고 반복적인 이용으로 상징화」되어 단순히 「예상 가능한 생각과 감정을 끌어내는」도구로서 기능해 온 것으로 생각할 수 있다(Sontag 2003=2003:21).

그런데 이 영화에서 간과된 중요한 문제가 있다. 그것은 피폭체험이라고 하는 파국의 기억이 타자에 의해, 미디어를 통해, 사후적으로 재현될 수 있는 것인가(표상의 가능성/불가능성), 또는 타자가 재구성해도 상관없는 문제인가(표상금지=윤리성)라는 표상과 그 임계를 둘러싼 문제이다. 「섬광」「버섯 구름」「검은 비」「빠지는 머리카락」「원폭 돔」이라는 상징적인 기호를 반복적으로 스토리에 집어 넣어, 시각적 재현을 여러 번 시도함으로써 사건의 기억을 구성하고, 영화를 통해 이야기하는 것이 본디 가능한 것일까. 아니, 피폭체험은 본래 언어화 할 수 없는 표상=재현전화를 거부하는 「동물적」이고 「끝없는 《부조리》」(바타유) 사건 외에는 아니며, 따라서 그 과도한 폭력성이 타자에게 전해져, 기억을 집단적으로 나누어 가지는 일이 쉽게 가능할 리도 없다. 파국은 근본적으로 「표상불가능」, 「전달불가능」한 「말할 수 없는 사건」인 것이다. 하지만, 이 점을 둘러싸고 오카는 다음과 같이 언급하였다.

그러나 그럼에도 불구하고 또는, 그렇기 때문이야말로 말할 수 없는 〈사건〉을 말하지 않으면 안 된다. 〈사건〉의 기억을 타자와 나누어 가지기 위해서이다. 그리고 그러기 위해서는 〈사건〉의 기억은 타자에 의해 이야기되지 않으면 안 된다. 스스로는 말할 수 없는 그 사람들을 대신하는 것이다 (오카 2000:76).

본고에서는 이 「표상불가능한 사건의 기억」을 나누어 갖기 위한 「타자에 의한 이야기의 방법」이라는 관점에서 원폭을 둘러싼 두 영화를 예로 들어, 비교 혹은 「몽타주」수법으로 기억과 미디어의 문제에 관한 부분을 파고들고자 한다. 원폭투하라는 파국적 사건의 기억에 영화라는 미디어장치가 어떻게 대치하고 있는지 검토할 것이다. 그리고, 각 장에서는 카타스트로피의 경우마다 회귀하는 「표상불가능성」이라는 문제에 대한 재고를 통해 어떻게 영화가 말할 수 없는 원폭의 기억을 말하고자 하고, 혹은 어떻게 그 망각과 마주하고 있는지 고찰해 나간다[1]. 문제가 되는 것은 바로 피폭체험과의 「공간적인 격차」와 「시간적인 격차」로 인해 현재 그 격차에서 전경화되고 있는 기억의 망각 또는 부재일 것이다.

2. 사건의 표상불가능성 그 자체를 말하는 것

1958년 여름, 프랑스 영화감독 알랭 레네(Alain Resnais)가 한창 전후 부흥 중인 히로시마를 방문한다. 프랑스 여성작가 마르그리트 뒤라스(Mar-

---

1) 근래의 사회학과 문화연구가 지적한대로, 피폭의 집학적 기억이 전후 얼마 안 되어 「망각」의 정치적 역학의 작용에 의해 조작되어 온 것도 덧붙여 두어야 한다- 예를 들어 「피폭의 기억」이 희박해지고, 매스미디어와 대중문화를 통해 「원자력의 꿈/꿈의 원자력」에 접속된 것처럼(야마모토山本 2012; 요시미吉見 2012). 그 증거를 도시를 전부 파괴하는 「고질라」를 귀엽게 만들거나 영웅화시킨 것, 원자력으로 가동되는 미래형 로봇 「아톰」과 「도라에몽」이 인기를 얻는 모습 등을 통해 확인할 수 있다.

guerite Duras)가 쓴 시나리오를 바탕으로 1957년 여름 피폭지 히로시마를 무대로 한 남자와 여자의 단 하루의 사랑 이야기=역사를 영화로 만들기 위해서이다.

이미 아우슈비츠를 테마로 한 다큐멘터리 「밤과 안개」(Nuit et brou-illard 1955)의 감독을 맡고 있던 레네가, 강제수용소에 남편을 빼앗긴 뒤라스와 손잡고 발표한 히로시마의 기억을 둘러싼 첫 번째 프랑스·일본합작 영화『히로시마 내 사랑』(Hiroshima mon amour 1959)은, 이른바 누벨 바그(Nouvelle Vague)의 개막이 된 현대영화의 실험적인 작품 중 하나로 영화사에 기억되고 있다[2]. 알랭 레네는 외부에서 온 프랑스인, 즉 「공간적인 격차」에 있는 「타자」가 어디까지 원폭에 대해 알 수 있는 것인가라는 생각에서 이 영화의 기획을 시작했다[3]. 주연은 에마뉘엘 리바(Emmanuelle Riva)와 오카다 에이지岡田英次. 이 두 사람이 이름 없는 익명의 여자와 남

---

2) 『히로시마 내 사랑』의 제작과정을 파악하는데 있어 중요한 자료는, 리바(Em-manuelle Riva)에 의해 촬영된 사진을 수록한 『HIROSHIMA 1958』(港(미나토)+Marie- Christine de Navacelle, Emmanuelle Riva 2008)이다. 리바의 사진과 인터뷰 외에도 레네가 일본에서 뒤라스에게 보낸 사신, 스크립터(기록원)로 히로시마에 동행한 실베트 보드로(Sylvette Baudrot)의 상세한 촬영일지, 미나토 치히로港千尋와 도미니크 노게즈(Dominique Noguez)에 의한 에세이 등이 수록되어 있다. 또한 그 사진집에 영감을 얻어 집필된 『사랑의 작은 역사』(미나토 2009)도 중요한 서적이다. 이 『히로시마 내 사랑』에 관한 선행연구는 다방면에서 이뤄졌고, 다카노(高野 2007)가 이를 모아서 정리하고 있다. 덧붙여 『히로시마 내 사랑』이 개봉 당시에 어떻게 받아들여 졌는지에 대해서는 세키(関 2012)를 참조.
3) 왜 프랑스인 것일까. 그것은 관해서는 뒤라스의 시나리오에서도 참조되는 존 허시(John Hersey)의 르포르타주를 두고, 뒤라스와 절친한 사이었던 바타유가 집필한 서평의 다음 구절이 고려되어야 한다. 「존 허시의 소저『히로시마』는 피폭 생존자들이 말하는 원폭체험을 잘 연결해, 세심하고 면밀한 이야기로 완성한 최초의 저작이며, 거기에서 세부사항을 여러 바둑판처럼 전체를 만들어 내고 있는데, 이는 프랑스인보다 앵글=색슨계 사람들의 배려에 부응한 서적인 것이다. 그러나 그들보다 프랑스인에게 이 소저는 중요한 의미를 갖는다. 왜냐하면, 이 소저가 본질적으로 제공하는 것이 프랑스인 쪽에서 한층 결여되어 있기 때문이다. 프랑스인 쪽에 보다 더 결여되어 있는 것, 그것은 다름아닌 이 대이변에 대한 감성적인 표현이다(Bataille 1947 = 2015 : 7-8).

자로 등장한다.

　원수폭반대라는 평화영화의 촬영을 위해 히로시마를 방문한 프랑스 여배우(리바)가 원폭으로 가족을 모두 잃은-외지에서 복무하다 혼자 살아남은-건축가(오카다)와 만나 호텔에서 열정적인 하룻밤을 보낸다. 다음날 아침 눈을 뜬 여자는 아직 자고 있는 남자 손끝의 미세한 떨림을 바라보고, 갑작스럽게 제2차 세계대전 중에 고향 느베르(Nevers)에서 겪은 비극적인 사건을 떠올린다. 혹은 그 사건의 기억에 그녀가 영유된다고 해도 좋다. 여자가 적국인 독일병사와 사람들 눈을 피해 사랑을 나누고, 밀회를 거듭하다가 도피하려고 하는 찰나, 첫사랑의 상대는 저격되어 살해당한다. 그 총탄에 쓰러진 독일군 손의 사후경련이 호텔 침대에 누운 남자의 손떨림과 겹친 것이다. 여자는 적국 병사와 내통했다는 죄로 치욕스러운 삭발을 당하고 자택 지하실에 감금된다. 이듬해 여름에 해방된 여자는 고향에서 쫓기듯이 자전거를 타고 파리로 향하지만, 거기에서 본 신문 일면을 통해 히로시마의 원폭투하를 알게 된다. 고향 느베르에서의 무서운 경험, 여자가 누구에게도 말하지 않고 봉인해 온 기억이 공간적으로 분리된 히로시마에서 만난 남자와의 정사에서 회귀한 것이다. 여자는 망각 저편에 있던 치유하기 어려운 트라우마적 기억을 오오타太田강 강변의 카페에서 남자에게 말하며, 과거의 부름에 이끌리듯이 히로시마의 밤거리를 정처 없이 걷는다. 스쳐 지나는 하룻밤 사랑이었을 두 사람은 결국 떠나지 못한 채 호텔로 돌아오고 영화의 막은 내려진다.

　「레네의 영화 속 인물은, (중략) 죽음에서, 죽은 자의 공간에서 돌아온다」(질 들뢰즈 Gilles Deleuze 1985=2006: 288)라고 지적한 것처럼 영화는 제목 배경으로 폭심지 오타강의 지류와 같은 모양의 잡초를 흰색으로 비춘 뒤, 마치 원폭의 죽음의 재를 뒤집어 쓴 병적인 여자와 남자의 육체-들뢰즈가 말하는 「좀비」에 가까운 형상-가 뒤얽힌 정사의 매우 인상적인 장면에서 시작된다. 음영 속에서 일그러진 형태로 뒤얽혀 잿더미로 변한 손과 몸. 그 썩고 문드러진 형상은 여러 디졸브에 의해 점차적으로 마치 검은 비, 밤이슬에 젖은 것처럼 애욕의 땀에 휘감긴 여자와 남자로 변해 간다. 이 처음 몇 장면을 둘러싸고 리피트 미즈타 아키라(Akira Mizuta Lippit)는 다음과 같이 말한다.

> (두 개의) 몸 위, 그리고 그 사이의 유탁이 레네의 영화와 마르그리트 뒤라스의 기법을 구성하고 있다. 그것은 두 주인공, 히로시마와 느베르 사이에 영화 내지 얇은 막을 형성하는 것이다. 그들의 몸은 재와 유체로 번갈아 덮여 있어서 구별할 수 없다. 잿더미와 비. 재와 비의 혼화불가능성. 히로시마와 느베르는 서로 녹아 들어가는 사랑이라는 환상적 종합을 이룰 수 없다. 그들의 피부를 덮는 물질은 흡수되지 않은 채, 제3디졸브에 의해 표면에서 사라져 간다. 그들의 몸은 원자적 스크립트의 서기표면이며, 안과 밖 양쪽에서 파괴된 시체인 것이다(Mizuta Lippit 2005=2013:279).

이 처음 몇 장면은 1945년 폭격 후의 히로시마 속으로부터 1957년에 이 두 사람이 시체의 형상을 통해 유령과 같이 회귀하고 있는 것을 나타내고 있다고 말할 수 있다-그것도 파괴 순간에는 외부에 있었다는 전위의 상처자국을 짊어진 「타자」끼리로서이다.

그리고 서로 껴안은 두 사람의 신체영상에 집어넣는 형태로 1958년에 촬영된 히로시마 적십자·원폭병원 내부모습과 환자들, 히로시마평화기념자료관과 그 안에 있는 인체 모형, 머리카락, 피부, 녹아 내린 병 전시물과 사진패널, 평화기념공원, 원폭돔과 그림자의 돌, 그리고 앞서 언급한 『히로시마』를 시작으로 한 극영화, 원수폭 반대운동 시위와 원폭참치에 대한 뉴스영화의 인용, 또한 부흥 속 히로시마 시내를 달리는 관광버스와 기념품 가게의 영상이 차례로-12분에 136장면이-비춰진다. 이러한 시각화된 일련의 기록과 인용의 영상 속에서 남자와 여자는 서로를 부정하는 듯한 대화를 반복한다.

> 남 : 당신은 히로시마에서 아무것도 보지 않았어. 아무것도.

여 : 나는 모든 것을 보았어요. 모든 것을. (Duras 1960=2014:21)

　병원을, 자료관을, 무언가를 재현하는 모형을, 평화광장을, 영화를, 몇몇 뉴스영화를, 간신히 살아남은 사람들을, 히로시마의 여자들이 임신했던 아이들을, 그리고 인내를, 죄 없는 사람들을, 눈에 보이는 친절함을 (중략) 「나는 보았어요」라고 여자는 말한다. 반면 남자는 때때로 여자의 말을 막으면서 「당신은 아무것도 보지 않았다. 아무것도.」라고 반복한다. 남자의 냉정한 말은 「대표적 영상의 문서보관소(수전 손택)에 넣어진 상징적인 영상을 아무리 매개로 하여도 히로시마를 「볼 수 없다」는 것, 즉 히로시마를 영상으로 재현할 수 없다는 표상불가능성의 문제를 보여주고 있다. 그것은 타자가 히로시마를 「아는 것」, 즉 히로시마를 「이해하는 것」의 불가능성과도 접속될 것이다.

　　　여 : (낮은 목소리로) - 들어 봐요 …
　　　　　나는 알고 있어요 …
　　　　　모두 알고 있어요.
　　　　　그것은 계속 되어 버렸어요.
　　　남 : 아니 아무것도. 당신은 아무것도 몰라. (Duras 1960 = 2014 : 29)

두 사람은 계속 우의적인 대사를 주고받는다.

　　　여 : (낮은 목소리로) … 저기, 들어봐요.
　　　　　당신과 똑같이 알고 있어요, 망각이라는 것을.
　　　남 : 아니, 당신은 모르고 있어, 망각이라는 것을.
　　　여 : 당신과 마찬가지로 나도 기억하는 힘이 있어요. 알고 있어요 망각이라는 것을.
　　　남 : 아니, 당신에게 기억하는 힘은 없어.
　　　여 : 당신과 똑같이, 나도 망각과 전력으로 싸웠어요. 그리고 당신과 똑같이 잊어버렸어요. (Duras 1960 = 2014 : 31)

이미 영상에는 원자력에 의한 근미래의 도시 이미지와 함께 부흥경기로 활기를 띠고 있는 거리와 사람들의 모습이 비추어지고 있다. 원자력 평화 이용이 주장되고, 촬영 수 년 전에는 원자력평화이용박람회, 수 개월 전에는 히로시마부흥대박람회도 대대적으로 개최되고 있던 당시의 히로시마라는 도시가 「원자력의 꿈」의 안전신화 속에서 피폭의 기억을 망각해 가는 것이(요시미吉見 2012) 여자와 남자의 개인적 기억의 망각과 동일시되고 있다. 그것은 이 작품이 생생한 기억을 환기시키는『피카돈』이라는 타이틀의 선택지를 버리고, 「히로시마」라는 말도 제친 후『24시간의 정사』라는 제목으로 개봉된 일과 무관하지 않을 것이다. 그러나 여기에서 중요한 것은『히로시마 내 사랑』에서는 그 망각의 저편에서 트라우마적 기억이 회귀하고 있다는 점일 것이다.

그렇다면, 레네와 뒤라스는 히로시마라는 표상불가능한 것을 어떻게 바라보며 말하고자 한 것일까. 뒤라스는 그것을 시나리오에 담긴 시놉시스에서 명확하게 단적으로 나타내고 있다.

> 히로시마에 대해 말하는 것은 불가능하다. 가능한 것은 단 하나, 히로시마에 대해 말하는 것의 불가능성에 대해 말하는 것이다. 히로시마를 이해하는 것은 처음부터 인간정신이 빠져드는 전형적인 속임수로서 여기에 정립되어 있다(Duras 1960=2014:8).

즉, 말할 수 없는 사건의 「말 못함」 그 자체에 대해 이야기한다는 것이, 공간적으로 격리된 외부에 있는 「타자」로서 히로시마를 말하기 위한 유일한 방법이라는 것이다. 표상불가능성 그 자체에 대해서 이야기하는 것, 이해 불가능한 것을 이해 불가능한 것으로서 그대로 인정하는 것. 그것은 「서로의 이해 불가」를 통해 사건의 기억을 나누어 갖는 방법이다. 따라서 이 영화의 핵심은 서로 공통점이 없는 외국인들이-「지리적으로도, 철학으로도, 역사적으로도, 경제적으로도 인종적으로도, 그 외 다른 점에 있어서도 가로막힌 두 사람 사이에서」(Duras 1960=2014:10)-어떻게 해서 타자의 기억을 서로 나누어 가질 수 있는가 하는 점이다. 독일 군인을 사랑했기에 배덕의 벌을 받아 감금되어 버림받은 여자와 자신의 도시가 파괴됐을 때 외지에서 복무했던 남자는 각각 공유할 수 없는 기억을 가진다는 경험을 공유하고 있는 것이며, 타자가 그것을 서로 이해할 수 있는가 하는 것이 문제인 것이다. 들뢰즈는『히로시마 내 사랑』을 둘러싸고 다음과 같이 기술한다.

> 두 인물이 있다. 그러나 각자가 다른 한 사람과는 무관하게 자신만의 기억을 가지고 있다. 이미 공통점은 아무것도 없다. 있는 것은 이른바 히로시마와 느베르라고 하는 과거의 공유 불가능한 두 영역이다. 일본인은 여자가 자신의 영역에 들어오는 것을 거부한다(나는 모든 것을 봤어요 … 모두 … -당신은 히로시마에서 아무것도 보지 못했다, 아무것도 …). 반면 여성은 적극적이고 동조적인 남자를 어느 지점까지 자신의 영역으로 끌어 들인다. 그것은 그들에게 있어 자신만이 가진 기억을 잊고 두 사람 공통의 기억을 만들어내려는 방식이 아니었을까. 마치 현재와 기억 그 자체가 세계가 되어 그들의 인칭에서 이탈해가는 것처럼(Deleuze 1985=2006:163).

여자는「남자를 어느 지점까지 자신의 영역으로 끌어가기」위해 강변의 카페「돔」에서 처음으로 타자인 남자를 향해 망각의 저편에서 회귀해 온 느베르의 과거의 트라우마적 과거, 비극적인 고통의 기억을 말하게 된다 - 과거의 애인에 대한「배신」을 자각하면서「후회」를 품고 말이다[4]. 그리

---

4) 캐시 캐루스(Cathy Caruth)는 이 남녀의 이야기 둘러싸고, 언어와 목소리, 화자와 청자와의 관점에서 뛰어난 트라우마론을 전개하고 있다.「프랑스 여성과 일본인 남성의 대화 속에서 울려 퍼졌던 것, 그리고 문화와 경험 사이에 있는 장벽을 넘어 두 사람을 서로 통하게 했던 것, 그것은 두 사람이 직접적으로는 서로를 이해할 수 없다고 하는 인식에서 비롯한 것이다. 영화 전체를 통해 두 사람의 연결을 가능하게 한 것은, 아직도 완전히 파악될 수 없는 경험, 아직도 다하지 못한 이야기, 수수께끼로 가득 찬 언어이다. 상대에 대해 안다는 것 만으로는 두 사람이 정열적인 만남 속에서 서로 이야기를 나누고, 서로 듣는 일이 가능하지 않았을 것이다. 자신들의 트라우마 과거에 대해 충분히 알지 못한다는 기반에 설 때, 두

고 그 기억을 묘출하기 위해 레네가 채용한 기법이 「대위법」이다. 여자와 남자, 느베르와 히로시마, 루아르강과 오타강이라는 명시적인 대칭구조를 유사한 인물형상과 몸짓을 반복시킴으로써 떠오르게 하여 전체를 음악처럼 구성한 것이다. 과도한 이미지의 빠른 몽타주, 트래블링 숏, 플래시백, 그리고 내적 독백의 보이스오버 등 다양한 영화적 기법을 구사하여 느베르와 히로시마가 「변증법」5)으로 몽타주되어 결합된다.

그것만이 아니다. 들뢰즈에 따르면, 기억의 영화작가 레네는 면밀한 다이어그램과 지도 작성법을 가지고 있으며, 그 영화에서는 「과거의 여러 층의 충돌이 직접 일어나, 각각 다른 층에 대해 상대적인 현재로서 기능하는 것이다. 히로시마는 여자에게 느베르의 현재이며, 느베르는 남자에게 히로시마의 현재인 것이다」(Deleuze 1985=2006:161-162). 과거의 다양한 수준은 「인칭에서 이탈해」 타자와 관련되고, 공유 불가능한 장소를 그려내 「세계의 기억」을 구성하기에 이른다. 그리고 히로시마와 느베르라고 하는 종류가 다른 두 과거의 층은 한쪽이 다른 한쪽의 변형이기라도 한 듯한 방식으로 현재로 변환되는 것이다.

들뢰즈는 「인칭에서 이탈하여 기억 그 자체가 세계가 된다」고 말하는데, 그것은 공유 불가능한 타자의 기억을 나누어 가질 수 있는가라는 「이해 불가」의 문제와 겹칠 것이다.

영화의 후반, 카페 「돔」에서 과거의 트라우마적 기억에 대해 이야기를

사람은 서로 이야기하고, 서로 들을 수 있었던 것이다. 두 연인이 해낸 동일한 일을 우리들도 할 수 있다. 새로운 견해, 듣는 법 - 트라우마라고 하는 현장에서 보고 듣는 방법-은, 영화를 보는 우리들 앞에도 열리고 있다. 이 영화는 대파괴의 시대에서 문화와 문화를 연결할 가능성을 제시하고 있다(Caruth 1996 = 2005 : 81-82).

5) 1959년 7월에 간행된 「카이에 뒤 시네마(Cahiers du cinéma)」제 97호에서는, 세르게이 예이젠시테인(Sergei Mikhailovich Eisenstein)을 상기시키는 레네의 변증법적 몽타주를 둘러싸고, 장 뤽 고다르(Jean Luc Godard)와 자크 리베트(Jacques Rivette), 에릭 로메르(Éric Rohmer)가 상이한 견해를 주고받으면서 논의를 반복하며 전개하고 있다. 호소카와細川 · 도야마遠山(2003 : 62-77)를 참조.

마친 후, 여자는 히로시마 밤거리를 방황한다. 영상에서 느베르의 풍경과 히로시마의 풍경이 천천히 트래블링되면서 교차한다. 남자는 여자를 집요하게 계속 쫓는다. 이윽고 여자는 택시를 타고 나이트클럽 「카사블랑카」에 도착한다. 여자에 이어 남자도 가게 안으로 들어오지만, 다소 떨어진 소파에 앉아 담배연기를 피우면서, 낯선 일본인 남자가 영어로 여자에게 말 거는 모습을 보며 아무 말없이 그저 여자와 시선을 나눌 뿐이다.

그리고, 도시는 아직 잠들어 있지만 새벽이 다가와 영화의 마지막 장면이 된다. 여자는 홀로 호텔방으로 돌아와 문 앞에서 우뚝 서있다. 문을 두드리는 소리와 함께 남자가 방에 들어와, 두 사람은 다음과 같은 대사를 나눈다.

> 남 : 여기 오지 않을 수 없었어.
> 여 : 당신을 잊어 보겠어요! 이미 잊었어요! 봐요, 어떻게 당신을 잊었는지?! 나를 봐요!
> 여자 : 히 로 시 마.
> 여자 : 히 로 시 마. 그것이 당신의 이름.
> 남자 : 그것은 나의 이름. 그렇군.
> 그리고, 당신의 이름은 느베르. 프랑스의 느베르(Duras 1960=2014: 141-145)

뒤라스는 「두 사람은 서로 마주하고 있지만, 서로를 바라보고 있는 것은 아니다. 언제까지나.」(Duras 19600=2014:145) 라고 썼다. 그리고 여자와 남자의 리버스 앵글 숏으로 레네는 영화의 끝을 전한다[6].

여기에서 중요한 것은 공동으로 여자와 남자의 몸, 그리고 여자와 남자

---

6) 단, 『히로시마 내 사랑』의 최후의 순간은, 이미 최초의 순간 속에 새겨져 있다」(Mizuta Lippit 2005 = 2013 : 280)라는 지적에도 있듯이, 뒤라스 시나리오의 구성을 「원환구조」(자크 리베트)로서 파악한다면, 호텔 방에서 시작하여 호텔 방으로 끝나는 이 기억과 망각을 둘러싼 이야기는= 역사는 영원히 반복되는 것으로서 해석할 수 있을 것이다.

가 하는 말(이름을 지어줌)을 매개로 하여, 느베르와 히로시마가 「공간적 격차」를 넘어 연결되었고 그것을 계기로 「타자」인 여자와 남자, 느베르와 히로시마는 공유 불가능한 기억을 갖고 있으면서도 불가능성 그 자체를 서로 인식하기에 이른다는 것이다. 『히로시마 내 사랑』에서 표상 불가능한 사건의 기억은 그 말 못함에 대해 말하고. 이해 못한 것을 서로 인정하면서 타자와 기억을 나누어 갖는 것이다.

이것이 원폭투하라는 카타스트로피로부터 14년이 지난 후, 아직도 표상 불가능한 아픈 기억이 남아있는 가운데 사건과 대치하기 위해 레네와 뒤라스가 채용한 영화의 방법론이다.

3. 기억이 상실된 가운데, 그래도 말하고자 한 것

2000년 현대 일본을 대표하는 영화감독 중 한 명인 스와 노부히로諏訪敦彥는 『히로시마 내 사랑』의 「리메이크」를 시도하기 위해 고향인 히로시마에 귀향한다. 시나리오를 일절 사용하지 않는 즉흥연출로 전세계에 알려진 스와가, 뒤라스의 각본을 완전히 그대로 이용하여 또 다시 영화가 현재의 히로시마와 마주할 수 있는지를 찾는 실험적이고 야심찬 프로젝트에 착수한 것이다. 현재의 히로시마를 무대로 원폭과 기억상실을 테마로 한 걸작 『거울의 여자들』(2003)의 감독인 요시다 기주吉田喜重와의 대담에서 스와는 다음과 같이 말한다.

저는 1960년에 히로시마에서 태어났습니다. 할머니가 피폭자 수첩을 가지고 있기도 했고, 어떻게 보면 원폭은 저 자신과 가까운 문제였지만 그것을 명확하게 의식한 것은 아니었습니다. 집안에 피폭자가 있다는 것은 히로시마에 사는 사람에게는 일상다반사였고, 자신이 뭔가 특별한 경험을 가지고 있다고 생각한 적이 없습니다. (중략) 영화를 만들고 그것이 세계 여러 나라에서 상영되어가는 가운데, 자신이 일본에 있을 때는 완전히 일상적인 것으로 밖에 보이지 않았던 일본이 다시 보이는 경험을 했던 것입니다. 당신은 어디에서 태어났는가라는 질문에 히로시마라고 대답합니다. 그러면 이 「히로시마」가 자신이 생각하는 것과는 전혀 다른 울림을 갖게 됩니다. 극히 평범한 경험인지도 모르겠지만, 그런 경험을 통해 새삼 「히로시마는 도대체 뭐지」라는 물음이 제 안에서 생겨난 것이라고 생각합니다(스와·요시다 2003:79).

『히로시마 내 사랑』이 공개된 이듬해에 태어난 스와에게 있어 히로시마의 문제는 이미 일상화되었고, 동시에 고도경제성장 속에서 그 기억은 점점 풍화되어 갔다고 한다. 레네와 뒤라스의 영화시대에 살았던 사람들에게 원폭체험이라는 카타스트로피가-직접적이든 간접적이든-몸에, 의식에, 치유하기 어려운 트라우마적 기억으로 새겨져 있는 것에 반해 스와에게는 그 기억의 망각 또는 기억의 부재가 문제가 될 것이다. 카타스트로피에서 이미 반세기 이상의 세월을 거친 「시간적인 격차」에 있는 「타자」, 그리고 원래의 기억을 이미 상실해 버린 「타자」가 「지금(현재)」 히로시마라는 사건을 그릴 수 있는가/그릴 수 없는가라는 질문으로 만들어진 것이 『H story』(2001)이다.

그렇다면, 왜 현재의 히로시마를 마주하기 위해 스와는 『H story』로 『히로시마 내 사랑』의 리메이크를 시도해야만 했는가? 스와는 다음과 같이 말한다.

어떤 방식으로 이야기하든, 이야기가 되어버린 시점에서 이미 그것은 하나의 스펙터클이 되어버릴 우려가 있습니다. (중략) 수많은 전쟁영화가 전쟁에 반대하고자 하는 취지에서 만들어지지만 관객은 그 전쟁을 즐겨버립니다. 그러나 히로시마는 그러한 구조 속에서 만들 수 없습니다. (중략) 아마 그것은 불가능할 겁니다. 특히 영화의 대상이 되는 것은 말입니다. 그런 의미에서 본인에게 『히로시마 내 사랑』은 아무래도 마음에 걸리는 영화였습니다. 그것은 그 작품이 다른 히로시마를 주제로 한 작품보다 뛰어나다든가 하는 그런 것이 아닙니다. 다만 그 작품만은 히로시마가 불가능한 대상이라는 것을 알고 있습니다. 히로시마를 찍으려고 결심하고 나서, 어떻게 하면 본인 나름대로 히로시마와 마주할 수 있을지 여러 가지로 생각합니다만, 유일하게『히로시마 내 사랑』이라는 영화만큼은 무시할 수 없었습니다. 특별히 저는 영화의 역사에 대해 말하고 싶은 것은 아니지만, 이 영화를 봐 버렸다는 것을 무시할 수는 없다는 의식만이 있었습니다. (중략) 원래는 완전히 다른 것을 목표로 하려고 했습니다. 프랑스인과 일본인 남녀의 이야기라는 구조를 나름대로 바꿔서 일본인들의 이야기로 하거나, 자신에게 가능한 이야기로 바꾸려 했습니다만, 어떻게 해도『히로시마 내 사랑』과의 거리는 사라지지 않았습니다. (중략) 그러나, 그것을 현대적으로 각색하는 것이 아니라, 오히려 그 대본을 자신이 그대로 만들어보면 어떨까라고, 완전히 똑같은 일을 함으로써 그 영화의 거리와 시대와의 거리를 측정할 수 있지 않을까 생각했습니다. 본인 나름대로 각색한다고 하는 것은, 과거에 있었던 것을 자신 안에 내면화 시켜버리는 것이기 때문에, 그렇게 하지 않고 완전히 타자로 놓은 채 그것과의 거리를 측정해 가고자 했습니다(스와 · 요시다 2003:83).

　영화와의 거리, 시간적인 거리의 사이를 측정하기 위해, 타자로서 말하고자 하는 것.『히로시마 내 사랑』이 만들어진 때로부터 이미 40년 이상이나 세월이 흘렀다는 사실과 정면으로 마주하는 것. 레네, 뒤라스와 달리, 스와는 이미 기억이 상실되어버린 시대의 히로시마 거리에서 촬영을 해야 한다. 신체적으로도 의식적으로도 트라우마적 기억을 갖고 있지 않은 타자가 시도하는 리메이크는, 그렇기 때문에 미리 실패하도록 운명 지어져 있는 불가능한 프로젝트가 될 것이다.『H story』는 이 리메이크 프로젝트가 좌절하는 과정 자체를 그려 낸 영화이다.

　레네와 뒤라스는『히로시마 내 사랑』속에서 기억과 망각이라는 주제에 대해 반복하여 여자와 남자가 말하도록 하지만, 스와의『H story』는「좌절된 리메이크」라는 형식하에, 거기에서 다뤄지는 기억과 망각이라는 주제를, 그 독자적 방법론을 사용하면서 완전히 다른 배치 속에 재배치한다. 이 재배치를 통해『H story』가 무엇을 하고 있는지, 거기에는 무엇이 부각되는지 살펴보도록 하자.

영화는 호텔방에서 시작된다. 리바가 연기했던 여자 역할을 연기하게 된 베아트리스 달(Béatrice Dalle)에게 스와가 연기를 주문하고 있다. 침대에 누운 남자의 손끝 떨림을 본 여자가 느베르에서의 견디기 어려운 경험을 갑자기 상기하는 장면의 리허설이다. 그리고 나서 우의적인 대화장면이 서서히 촬영되어 간다. 달의 연기와 이를 담아내는 카롤린느 샹페띠에(Caroline Champetier)의 촬영은 매력적인 영상을 자아내고 있으며, 그것을 이끄는 스와의 연출도 뛰어나 보인다. 가끔 필름이 끊겨 광선이 들어가 「균열」처럼 영상이 하얗게 되거나, 혹은 음성이 무음상태가 된다. 그리고 슬레이트나 컬러보드가 들어간다-스와는 「즉흥」적으로[7] 영화촬영 현장 그 자체를 스크린에 비추고 있다. 또한 거기에 『히로시마 내 사랑』 스틸의 직접적인 인용, 폭격 직후의 히로시마를 촬영한 기록필름 보관소의 단편, 현재의 히로시마 풍경, 출연자들에 대한 스와의 인터뷰 영상 등이 차례로 삽입된다. 예를 들어, 인터뷰 영상에는 뒤라스 시나리오를 지금(현재) 그대로 이용한다는 스와의 의도를 이해하지 못하고, 여성연기에 강한 위화감을 느끼는 달의 모습도 기록되어 있다.

> 달 : 자료관을 방문한 어린이와 학생들과 많은 사람들이 돌아다니며 웃고 있는 것을 보면 이곳은 지금도 살아있는 도시. 하지만, 그 비극의 추억이 살아있는 도시야. 언젠가 말했지만 나는 전쟁터에 갔어. 유고슬라비아와 걸프전쟁. 그곳에서 비극은 과거의 일이 아니야. 인간끼리 깊이 연결되어 있지. 평화 속에서 그것은 희박해지지만, 동시대의 인간이 비극에 직면한 채 농밀한 인간관계를 살아가고 있어. 그런 것을 생각해보면 … 솔직히 나는 히로시마에 특별히 관심은 없었어. 히로시

---

7) 이와 관련하여, 문학적 시나리오에 중점을 두고, 대칭적인 도상성이나 구축성이 높은 앵글과 카메라워크를 사용한 레네는 즉흥연출을 완전히 부정한다. 「나는 즉흥 따위는 믿지 않는다. 촬영하면서 무언가를 발견해 가는 것은 당연하고, 만약 즉흥이라는 것이 있다고 한다면, 그것은 장시간의 계산에 근거한 것이며, 우연히 일어나는 현상이 아닌 것이다.」(워드(Ward) 1968 = 1969 : 205).

마라는 이름을 들으면 누구나 여러 가지를 연상하지. 그래도 그것은 일상이 아니야.

스와 : 그래서 이 역을 연기하는 게 당신에게 어려운 거군.

달 : 대사의 말투가 아니라 대본문제야. 처음 읽은 날부터 그랬어. 시적이라는 말은 지나치다 하더라도, 매우 아름답고, 리허설 때도 말투에 따라 말이 부드럽게 여운을 남겨. 그래서 더 겁나. 나에겐 자료관보다 대본이 더 공포스러워.

그리고 영화의 중반으로 접어들 때, 이 리메이크 프로젝트의 좌절이 모든 사람들 눈에도 확실해 진다. 강변의 카페 「돔」촬영에서 달은 여러 번 NG를 내고, 이제 더 이상 레네의 영화, 뒤라스의 대본을 계속해 나갈 수 없다고 말하면서 현장의 촬영세트에서 떠나버린다.

달 : 「당신을 떠올리지 않게 될 거야. 떠올리지 않게 되는 게 두려워. 당신을 잊을 거야. 그렇게 사랑했는데. 정오에 루아르의 해변에서 만났어야 했어. 내가 도착했을 때, 그는 아직 숨이 붙어있었어. 나는 밤새 곁을 떠나지 않았어. 다음날 누군가가 와서 시체를 트럭에 실었어 …」. 최악이야. 아무것도 모르겠어. 전혀 안돼. 할 수가 없어.

스와 : 다시 한 번 시도해 봅시다. 바로 시작할 수 있나요?

달 : 아니 못해. 피곤해.

달 : 「당신을 잊을 거야. 그렇게 사랑했는데. 루아르에 …」. 그만해. 진짜 안되겠어.

스와 : 문제가 뭐죠?

달 : 몰라.

스와 : 지금의 마음이 문제인가요?

달 : 아니. 당신들 모두의 탓이야. 그만해. 멈춰. 지긋지긋해.

스와 : 시간을 가지면 할 수 있나요?

달 : 못해.

스와 : 이 대본 자체가 문제인가요? 지금 할 수 없다면 앞으로도 할 수 없지 않나요? 다시 할 마음이 있습니까?

달 : 계속 몇 번이나 해봤지만, 몇 번해도 안돼 … 「잊는 게 두려워. 잊는
　　게 두려워 …」. 아니야. 뭐가 무서워? 어떤 식으로 무섭다는 거야?
스와 : 「두려워」라는 대사가 맘에 들지 않나요? 그 대사가 당신의 마음과
　　겹쳐서?
달 : 처음 대사가 알고 싶을 뿐.
통역 : 「당신을 떠올리지 않게 되는 게 두려워」. 이것이 처음 대사예요.
달 : 「떠올리지 않게 되는 게 두려워」.
스와 : 그럼 해 봅시다.
남자 : 괜찮아?
달 : 안돼.
스와 : 액션.
달 : 「떠올리지 않게 되는 게 두려워. 잊는 게 …」. 아니야. 도대체 이게
　　뭐야? 모르겠어. 지긋지긋해.

　　달은 왜 이 장면을 반복할 수 없었으며, 왜 그녀는 도대체 이 순간에
연기를 그만 둘 수밖에 없었던 것일까.
　　달이 뒤라스의 시나리오를 거부한 것은 『히로시마 내 사랑』에서 여자가
느베르에서의 트라우마적 과거, 비극적인 경험-적국 독일 연인의 죽음, 삭
발과 감금의 처벌-을 떠올리며 누구에게도 말하지 않고 봉인했던 기억을
처음 꺼내는 장면이다. 『히로시마 내 사랑』의 마지막 장면에서 두 명의
타자가 도시의 트라우마적 기억의 공유불가능성을 통해 이어질 수 있었던
것은 바로 이 비극적인 과거 기억의 고백이 있었기 때문이다. 그러나 카타
스트로피적으로 「시간적인 격차」가 있는 데다 트라우마적 과거가 없는 『H
story』에서 여자는 말해야 할 기억을 이미 가지고 있지 않은 것이다. 「히로
시마 대해 말하는 것은 불가능하다. 할 수 있는 일은 단 하나, 히로시마에
대해 말할 수 없는 것의 불가능에 대해 이야기 하는 것이다.」(Duras 1960=
2014:8)라고 뒤라스는 썼지만, 기억이 없는 사람은 더 이상 히로시마 대해
이야기 하는 것의 불가능성을 말하는 것조차 할 수 없는 것이다. 그것이
스와의 즉흥연출에 의해 드러났다.

이렇게 하여 스와는 「타자로서의 배우」를 부각시키려 한다. 스와에게 배우는, 단순히 자신의 의도를 실현하는 존재에 지나지 않는 것이 아니라 뭔가 예기치 못한 것을 영화로 가져옴으로써 감독의 의도 그 자체를 배신해 버리는 존재인 것이다(스와 2008). -달이 바로 그러 하듯이. 『H story』에서 배우는 픽션을 이야기하는 등장인물이자 『히로시마 내 사랑』을 반복하는 자신의 행위에 반응해버리는 살아있는 인간이기도 한 것이다. 그 양의성은 배우의 인터뷰를 본편에 삽입하는 스와의 방법론에서도 확인할 수 있을 것이다. 거기에 비춰지는 것은 『히로시마 내 사랑』의 출발점이 된 원폭투하로부터 유래된 트라우마적 기억에서 이미 동떨어진 버린 「배우=현재 세계 그 자체」이다. 따라서 그 「리메이크」를 실패하게 만드는 것은 촬영상의 우연적·우발적인 사유 등이 아닌, 사건의 기억에서 시간적으로 멀리 떨어져 버린 「현재 세계 그 자체」라는 사실(현실)인 것이다. 스와는 『H story』 속에서 『히로시마 내 사랑』이라는 픽션에 「현재 배우」라는 리얼한 「세계 그 자체」를 개입시킴으로써 매우 선명하게 이미 망각의 한복판에 있는 히로시마를 부각시키고 있다고 할 수 있다.

그런데, 타자로서의 배우에 의해 현재의 세계가 도입되어 리메이크가 좌절돼 버림으로써 『H story』에서는 『히로시마 내 사랑』의 남녀 관계성과는 전혀 다른 새로운 등장인물 관계성이 출현하게 된다.

강변의 카페 「돔」 촬영 이후, 이야기는 갈라진다. 그 증거로 심야 나이트 클럽 「카사블랑카」 장면에서 잠시만 등장했던 일본인 남자-여자에게 영어로 가볍게 말을 건네는 남자가 『H story』에서는 주인공 남자역할을 대신하는 것이다. 「돔」 촬영에 동석했던 그 남자, 마치다 코우町田康는 촬영현장에서 벗어난 달과 어깨를 나란히 하고 날이 밝은 히로시마의 거리를 걷는다. 그리고 마치다는 달을 원폭투하에 관한 작품을 소장한 현대 미술관에 초대하거나(달이 소장작품에 흥미를 보이지 않는 것은 「시간적인 격차」와 「공간적인 격차」를 가리키는지도 모른다), 해변에서 시간을 함께 보내게 된다.

그런데, 『히로시마 내 사랑』과는 대조적으로, 『H story』의 후반은 관객에게 훨씬 가벼운 인상을 주는 것 같다. 거기에는 「역사에서 유래된 심각함」이 결여되어 있는 것처럼 보이기 때문이다. 『H story』에 트라우마적 기억의 이야기라는 계기가 부재하기 때문에, 등장인물들은 역사적 무게를 더 이상 지니고 있지 않은 것이다. 어느 날 밤, 쏟아지는 비 속에서 달과 마치다는 손을 잡고 히로시마 거리를 천천히 걷는다. 이전 『히로시마 내 사랑』에서 여자가 방황하고, 남자가 여자를 쫓던 거리 속을 두 사람은 말도 섞지 않은 채, 그럼에도 바싹 달라붙어 걷는다―마치 의사소통은 못해도, 사건의 기억을 모두 망각해도 함께 존재할 수 있다는 것을 나타내는 것처럼 말이다. 『H story』에서는 고속 몽타주와 플래시백, 내적 독백의 보이스 오버와 같은, 레네가 과거와 기억을 표상하기 위해 이용한 다양한 기법은 빈틈없이 배제되었지만, 여기에서 스와는 레네가 타자가 방황하는 시점을 표상하기 위해 사용했던 독특한 트래블링 숏과 비교할 수 있는 긴 이동촬영을 하였다. 이 영화 속에서 이 이동 촬영은 매우 특이한 「리메이크」로서 유일하게 기능하고 있다고 할 수 있겠다.

　그리고, 이 장면에서 관객이 보는 것은 과거의 비극을 완전히 망각한 듯한 「지금의 현실세계」 그대로의 모습이다. 카메라는 나란히 걷는 달과 마치다의 배경으로 심야 아케이드 거리와 거기에 모여 노상 라이브에 취한 젊은이들을 비추며 카타스트로피의 과거와 현재의 「시간적인 격차」를 강조하고 있는 듯 하다. 카메라가 기계로서 불가피하게 포착해버리는, 그리고 그렇기 때문에 세계를 특정 프레임으로 잘라버리는, 어떠한 틀에도 환원될 수 없는 듯한 「현실세계 그 자체」가 침입한 것이다. 스와가 만들어내는 이미지는 픽션을 구축할 뿐만 아니라, 픽션이 아닌 현실의 무언가를 다큐멘터리처럼 파헤치기도 하는 양의적이며 특수한 이미지라고 할 수 있다.

　또한 이 영화에는 『히로시마・나가사키의 원자폭탄효과』미편집 포지티브 필름(일본영화사, 1946)과 『미국전략폭격조사단 촬영필름』(USSBS 1946) 등 보관소 영상에서 잘라낸 단편이 수 차례에 걸쳐 삽입된다[8]. 그 안에는

「대표적 영상의 문서보관소」에 있을 법한 영상도 있지만, 그러나 단순히 「예상 가능한 생각과 감정을 불러 일으키는」 도구로만 이용되고 있는 것은 아니다. 그것은 영화감독이나 촬영자가 직면해야 할 「시간적인 격차」에 있는 「타자」인 것이다. 뒤라스의 대본과 살아있는 배우, 그리고 현재의 거리, 젊은이와 동일하게 보관소 영상은 「지금」(현재)을 계측하고, 「미래」

---

8) 스와는 이 영상에 대해 친절한 해설을 한다.

「1945년 9월, 피폭 후 한달 정도가 지난 이른 시기에 일본영화사에 의해 촬영이 시작된 『히로시마·나가사키의 원자폭탄의 효과』는 그 존재가 알려져 있었지만, 미군에 압수된 후 오랫동안 행방이 묘연한 채 상영되지 않은 작품이다. 그러나 실제로는 일본영화사에 의해 비밀리에 작업용 필름 프린트가 보존되어, 현재에도 모든 「원폭」작품에 인용되는 자료체로 되어 있다. 알랭 레네의 『히로시마 내 사랑』에도 몇 컷이 인용되어 있고, 『히로시마 내 사랑』을 리메이크한 본인의 메타픽션 작품 『H story』에 여러 컷을 인용하여, 그 때 전부 작업용화하였다. 완전판에서는 음악과 나레이션이 추가되었지만, 작업용이라서 소리는 없다. 그 탓에 그 영상의 냉정한 기록성에 압도되기도 했다. 이 영상이 손실되어 있었다면, 혹은 촬영되지 않았다고 한다면(미군의 관여로 그 가능성은 충분히 있었다) 인류의 원폭에 대한 기억 그 자체가 변질되어 버렸을 것이다. 역으로 말하면 우리들의 「원폭」「피폭」에 대한 기억은 이 영상에 규정되어 있기도 하다. 우리들은 「원폭」이 「그렇게 비참했다」고 잠재적으로 이해해 버리지만, 실제로 촬영된 시기는 피폭 후 1 개월이 경과된 시점이었고, 당연히 촬영 이전의 1개월 사이에 모든 지옥이 펼쳐져 있었을 것이나 그 영상은 없다. 그럼에도 불구하고, 이 영상은 인간적 기억에 깊이 관련되어 있다는 점에서 일본영화의 특이점(그라운드 제로)으로 생각된다. 그 이상으로 본인이 놀란 것은, 미국전략폭격조사단(USSBS)에 의해 촬영된 컬러 필름 영상과의 만남이었다.(현재는 히로시마평화기념관의 「평화데이터베이스」로 누구든지 시청이 가능하지만, 본인은 그 존재를 몰랐다) 1946년 3월~4월, 피폭 후 반년 이상 지나 촬영된 필름에서 도시는 아직 폐허이지만, 가설주택도 지어져 사람들의 일상이 영위되고 있다. 이것도 원폭의 효과를 과학적으로 검증하는 시점에서 촬영되었지만, 거의 미편집 작업용 필름으로 샷의 가장자리에 클립보드가 그대로 남아 있고, 클립보드 촬영자의 이름에는 「HARRY MIMURA」라고 기록되어 있다. 잔해 속에서 그 클립보드에 카메라를 비추고 있는 것은 히로시마 아이이고, 촬영을 신기해 하고 흥미를 보이며 다가온 아이들이 해리 미무라의 심부름꾼이 되어 기쁜 듯 카메라 앞에 서 있다. 폐허의 도시를 전차가 지나고, 깔끔한 차림의 시민들이 각자의 목적으로 거리를 오가고 있다. 그 영상이 컬러로 본인 앞에 나타났을 때, 「히로시마」가 단순한 기억이 아니라, 현재와 잇닿아 있는 현실이었음을 깨달았다. 나의 「히로시마」의 영상적 기억경험은 분명히 변질되어 버렸다(스와 2011 : 98-99).

를 향해, 오늘의 히로시마 기억의 부재를 부각시켜 우리들에게 「미래의 질문」을 제기하는 것이다9). 자크 데리다(Jacques Derrida)는 다음과 같이 말한다.

> 보관소에 대한 물음은 거듭 말하자면, 과거의 물음이 아니다. 그것은 우
> 리가 이미 소유하고 있거나 없거나 하는 과거, 즉 보관에 대한 보관화 가능
> 한 개념에 대한 물음이 아니다. 그것은 미래의 물음이며, 미래 자체의 물음,
> 내일에 대한 응답, 약속, 책임[응답가능성]의 물음이다(Derrida 1995=2010:
> 56-57).

달과 마치다는 밤새 계속 걷지만, 『히로시마 내 사랑』의 마지막 장면과는 달리 두 사람은 호텔로 돌아가진 않는다. 『H story』의 마지막 장면에서 새벽 안개 속에서 걷다 지친 두 사람이 잠시 멈춰선 곳은 원폭돔 「속」이다. 그곳에서 관객이 보는 것은 상징화된 원폭돔의 이미지가 아니라 그 썩어 문드러진 잔해 속에 말해야 할 기억을 갖지 않고 그저 말없이 서있는 두 사람의 모습, 그리고 두 사람의 이별이다.

이것이 원폭투하라는 카타스트로피로부터 56년이 지난 후, 표상불가능한 기억마저 망각해 버린 현재와 마주하여 더욱 사건에 대해 이야기하고자 스와가 채용한 영화의 방법론이다.

---

9) 요시다 요시시게吉田喜重 또한, 히로시마의 기억 상실을 그린 『거울의 여자들』에
   서 원폭투하 순간의 재현을 스스로 금지하면서, 여러 기록보관소 사진을 무음상
   태로 확대하여 문서보관소의 문제를 제기하고 있다. 『거울의 여자들』을 둘러싸고
   원고에서 재차 논의하고 싶지만, 요시다와 「타인」, 그리고 히로시마의 표상불가
   능에 관해서는 스와·요시다(2003) 및 요모다(四方田 2004)를 참조. 또한 표상불
   가능성을 주제로 하는 논의 속에서 「청각적 표상불가능성」에 대한 언급이 부재한
   것에 대해 하스미(蓮實 2015)는, 요시다의 작품을 언급하면서 「목소리 금지」라는
   측면을 분명히 지적하고 있다.

4. 결론

  본고에서는 「표상불가능한 사건의 기억」을 나누어 갖기 위한 「타자에 의한 이야기 방법」이라는 관점에서 원폭을 둘러싼 두 영화 『히로시마 내 사랑』과 『H story』를 거론하여 영화가 어떻게 카타스트로피와 마주하는지 고찰하였다. 원폭체험의 「공간적 격차」에 있는 「타자」는 사건의 표상불가 능성 그 자체에 대해 이야기하고, 이해불가능성을 서로 인정하는 것으로 기억의 공유를 도모하려 한다. 그리고 「시간적인 격차」에 있는 「타자」는 지금(현재)의 기억의 망각, 기억의 부재 그 자체를 부각시켜 과거와의 거 리를 측정하는 그 자체에서 사건을 말하고자 현재에 저항한다.

  우리는 이 기억의 부재와 어떻게 마주해야 할지, 계속 묻지 않으면 안될 것이다. 영화는 표상의 임계 한계 부분에서 표상불가능성 앞에 내내 서 있는 것뿐 아니라, 그것을 넘어서 상상해 나가는 방법 또한 모색해야 한다. 조르주 디디-위베르만(Georges Didi-Huberman)은 다음과 같이 말한다.

> 알기 위해서는 스스로 상상해야 한다. (중략) 상상 불가능한 것을 증거로 삼는 짓은 그만 두자. 그것을 상상하는 것 따위, 어떤 방법으로도 우리에게는 불가능하며 끝까지 해낼 수도 없다. 실제로 그렇기 때문이다. 그렇다고 해서 자신을 지키지 말라. 우리에게는 극히 무거운 상상 가능한 것을 상상해 볼 의무가 있는 것이다.(Didi-Huberman 2003=2006:9).

  2010년 스와는 『검은 머리』라는 10분짜리 단편영화를 찍는다. 히로시마 에 투하된 원폭의 방사선 피폭으로 많은 여성은-실제로는 여성뿐만은 아 니지만-머리카락이 빠지는 고통을 체험했다. 「시간적 격차」에 있는 현재, 그리고 과거의 히로시마와 지금 세계의 관계가 결여된 현실 속에서 그런 방사선 피폭에 의한 트라우마가 일어날 리 없다는 전제하에, 스와는 현대 일본 여성의 검고 아름다운 머리카락이 딱하게도 한꺼번에 빠져버리는 「픽션」을 그리고, 그 경험의 공포를 우리가 상상하도록 하고 있다.

그러나 그러한 전제는 어느새 2011년 3월 11일 동일본대지진에 따른 후쿠시마 제1원자력발전소의 대형 사고로 인한 방사성 물질의 배출로 크게 바뀌었다.

이 카타스트로피를 둘러싸고, 그 어느 때보다 엄청난 영상이 범람하며 수많은 영화도 만들어지고 있다. 그리고 이미 우리는 그것을 「스펙터클」로 소비하고, 「대표적 영상의 문서보관소」에 넣어 「예상 가능한 생각과 감정을 불러들이는」도구로 이용하여 기억을 형성하기 시작했다. 이 과잉 상태에까지 이른 영상의 생산과 소비는, 그러나 오히려 사건을 가려버린 듯한 인상을 주고 있는 것이 아닐까. 그리고, 그로 인해 영화는 이 사건의 기억의 풍화에 가담하고 있는 것이 아닐까. 이런 상황 속에서. 스와는 「현재도 동료들이 동북지방으로 촬영을 나가고 있다. 그러나 나는 카메라를 들고 피해지역으로 향하고자 하는 마음이 들지 않는다. 핵의 피해가 눈에 보이지 않기 때문이 아니다. 그것을 영상에 담는 것은 가능할지도 모른다. 그러나 그 영상을 무엇을 위해 찍어야 하는 것인지, 현재 나에게는 해답이 없다」고 서술하고 있다(스와 2011: 99).

예전부터 들뢰즈는 「세계가 악질 영화처럼 우리 앞에 출현하는」 상황 속에서 「찢겨지는 것은 인간과 세계의 관계이다. 그렇다면 이 관계야말로 신앙의 대상이 되지 않으면 안 된다. … 단지 세계에 대한 믿음만이 인간을 자신이 보고 듣는 것에 결부시킨다. 영화는 세계를 촬영하는 것이 아니라, 이 세계에 대한 신뢰를, 우리의 유일한 관계를 촬영하지 않으면 안 된다」(Deleuze 1985=2006:240) 고 말했다. 스펙터클화된 나쁜 영화 같은 이 세상의 한복판에서 그래도 카타스트로피의 표상불가능성에 과감히 맞서 사건 기억의 망각에 항거하고 새로운 이야기 방법을 탐구하여 「이 세계에 대한 신앙」을 되찾는 일이야말로, 오늘날의 영화와 비판에 요구되고 있는 일이다. 그러기 위해서 우리는 영화를 둘러싼 사고를 더욱 더 펼쳐나가야 할 것이다.

번역: 최수연(고려대학교 중일어문학과 박사수료)

참고문헌

BATAILLE, George(1947) À propos de récits d'habitants d'Hiroshima, *Critique*, n°8-9, 1947(*œuvres complètes*, XI, Paris: Éditions Gallimard, 1988)(=2015, 『ヒロシマの人々の物語』酒井健訳, 愛知:景文館書店)

CARUTH, Cathy(1996) Trauma, Narrative and History, Baltimore: Johns Hopkins University Press(=2005, 『トラウマ・歴史・物語――持ち主なき出来事』下河辺美知子訳, 東京:みすず書房)

DELEUZE, Gilles(1985) *Cinéma 2: l'image-temps*, Paris: Les Éditions de Minuit(=2006, 『シネマ2＊時間イメージ』宇野邦一・石原洋一郎・江澤健一郎・大原理志・岡村民夫訳, 東京:法政大学出版局)

DERRIDA, Jacques(1995) *Mal d'Archive: Une Impression Freudienne*, Paris: Éditions Galilée(=2010, 『アーカイヴの病――フロイトの印象』(叢書・ウニベルシタス)福本修訳, 東京:法政大学出版局)

DIDI-HUBERMAN, Georges(2003) *Images malgré tout*, Paris: Les Éditions de Minuit(=2006, 『イメージ, それでもなお――アウシュヴィッツからもぎ取られた四枚の写真』橋本一径訳, 東京:平凡社)

DURAS, Marguerite(1960) *Hiroshima mon amour*, Paris: Éditions Gallimard(=2014, 『ヒロシマ・モナムール』工藤庸子訳, 東京:河出書房新社)

蓮實重彦(2015) 「フィクションと「表象不可能なもの」――あらゆる映画は, 無声映画の一形態でしかない」, 石田英敬+吉見俊哉+マイク・フェザーストーン編『デジタル・スタディーズ1:メディア哲学』, 東京:東京大学出版会, 17-39頁

細川晋監修・遠山純生編(2003)『ヌーヴェル・ヴァーグの時代[改訂版]』(E/M Books Vol. 5)東京:エスクァイア・マガジン・ジャパン

港千尋+マリー=クリスティーヌ・ドゥ・ナヴァセル編(2008) 『HIROSHIMA 1958』東京:インスクリプト

港千尋(2009)『愛の小さな歴史』東京:インスクリプト

MIZUTA LIPPIT, Akira(2005) *Atomic Light (Shadow Optics)*, Minneapolis: University of Minnesota Press(=2013, 『原子の光(影の光学)』門林岳史・明知隼二訳, 東京:月曜社)

岡真理(2000)『記憶/物語』(思考のフロンティア)東京：岩波書店

関未玲(2012)「映画『ヒロシマ・モナムール』はどう受け止められたのか——広島像を
めぐって」『立教大学ランゲージセンター紀要』第28号，東京：立教大学ランゲー
ジセンター, 15-24頁

諏訪敦彦・吉田喜重(2003)「映画と広島，そして希望」『ユリイカ』4月臨時増刊号，第35
巻第6号(通巻476号)(総特集＝吉田喜重)，東京：青土社, 78-94頁

諏訪敦彦(2008)「映画における他者性をめぐって」『人文論集』第46号，東京：早稲田大学
法学会, 99-132頁

諏訪敦彦(2011)「私の映画史 緊急特別編」『映画芸術』2011年夏号，第436号，東京：編集プ
ロダクション映芸, 98-99頁

SONTAG, Susan(2003) *Regarding the Pain of Others*, New York: Farrar, Straus and
Giroux(＝2003 ,『他者の苦痛へのまなざし』北條文緒訳，東京：みすず書房)

高野吾朗(2007)「映画から学ぶヒロシマの語り方——『二十四時間の情事』のテクスト分
析を通して」『原爆文学研究』第6号，福岡：花書院, 21-38頁

WARD, John(1968) *Alain Resnais, or the Theme of Time*, London: Secker &
Warburg(＝1969,『アラン・レネの世界』出淵博訳，東京：竹内書店)

山本昭宏(2012)『核エネルギー言説の戦後1945-1960——「被爆の記憶」と「原子力の夢」』
京都：人文書院

四方田犬彦編(2004)『吉田喜重の全体像』東京：作品社

吉見俊哉(2012)『夢の原子力——Atoms for Dream』(ちくま新書)東京：筑摩書房

애니메이션 팬들의 부흥지원과 지역사회 :
미야기현 시치가하마마치宮城県七ヶ浜町의 사례에서

가네시로 이토에兼城糸絵, Kaneshiro Itoe[*]

1. 서론

2011년 3월 11일에 발생한 동일본대지진은 일본뿐만 아니라 전 세계에 커다란 충격을 안겨준 사건이었다. 특히 거대한 쓰나미로 동북지방 태평 양 연안부는 괴멸적인 피해를 입었다. 국내외 언론에 의해 피해지의 모습이 낱낱이 보도되면서 특히 전세계적으로 후쿠시마현 원자력발전소에 큰 관심이 모였다. 현재, 지진이 발생한 지 5년이 지나고 있는 시점에서 부흥에 관한 과제는 아직도 많이 남아있다.

이와 같은 대규모 자연재해의 복구·부흥에 대해서는 인류학에서도 다양한 조사연구가 이루어져 왔다. 동일본대지진에 관련된 연구의 경우, 대략적으로 나누면 개인의 피해경험에 초점을 맞춘 것과 특정 커뮤니티를 대상으로 재해로부터 부흥을 향한 행보를 기록한 것이 있다고 할 수 있다. 전자와 같은 연구의 경우, 재해라고 하는 일회성 사건에서 개인이 어떤 행동을 선택했는지, 그리고 어떤 결과를 가져왔는지 일련의 과정을 개인의 이야기를 중심으로 기록하고 있는 것이 많다. 따라서 재해의 기억이 선명했을

---

[*] 가고시마대학교 법문학부 인문학과 부(准)교수

때(즉, 지진발생 직후)에 조사가 시작되었다. 그 하나의 예로서 미야기현의 대학에 근무하는 연구원과 대학원생이 중심이 되어 전개된 피해경험을 기록화한 수집활동을 들 수 있다. 예를 들어, 도호쿠가쿠인대학東北学院大学은 2012년에 지진기록 프로젝트를 시작하여, 지진체험수기를 정리한 기록집(가네비시金菱 2012)을 출판했다. 또한, 이시기에 도호쿠東北대학의 연구자와 뜻있는 학생이 중심이 되어 대학 관계자들의 피해경험을 정리한 기록체험집(다카쿠라高倉·기무라木村 2012)이 출판되었다. 그리고 필자도 참가한 도호쿠대학 동북아시아 연구센터의 위탁연구 「동일본 대지진으로 피해를 입은 민속문화재조사」는 프로젝트의 성격과 규모 등을 감안하더라도, 지금까지 일본에서 발생한 재해 관련 공동연구 중에서도 특징적인 노력의 하나라고 할 수 있다. 또한 기록집의 성격을 지니면서도, 심오한 분석을 실시하고 있는 논고로는, 톰 길(Tom Gill) 등 일본연구자에 의해 작성된 논문집(톰 길 외(편) 2013)을 들 수 있다. 여기에서도 기본적으로 재해라는 미증유의 상태에 직면한 사람들이 어떤 행동을 선택했는지, 그리고 행동배경에 있는 문화의 지속성과 변화는 무엇인지에 대해서 주목하고 있다.

한편, 특정 커뮤니티를 대상으로 한 연구로는 다케자와竹沢에 의해 그려진 에스노그래픽 연구(다케자와 2012)가 주목된다. 다케자와는 지진발생 직후 피해지에서 자원봉사자와 마을조성의 고문으로 활동한 경험을 바탕으로, 이와테현 오쓰치쵸岩手県大槌町 사람들이 어떻게 재해를 경험했으며 부흥을 향해 움직이고 있었는지를 미시적인 시점에서 설명하고 분석했다. 다케자와의 논고에서 자주 강조되는 것이 커뮤니티의 연결이 재해 시에 발휘하는 힘이다. 예를 들어, 다케자와에 따르면, 지진 전부터 유대가 있었던 피난소에서는 지진발생 직후 혼란한 상황에서도 질서 있는 운영이 이루어진 반면, 그렇지 않은 피난소에서는 혼란이 일어났던 점을 지적하였다(다케자와 2012). 「지역사회」 또는 「커뮤니티」라는 말에서, 일상적으로 사람들의 강한 유대감과 동질적인(그리고 소규모인) 사회가 연상된다. 이를 재해라는 문맥에서 고려하면, 평소 사람들 사이의 관계가 긴밀하고,

소통이 빈번하게 이루어지는 사회는 그만큼 재해에 따른 피해에서 회복하기 쉽다는 말이 된다.

필자는 이러한 「커뮤니티의 힘」을 부정하는 것은 아니지만, 커뮤니티의 잠재력을 강조하는 자세는 신중해야 한다고 생각한다(특히 미디어에서는 이런 점이 강조되기 쉽고, 과도한 전통찬양에 빠지기 쉽다.) 분명히, 지진 피해의 복구·부흥으로 나아가는 가운데, 지진발생 이전의 커뮤니티 관계가 중요한 요소가 된다는 점을 충분히 고려할 수 있고, 실제로 지진 이전부터 소통을 했던 덕분에 재해 후의 혼란을 극복할 수 있었다는 이야기를 여러 번 들었다. 그러나 한편, 피해지는 피해지 내부의 유대는 물론 「지역」을 초월한 관계, 즉 외부에서 몰려 온 지원자들에 의해 유지된 측면도 있었다. 외부지원자라는 말에서 아마도 일본 각지에서 모인 자원봉사자를 떠올리게 될 것이다. 전국사회복지협의회의 통계에 의하면, 많은 달에는 14만 명이 넘는 자원봉사자들이 피해지로 달려가 잔해철거나 진흙을 퍼내는 등의 자원봉사활동에 종사한 것으로 되어 있다. 이러한 자원봉사자는 종종 완수해야 할 임무가 완료되면 각각의 집(또는 소속장소)으로 돌아간다. 그러나 필자가 조사를 실시한 미야기현 시치가하마마을에서는 그러한 자원 봉사자들과는 달리 「지역」에서 인정받으며 독자적으로 부흥지원을 전개한 사람들이 있었다는 것이 밝혀졌다. 그들이 인정받는 과정에 주목함으로써, 자칫하면 폐쇄적으로 인식될 수도 있는 「커뮤니티」가 외부 방문자에 대해 갖는 유연성에도 주목할 수 있지 않을까 싶다.

본고에서는 필자가 미야기현 시치가하마쵸에서 실시한 현지조사에서 얻은 데이터를 바탕으로 외부지원자에 의한 부흥지원에 대해 기술한다. 특히, 지진재해로부터 5년이 경과하는 시점에 어떤 지원이 전개되어 지역과 관련하여 왔는지를 중심으로 보고한다. 그에 더해 인류학자들도 피해지 부흥과 관련된 행위자의 한 사람임을 상기하며, 재해연구에 문화인류학이 공헌할 수 있는 가능성에 대해 필자 나름의 견해를 말하고자 한다. 또한, 본 보고서에서 다루는 데이터는 2012년 2월부터 2015년 6월에 이르기까지 지속적으로 실시해 온 현지조사를 바탕으로 한 것이다.

2. 미야기현 시치가하마쵸 하나부치하마花渕浜에 대해

미야기현 시치가하마마을은 미야기현 중부의 태평양 측으로 돌출되어 있는 시치가하마반도에 위치하고 있다. 시치가하마는 이름 그대로, 일곱 개의 「바닷가」를 중심으로 구성된 마을이며, 본고의 무대가 되는 하나부치하마도 그 중 하나이다.

하나부치하마지역은 시치가하마반도의 동부에 위치하며, 마을 해안선의 대부분이 태평양에 접해있다. 지형적으로는 저지대와 구릉지로 구성되어 있으며, 해안에 가까울수록 지대가 낮아진다. 지진발생 전 저지대에는 주거와 어업관계의 시설이 있었다. 또한, 해안에서 300미터 정도 멀어지면 완만한 구릉지가 되고, 그 대부분이 주거지역이다. 2010년도의 통계에 따르면, 하나부치하마지역에는 442세대, 1446명이 거주하고 있었다. 주변 바닷가의 인구가 수백 명에 머물고 있는 것을 감안하면, 하나부치하마는 비교적 규모가 큰 마을이라고 할 수 있다.

바닷가라는 이름에서 알 수 있듯이, 예전부터 가장 성행해 온 생업은 어업이었다. 특히, 1945년대 무렵부터 다른 지역에 앞장서서 북양어업을 하며 많은 수익을 올린 것으로도 알려져 있다. 이러한 북양어업은 200해리 문제 등을 계기로 점차 쇠퇴했지만, 그 후에도 근해에서 꽁치나 자망어업, 잠수업, 김 양식 등을 해 왔다. 잠수업에 종사하는 사람들은 모구리(잠수)라고 불렸는데, 농업에 종사하는 사람도 많았고, 마을주변의 저지대에는 논밭도 펼쳐져 있다. 그 외, 센다이시仙台市 중심부까지 차로 40분 정도의 거리라 가까운 편이기 때문에, 센다이시 근교에서 제3차 산업에 종사하는 사람도 많다. 이와 같이 「바닷가」라고 불리기는 하나, 내부적으로는 어업뿐 아니라 다양한 생업 종사자를 볼 수 있다.

[사진 1] 하나부시신사鼻節神社

　또한, 하나부치하마지역에는 지역의 사당으로서 하나부시鼻節신사가 있다[사진 1]. 엔기시키延喜式에도 기재되어 있는 신사라는 점에서 오랜 역사를 가진 신사임을 알 수 있다. 경내에는 오오네묘진大根明神의 가마를 모시고 있다. 오오네묘진은 시오가마塩竃신사의 말사末社이며 죠간貞観대지진 무렵에 수몰됐다고 알려져 있다. 하나부시 신사 참배길 옆에는 「오지메사마御神馬様」와 「오오야마즈미오오카미大山祇大神」, 「산가쓰덴이나리다이묘진三月田稲荷大明神」을 모신 사당이 있다.

　현재 하나부치하마지역에서 실시되고 있는 연중행사는 다음과 같다. 1월 1일에는 「사이탄사이歳旦」가 하나부시신사에서 열리고, 마찬가지로 1월 14일에는 「돈토사이どんと祭」가 마을의 남쪽에 있는 모래사장에서 열리고 있다. 그리고 음력 6월 1일에는 「오오네묘진사이大根明神祭」가 열리고, 음력 9월 28일에는 하나부시신사의 레이타이사이例大祭와 「오지메도교御

神馬渡御」가 열린다. 이 축제는 「오오네묘진사이」를 제외하고 주로 우지코(氏子: 같은 씨족신을 모시는 고장사람) 대표위원회와 그 하위 조직으로 결성된 우지코청년회가 떠맡고 있다. 우지코청년회는 우지코대표회의 고령화에 따라 결성된 조직으로, 현재는 30대~60대 남성으로 구성되어 있다. 그들은 제례가 실시될 때 실질적인 일꾼이 되는 한편, 다른 지역에서 행사가 있을 때에도 활동하고 있다. 그 중 바닷가에서 가장 중요시되는 연중행사는 「오지메도교」이다. 「오지메도교」에서는, 「오지메사마」라고 불리는 말 모습을 한 신이 마을 안을 행진(정확하게는 신상神像을 트럭 뒤에 실어 마을 안을 돌아다닌다), 사람들의 액운을 제거하여 한 해를 평온하게 지낼 수 있도록 기도하는 행사이다. 「오지메도교」의 날은 집집마다 하나부시신사의 부적도 배포하기 때문에 바닷가 사람들의 종교적 세계관 속에서도 중요한 날로서 자리매김하고 있다. 이 행사 역시 우지코청년회가 실행역할을 맡아 신과 함께 마을 안을 돌고, 꼬리표를 배포한다.

그런데, 2011년 3월 11일에 발생한 동일본대지진에 의해, 시치가하마마을도 연해부를 중심으로 막대한 피해를 입었다. 시치가하마마을에서는 진도5의 지진이 발생했고 거대 쓰나미가 밀려왔다. 하나부치하마지역의 경우 지역 내 가옥 373채 중 221채가 침수, 전괴된 가옥은 170채에 달했다. 저지대에 있던 건물은 대부분 쓰나미로 유출되었지만 구릉지는 상대적으로 피해가 적었다. 필자의 청취조사에 따르면 집을 잃은 사람들이 피난소에서 피난생활을 하는 가운데, 가옥파괴를 면한 사람은 재택피난민으로 잠시 자택에서 생활을 했다고 한다. 그리고, 그러한 재택피난민은 종종 피난소를 중심으로 전개된 지원활동의 대상에서 제외되어 버리는 경우도 있었다. 따라서 동일지역이라도 해도, 피해상황과 복구까지의 생활은 한결같지 않았다고 볼 수 있다.

또한 거대한 쓰나미는 어업과 농업에 큰 피해를 입혔다. 바다에 가까운 토지에는 어업 관계의 시설이 세워져 있었지만, 그 대부분이 쓰나미로 유실된 데다가, 어선과 김 양식용 도구도 거의 파괴되었다. 그리고 해안 근처에 있던 농지에서는 농작물이 휩쓸리고, 많은 논이 바닷물에 잠겨, 바로 농업을 재개할 수 있는 상황은 아니었다.

필자가 공동조사자와 함께 하나부치하마를 방문한 것은, 지진으로부터 1년 가까이 지난 2012년 2월이었다. 그 무렵에는 대량의 잔해도 거의 정리되어 있었지만, 그래도 여전히 해안에 가까운 평지에는 일부 손상된 주택과, 골조가 드러난 상태의 택지가 여기저기 있었다[사진 2]. 한편, 소수지만, 손상된 가옥을 수리하고 다시 생활할 준비를 하고 있던 분들도 볼 수 있었다.

[사진 2] 쓰나미로 침수된 가옥

필자와 공동연구자는, 우선 지역의 대표들과 면담을 실시하여 피해상황을 확인하면서, 피해 전후의 바닷가의 삶에 대한 이야기를 물었다. 그 과정에서 피해 직후부터 여러 나라와 지역에서 찾아 온 자원봉사자들이 여러 지원을 하고 있었다는 것을 들었다. 예를 들어 나고야에서 재해지원과 방재·감재를 전문으로 하는 자원봉사단체가 찾아와 다양한 지원을 전개한 한편, 미국에서도 기사가 찾아와 가옥의 수리를 도왔다고 한다. 이러한 자원봉사에 대해 바닷가 사람들은 「열심히 진흙을 치워줘서 정말 고마웠다」라는 식으로 감사를 나타내는 한편, 「자원봉사자들이 찾아와 주는 것은 정말 고맙지만, 계속 자원봉사자에 의존해서는 자립하기 어렵다」는 의견을 표하기도 했다. 이러한 자원봉사에 대한 상반된 감정이 있는 반면, 하나부치하마에서는 독자적으로 지원활동을 하는 사람들이 있었다는 사실이 밝혀졌다. 그리고 이는 이 지역이 지닌 또 하나의 얼굴, 「애니메이션 성지」와 크게 관련되어 있었던 것이다.

3. 애니메이션 「성지」에서 「피해지」로

하나부치하마는 지진발생 전부터 만화·애니메이션 작품인 『칸나기ゕんなぎ』의 「성지」로서 일부 애니메이션 팬들 사이에 알려져 있던 장소이기도 했다. 『칸나기』란 시치가하마마쵸 출신 만화가가 그린 작품으로, 우부스나가미産土神인 주인공 나기가 미소녀로 인간세계에 내려와 고교생활을 하는 스토리이다. 러브 코미디적인 요소도 겸비한 이 작품은 2006년쯤부터 어느 전국 잡지에 연재되었다가 이후 2008년에 애니메이션으로 방영되게 되었다. 애니메이션으로 만들 때 저자와 친숙한 센다이시 시가지와 타가조시多賀城市, 시치가하마마을의 광경을 작품 속에 등장시켰고, 애니메이션에 등장하는 풍경을 팬들이 속속 찾아와 「성지순례」 하게 되었다. 그 중에서도 주인공과 깊은 관계를 가진 신사의 모델이 된 하나부시신사에는 수많은 「애니메이션 성지순례자」가 방문하여 등장인물의 코스프레를 하거나 사진을 찍는 등 「순례」를 즐겼다.

한편, 이러한 순례자를 모든 현지인들이 반기지는 않았다. 원래 바닷가의 성지인 하나부시신사에 갑자기 나타난「진객珍客」에 대해 지역 사람들은 다양한 반응을 보였다고 한다. 특히, 많은 애니메이션 팬들이 경내에서 코스프레를 하고 사진촬영을 하거나「이타샤痛車」라는 자동차로 방문한 모습은 폭주족이 왔다고 착각할 정도로 엄청났던 모양이다. 결국 이러한 매너 없는 순례자와 주민 사이에 문제가 일어나는 상황에까지 이르렀다.

그런 상황 속에서 일부 애니메이션 팬들을 중심으로 결성된 것이「칸나기 반상회」라는 모임이었다.「칸나기 반상회」는 현재 유동적이면서 약 10명으로 구성되어 있다. 중심멤버는 대부분이 센다이 시내에 거주하고 있어 자주 시치가하마를 방문했다. 그들은 애니메이션 팬과 하나부치하마 사람들과의 원활한 교류를 기대하며 신사참배 나아가서는 지역과의 교류에 대해 서로 이야기하고자 대표회 구성원과 연락을 취하고 있었다. 그렇게 노력한 보람으로 다양한 장면에서 지역 주민들과의 합작을 실현해 나갔다. 그 중 하나가 섣달 그믐 날부터 정월까지 점포를 여는 것이었다.

앞서 기술한 바와 같이 하나부시신사에서는 1월 1일에「사이탄사이」라고 불리는 행사가 열리고 있다. 이것은 주로 이른 아침에 하나부시신사의 본전 내에 우지코 대표자들이 모여 신관과 함께 한 해의 무사를 기원하는 의례를 가리킨다. 하나부시신사가「애니메이션 성지」가 된 후부터는 정월에 하나부시신사를 참배하는 애니메이션 팬도 다수 있었지만, 앞서 언급한대로 애니메이션 팬들과 지역 주민들 사이에서 문제가 발생할 가능성이 우려되었다.「칸나기 반상회」의 멤버는 소중한 신사를 위해, 그리고 참배하러 방문하는 애니메이션 팬과 지역 사람들을 위해 뭔가 할 수 없을까 생각했다. 그 결과 중 하나가 인파가 가장 많은「사이탄사이」때 점포를 열어 참배하러 방문하는 애니메이션 팬이나 지역 사람들과의 의사소통을 도모하는 자리로 만드는 것이었다.

[사진 3] 「칸나기 반상회」의 점포(2013년 필자촬영)

　「칸나기 반상회」는 대표회의 허가를 받아 2009년경부터 경내에 점포를 열게 되었다. 섣달 그믐 날 밤부터 방문하는 팬과 지역주민도 많기 때문에, 밤 11시경부터 상품판매를 시작하여, 다음날 오전까지 계속했다. 포장마차에서는 『칸나기』에 얽힌 오리지널 상품을 판매하는 한편, 팬들에게도 신사를 알리기 위해 신사의 역사를 정리한 「하나부시신사지」도 판매했다. 또한 지역 주민들의 참배를 방해하지 않도록 신사를 방문하는 많은 애니메이션 팬들의 선도도 이루어지고 있었다. 애니메이션의 인기가 높아져 타지역 참배객들이 증가한 결과 참배객 수가 예년의 5배를 기록한 해도 있었다. 이러한 상황을 보고 시치가하마마을도 이 「애니메이션 성지순례」를 통해 마을부흥이 가능하지 않을까 생각하게 되었고 『칸나기』와 손을 잡고 지역진흥을 연계한 투어도 실시하였다. 거기서도 「칸나기 반상회」의 멤버가 주역자의 한 명으로서 사업을 지원했다.

이러한 활동을 통해 당초에 거리가 있었던 지역 주민과 애니메이션 팬 사이의 거리가 점차 좁혀지는 듯 했다. 그러나 이것도 아직 우지코 대표 등 일부 사람들과의 관계에 지나지 않았고, 지역사회 전체가 그들의 활동을 인정했던 것은 아니었다. 그런 상황에서 동일본대지진이 발생한 것이다.

이미 언급한 바와 같이, 하나부치하마에서는 쓰나미로 인해 저지대를 중심으로 막대한 피해가 발생했다. 전기와 물공급도 중단되었고 쓰나미의 난을 피한 사람들은 눈이 내리는 가운데 피난소와 집에서 불안한 밤을 보냈다. 하나부시신사는 바다에 가까운 곳에 세워져 있었지만 표고가 높았기 때문에 쓰나미의 피해는 닿지 않았다. 그러나 강한 지진으로 경내의 석조물이 무너진 한편 신사의 사무소가 무너졌다. 지진이 발생한 이후 달려온 자위대를 중심으로 한 구조대가 해안 저지대에서 복구활동에 임했다.「칸나기 반상회」의 중심멤버는 도시에 살고 있었기 때문에 큰 피해를 입지 않았지만 하나부치하마가 걱정이 되어 안절부절하다가, 곧바로 구호물자를 가지고 하나부치하마로 달려갔다고 한다.

지진발생 직후 하나부치하마의 집을 잃은 사람들이 피난소에서 피난생활을 보낸 한편, 집이 무사한 사람들은 그대로 집에서 피난생활을 보내게 되었다. 그런데 피해 직후 피난소에 지원물자가 집중되는 데다가 운영자체도 다소 혼란스러워, 재택 피난자에게는 충분히 물자가 전달되지 않는 사태가 발생했다. 그래서「칸나기 반상회」멤버는 피난소에 지원물자를 전달하는 한편 재택 피난민들에게도 물과 담요, 식료품 등을 날랐다. 그들이「이타샤」를 타고 집집을 도는 모습은 사람들 기억에 강하게 각인되었다. 필자가 하나부치하마 주민에게 피해 직후의 모습을 물었을 때 모두 다「그때는 정말 "칸나기 반상회"에 도움을 받았다」고 감사를 표하는 것을 보고「칸나기 반상회」와 지역 주민들과의 거리가 한 걸음 가까워졌음 알 수 있었다.

4. 애니메이션 팬들의 부흥지원

　지진발생 직후의 지원에 대해 이미 언급한 것처럼, 지진이 일어나고부터 현재에 이르기까지 「칸나기 반상회」는 계속 부흥지원활동을 전개해 왔다. 특히 「칸나기 반상회」와 하나부치하마 사람들에게 중요시되어 온 하나부시신사와 관련한 행사에 대해 커다란 관심을 보여왔다. 「칸나기 반상회」의 멤버는 지진 후에도 하나부시신사의 청소활동에 적극적으로 참여하는 등 일상적인 관계를 유지하고 있었다. 그리고 축제가 열릴 때마다 현장으로 달려가 돕거나 사진촬영을 했다. 그런 가운데 2012년 7월에 열린 「오오네묘진사이」에서 「칸나기 반상회」와 바닷가 사람들의 관계를 보여주는 상징적인 장면을 볼 수 있다.

　「오오네묘진사이」는 해상의 안전과 풍어를 기원하는 축제이지만 두 제사로 구성되어있다. 하나는 하나부치하마 앞바다에 있다고 일컬어지는 오오네묘진(오오네사마라고 불려지는 경우가 많다)에 기도를 바치는 것, 그리고 또 하나는 오오네신사 부근에서 잡은 전복을 하나부시신사 경내에 있는 요배소遙拜所에 바치는 것이다. 여기에는 다음과 같은 전설이 있다. 옛날 한 어부가 하나부치하마를 향해 항해하고 있었을 때에 갑자기 바다가 몹시 사나워졌다. 파도에 흔들리고 배 밑바닥에 구멍이 나서 바닷물이 솟구쳤다. 모두가 물을 퍼냈지만 물줄기는 거세어질 뿐이었다. 그래서 「오오네사마(오오네님), 도와주세요」라고 필사적으로 기도했더니 물이 멈췄다. 겨우 육지에 도착하여 밑바닥에 난 구멍을 들여다 보니, 큰 전복이 붙어서 구멍을 막고 있었다. 이에 「오오네사마」에게 감사하고자 시작된 것이 이 축제이다. 오오네묘신사가 있는 장소는 커다란 암초가 있기 때문에 주변에 비해 수심이 얕다. 현지에서는 암초를 「네」라고 부르기 때문에, 그 이름이 붙여진 것이라 생각된다.

[사진 4] 해상기도에서 돌아온 배. 이 날만은 특별한 깃발을 매단다.

「오오네묘진사이」는 매년 모구리라는 잠수업자가 실행주체가 되어 이루어지고 있다. 당일 오전 9시경부터 신관과 함께 모구리의 멤버가 배를 타고 오오네신사로 향해 해상에서 기도를 바친다. 그 후, 육지로 돌아와 이어서 하나부시신사의 경내에 있는 오오네묘진 사당에서 의례를 행한다. 그 때 경내에 있는 오오네묘진 사당에 바칠 공물로 큰 전복이 바쳐진다. 「오오네묘진사이」는 「이 축제를 하지 않으면 오오네사마가 계신 곳을 지날 수 없다」고 말할 정도로, 잠수업을 생업으로 하는 사람들에게 있어 한 해의 풍어와 안전을 기원하는 중요한 기회이기도 하다.

통상적으로 신사神事에는 모구리의 멤버와 관계자 이외는 참가할 수 없게 되어 있지만, 2012년의 의례에서는 우지코 대표와 바닷가 대표자들이 늘어선 가운데 「칸나기 반상회」의 멤버도 신사의 참가자로 초청되었다. 「칸나기 반상회」의 멤버에 의하면 2012년 이전에는 이런 경우가 없었다.

다른 자원봉사단체의 멤버도 견학하러 왔었지만 신사에는 참여하지 않았
다. 이 일을 계기로 「칸나기 반상회」가 본래 목적했던 바, 즉 지역과의
교류가 더욱 깊어진 모습을 엿볼 수 있다.

현재 「칸나기 반상회」는 하나부치하마는 물론 시치가하마쵸 전체의 부
흥을 지원해 나가는 방향으로 활동하고 있다. 특히 자신의 "특기"를 살린
다양한 이벤트가 기획·운영되어왔다. 여기에서는 그 중에서도 가장 대대
적인 이벤트인 「ita seven」과 「subculture festival in shichigahama」에 대해
다루고자 한다.

[사진 5] ita seven 포스터

「ita seven」은 이타샤 소유자와 코스프레의 교류의 장을 마련하면서 시치가하마의 활성화에 공헌하고자 2008년부터 시작된 이벤트이다. 이벤트의 주요 인물들은 「칸나기 반상회」 및 이타샤 애호가, 그리고 시치가하마 국제마을 주최자로 이루어져 있으며 시치가하마 국제마을이라고 하는 이벤트 시설에서 개최되어 왔다. 2011년의 「ita seven」은 지진 발행 직후라 개최여부가 불투명했지만, 「이타샤에 부흥지원을!」이라는 기치를 바탕으로 자선행사로서 개최되었다. 2012년의 「ita seven」에서는 약 50대의 이타샤가 전시되어 성황을 이루었다[사진 5]. 주최측에 따르면 이벤트에서 얻은 수익으로 AED 수납 케이스를 구입하여 국제마을 안에 설치했다고 한다.

또한 2012년 6월에는 시치가하마쵸 관광협회가 주최가 되어 부흥지원을 목적으로 「subculture festival in shichigahama」를 국제마을에서 개최했다. 「칸나기 반상회」도 관광협회의 일원으로서 주최측으로 참여했다. 이 이벤트는 이른바 서브컬처(애니메이션이나 만화, 코스프레, 이타샤 보컬로이드 등)를 통해 부흥을 지원해 준 사람들에 대한 감사를 전하고, 서브컬처를 통해 지역과의 친목을 다질 것을 목적으로 하였다. 동시에 행사장 내에서 시치가하마마을의 특산품 등도 판매하며 서브 컬쳐와 공간을 함께 함으로써 관광객 유치도 목적으로 하였다. 당일에는 약 50대의 이타샤가 집결해 행사장 분위기를 살렸고 이벤트는 매우 활기찼다. 애니메이션판 『칸나기』에 관련된 상품을 전시해서 국내 각지로부터 많은 애니메이션 팬이 시치가하마를 방문해 호평을 얻었다.

이와 같이, 「칸나기 반상회」는 그들의 특기인 서브컬처를 이용한 부흥지원을 해왔다. 또 다른 한편으로는 주말마다 가설주택을 방문해 위문행사를 실시하는 식으로 적극적으로 지역사회와 함께하려고 했다. 「칸나기 반상회」에 의한 지원활동에서 공통적으로 볼 수 있는 것이 「지역의 자랑」에 공감하며 그것을 살린 지원을 해왔다는 점이다. 예를 들어, 시치가하마는 왕실 헌상물로 선정될 정도로 맛이 뛰어난 김 생산이 지역의 자랑 중 하나였다. 그러나 지진으로 인해 김을 생산하기 위한 도구가 떠내려가서 김

생산에 종사하는 사람들은 한동안 어쩔 수 없이 휴업할 수밖에 없었다. 이러한 사태를 가까이서 보고 있던 「칸나기 반상회」는 김 생산자들과 협력하여 고품질 김을 활용한 새로운 식품개발을 실시했다. 이렇게 완성된 식품은 「시치노이치七の市」라는 새벽시장에서 판매되는 한편 정월 포장마차에도 상품으로 놓여졌다(그리고, 이 제품에는 모두 수제표시가 붙어 있었다). 물론 앞서 기술한 행사장에서도 판매되어 애니메이션 팬들의 주목을 받았다.

위의 사례에서 볼 수 있듯이 「지역」의 특징에 공감하고 그 특징을 살리는 지원방식으로 지역을 돕는 것이 결코 흔한 일은 아니지만, 그런 만큼 이러한 활동이 재해지의 생활부흥에 대해 생각하는데 많은 시사점을 제공해준다고 볼 수 있다. 거대 재해로 인해 한 순간에 잃어버린 삶의 터전을 완전히 되돌리는 것은 어쩌면 불가능에 가까울 것이다. 그러나 외부에서 찾아 온 「칸나기 반상회」가 사람들의 「삶」에 공감하고 상황을 긍정적으로 받아들이면서 진행한 활동은 지역의 생활문화를 돕는다는 의미에서 중요한 지원 방식 중 하나가 아닐까.

5. 결론

여기에서는 끝으로 재해복구에 대해 외부 지원자가 할 수 있는 역할을 정리하고자 한다. 그런 다음 인류학이라는 학문(또는 인류학자라는 외부 지원자)이 이러한 재해부흥에 어떻게 관여하고 공헌할 수 있는지에 대해서도 필자 나름의 견해를 피력하고자 한다.

지금까지 재해지 부흥지원에 관한 보고가 다수 전해져 왔지만, 이번 같은 경우는 비교적 드물다고 할 수 있다. 왜냐하면 통상적으로 재해가 발생했을 경우, 곤란을 해결하기 위해 모인 자원봉사자들, 재난에 대한 지원에 특화된 전문적 직능집단이 복구활동과 부흥지원을 전개해 가는 경우가 많기 때문이다. 그런 경우에 비하면 본 사례는 재해복구를 목표로 하는 특별한 조직도 아닌, 취미를 바탕으로 형성된 조직이 재해에서 할 수 있는 역할에 관한 하나의 예로서 볼 수 있을 것이다.

그리고 이러한 지원이 가능하게 된 배경으로서, 하나부치하마라는 지역 자체가 가지는 특징에도 눈을 돌릴 필요가 있다. 원래 동북지방의 연해부와 산촌은 과소와 고령화가 진행되고 있는 지역이었다. 이에 따라 예를 들면 마을의 젊은이들이 감소하여, 축제의 존속이 위태롭게 되는 현상은 여기저기에서 일어나고 있었다. 특히 동일본대지진의 쓰나미에 의해 피해를 입은 지역은 어업을 주체로 한 비교적 소규모(그리고 과소화도 어느 정도 진행되고 있었다)인 마을이 많았다. 그런 상황을 감안하여 다시 하나부치하마에 대해 생각해 보면, 하마부치하마 구성원들 자체가 이미 유동적인 사회, 즉 전통적인(반대로 말하면 폐쇄적인) 촌락사회의 원리에 근거한 마을은 아니었다는 점이 이렇게 타인을 받아들이는 것을 가능하게 했다고 생각된다. 예를 들어 제례에 주목해 보면, 축제의 주된 담당자로 모구리와 같은 생업에 근거한 집단이 존재한다. 혹은 우지코청년회와 같은, 연령층도 직업도 다른 사람들이 모인 집단이 실시주체가 되는 경우도 있었다. 이는 지연이나 혈연 등과 같은 「전통적」인 유대를 넘어서 만들어진, 새로운 집단이 중요한 역할을 해온 것이기도 하다. 이런 상황이 있었기 때문에 외부의 접근에 대해 유연성을 가지고 대처할 수·있었던 것이라 할 수 있다.

또한 지진발생 전부터 하나부치하마와의 교류를 계속해왔던 「칸나기반상회」가 전개해 온 일련의 활동은 하나부치하마가 복구에서 부흥으로의 길을 걷는 가운데 큰 역할을 해 왔다고 생각할 수 있다. 특히 재해발생 직후부터 오늘에 이르기까지 볼 수 있었던 지속적인 부흥지원은, 애니메이션 팬인 그들 나름대로의 독창성을 살리고, 지역의 특징에 공감하면서 전개되어 왔다. 그들이 지역사회에서 친밀감을 담아 「칸나기」라고 불리고 있는 것을 통해 더 이상 지역사회에 없어서는 안될 존재가 되어있는 그들의 모습을 엿볼 수 있다. 아직도 하나부치하마의 부흥까지는 긴 시간이 필요하지만, 향후 양자가 어떤 관계를 구축해 나갈 것인가 하는 점은 앞으로도 주시해 나갈 필요가 있다고 생각된다.

이상을 바탕으로 인류학이 재해부흥에 대해 할 수 있는 공헌에 대해 간략하게 설명하고자 한다. 이 글에서 다룬 시치가하마마을을 포함한 미야기현은 10년에 걸친 부흥계획을 책정하고 있다. 구체적으로는, 2011년도부터 2013년도의 「복구기」로, 2014년도부터 2017년도의 「재생기」, 그리고 2018년부터 2020년도의 「발전기」로 정하고 있다. 남은 과제는 많지만 현재는 「재생기」에서 「발전기」로 이행하는 과도기에 있으며, 각각의 상황에 맞는 지원방식이 요구되고 있다. 재해연구에 대해서도 동일한 지적이 가능하며, 다음 단계로 이동하는 데 일어날 사건에 대해서도, 그 때마다 연구자가 참여하여 검토해 나갈 필요가 있다는 것을 나타내고 있다. 특히 재해와 같은 일회성 사건은 그것이 과거가 되어 갈수록 기억이 풍화되어 가는 경향이 있기 때문에, 그것을 어떻게 멈출 것인가가 문제가 될 것이다.

문화인류학과 같은 질적 연구가 그러한 상황에 기여할 수 있는 일이 있다고 한다면, 그것은 결국 부흥을 향한 사람들의 일에 참여하고 그들의 움직임을 계속 기록해 나가는 일일 것이다(기무라木村 2013: 다카쿠라 2014). 기무라도 언급한 것처럼, 예를 들어 결과적으로 잘못되었다 하더라도, 그러한 시행착오의 과정자체를 기록하고, 거기에 가치를 두는 것이 중요하다고 할 수 있다(기무라木村 2013: 73). 본 보고서에서 다룬 어떤 의미로는 「특수」한 사례에 대해서도 이와 동일한 지적이 가능하다.

물론, 하야시의 서술처럼, 인류학 같은 학문에 이러한 재해의 부흥과 관련된 구체적인 공헌을 기대하기란 어려운 측면이 있는데다(하야시·가와구치林·川口 2013: 50), 즉효성은 없을지도 모른다. 그러나, 현실은 정책으로 상정된 것처럼 계획적으로 진행된다고는 할 수 없다. 그때마다 무슨 일이 일어나고 있는지 현지 시점에 따라 실시한 기술은, 향후의 정책과 생활을 고려하는 데 중요한 자료 중 하나가 될 것이다. 본 보고서도 그 중 하나가 되기를 바라 마지않는다.

번역: 최수연(고려대학교 중일어문학과 박사수료)

참고문헌

金菱清(編) 2012『3.11 慟哭の記録—71人が体感した大津波・原発・巨大地震』新曜社

兼城糸絵・川村清志　2014「アニメ聖地巡礼者の被災地支援—七ヶ浜町花渕浜の事例から」高倉浩樹・滝澤克彦(編)『無形民俗文化財が被災するということ—東日本大震災と宮城県沿岸部地域社会の民俗誌』pp.121-130, 新泉社

木村周平 2013「津波災害復興における社会秩序の再編」『文化人類学』78(1):57-80

高倉浩樹 2014「東日本大震災に対する無形民俗文化財調査事業と人類学における関与の意義」高倉浩樹・滝澤克彦(編)『無形民俗文化財が被災するということ—東日本大震災と宮城県沿岸部地域社会の民俗誌』pp.290-311, 新泉社

高倉浩樹・木村敏明(監修), とうしんろく(東北大学震災体験プロジェクト)(編)　2012『聞き書き 震災体験—東北大学 90人が語る3.11』新泉社

高倉浩樹・滝澤克彦・政岡伸洋(編)　2012『東日本大震災に伴う被災した民俗文化財調査(2011年度報告集)』東北大学東北アジア研究センター

高倉浩樹・滝澤克彦(編)　2013『東日本大震災に伴う被災した民俗文化財調査(2012年度報告集)』東北大学東北アジア研究センター

＿＿＿＿　2014『無形民俗文化財が被災するということ—東日本大震災と宮城県沿岸部地域社会の民俗誌』新泉社

竹沢尚一郎 2012『被災後を生きる—吉里吉里・大槌・釜石奮闘記』中央公論社

トム・ギル, ブリギッテ・シテーガ, デビット・スレイター(編) 2013『東日本大震災の人類学—津波, 原発事故と被災者たちの「その後」』人文書院

林勲男・川口幸大　2013「序(特集・災害と人類学—東日本大震災にいかに向き合うか)」『文化人類学』78(1):50-56

山村高淑 2008「アニメ聖地の成立とその展開に関する研究—アニメ作品『らき☆すた』による埼玉県鷲宮町の旅客誘致に関する一考察—」『国際広報メディア・観光学ジャーナル』7:145-164, 北海道大学

제III부

재해와 공간변용: 월경하는 학지學知

3.11대지진 후 도서島嶼사회의 방재 :
아마미시奄美市 스미요住用지구 마을의 사례를 중심으로

멍 시엔천孟憲晨, Meng Xianchen[*]

1. 서론

1.1 연구목적

2011년 3월 11일 동일본대지진이 발생한 이후 전국 각지의 반상회나 소방단 등 지역주민조직의 방재에 대한 의식이 매우 높아졌다. 이에 따라 전국에서 자조·공조에 의한 다양한 방재 마을 조성의 노력이 이루어지고 있다. 그 중에서도 특히 태풍의 통과경로가 되는 경우가 많은 규슈의 가고시마현鹿児島県에 속하는 아마미군도奄美群島에서는 동일본대지진의 영향은 물론, 2011년 10월에 발생한 아마미오오시마奄美大島 집중호우 재해, 2011년과 2012년 풍수재해 역시, 방재의식의 향상에 영향을 주고 있다. 또한 도서사회의 방재의식과 활동 매뉴얼도 최근 몇 년간 계속 변화하고 있다.

도서島嶼사회는 본토에 비해 도로의 폭이 좁아 소방차 등 긴급차량의 통행에 지장이 있음과 동시에, 산기슭 토사土砂재해의 위험이 도사리고 있는 등 자연재해에 취약한 지역구조로 되어 있다. 또한 근래 저출산 고령화에 따른 인구감소 및 과소화, 그에 따른 지역사회의 기능저하 등의 문제가

* 가고시마대학교 인문사회과학연구과 수료

심각해지고 있다.

위와 같은 배경을 가진 도서지역에서 자주방재는 매우 중요하다. 그 중에서 자주방재의 일환으로 진행되는 방재·감재활동이나 재해 시 긴급지원기 및 재해 후 부흥기 때 지역의 인간관계가 중요한 역할을 차지하고 있는 것으로 보인다. 따라서 이 인간관계를 만드는 일상 생활의 커뮤니케이션 등이 어떻게 이루어지고 있는지에 대해 검토할 필요가 있다.

따라서 본 연구는 아마미오오시마의 스미요住用지구에 있는 피해마을의 방재에 관한 사례연구로, 특히 그 중에서도 마을의 일상생활이나 연중행사 등의 소개를 통해 지역주민간의 커뮤니케이션 상황과 지역의 방재활동의 기능적 관련성에 대해 검토하고자 한다.

1.2 연구 방법

조사지 아마미오오시마의 스미요지구는 최근 아마미 호우재해와 태풍재해로 막대한 피해를 입은 장소이다. 필자는 여러 차례에 걸쳐 해당 지역의 현지답사를 실시하고, 관찰조사 및 인터뷰조사를 실시하였다[1]. 본 연구에서는 조사지 마을에 거주하는 개인이나 가족, 그리고 조직단체 등에 초점을 맞춘 조사를 통해서 얻어진 1차 자료를 바탕으로 문헌자료 등도 함께 분석한다.

2. 조사지 개요

가고시마현 본토에서 남서쪽으로 약 380킬로미터 내려간 곳에 위치한 아마미군도는 아마미오오시마, 가케로마지마加計呂麻島, 우케지마請島, 요로시마与路島, 기카이지마喜界島, 도쿠노시마徳之島, 오키노에라부지마沖永良部島, 요론지마与論島 등 8개의 유인도로 이루어져 있으며, 총 면적 약

---

1) 2012년 11월 중순부터 11월 말과 2013년 2월 2주간, 그리고 2013년 6월 2주간, 또한 2013년 9월 1주간 현지조사를 실시하였다.

1,239평방 킬로미터이다. 그 중 최대 면적을 가진 아마미오오시마는 약 720평방 킬로미터로, 일본의 외딴 섬 중 오키나와현沖縄県과 사도시마佐渡島에 이어 3번째로 크다2). 아마미군도는 아열대기후에 속하며 연평균 기온이 섭씨 21도 전후로 온난한 기후이다. 현재 인구는 아마미오오시마 전체가 약 7만 명, 아마미시奄美市는 약 5만 명이다. 행정적으로는 아마미시, 다츠고쵸龍郷町, 야마토촌大和村, 우켄촌宇検村, 세토우치쵸瀬戸内町의 5개 시정촌市町村으로 구분되어 있다3).

[그림 1] 「아마미군도의 개황」(2003년도)에서 작성

2) [그림 1] 참조
3) 「2003년도 아마미 군도개황」에 따라 작성

필자가 조사한 아마미시 스미요지구는 14마을[4]로 구성되어 있으며, 인구는 약 1,500명이다(2013년 6월 1일 현재). 우선 이번 조사 대상 마을인 얌마山間 마을과 니시나카마西仲間마을의 상황에 대해 살펴보자[5].

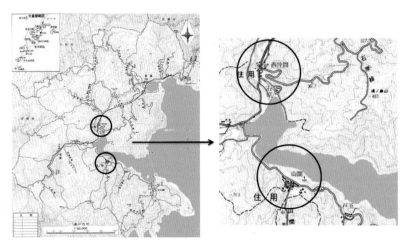

[그림 2] 조사지 지도 (『わきゃシマぬあゆみ~스미요마을의 역사와 생활~』에서 작성)

얌마마을

얌마마을 인구는 세대 수 116세대, 인구 221명이다. 65세 이상은 72명이며, 그 중 80세 이상이 31명이다(2013년 6월 1일 현재). 얌마마을은 스미요지구 중에서 가장 인구가 많은 마을이다. 그리고 옛날부터 행사가 성행한 곳이다.

니시나카마마을

니시나카마마을 인구는 세대 수 83세대, 인구는 182명이다(2013년 6월1일 현재). 65세 이상은 55명이며, 그 중 80세 이상이 20명이다.

---

4) 이치市, 도다마戸玉, 얌마山間, 가미야쿠가치上役勝, 나카야쿠가치中役勝, 시모야쿠 가치下役勝, 이시하라石原, 니시나카마西仲間, 히가시나카마東仲間, 가와우치川内, 스 리가치摺勝, 미자토見里, 구스쿠城, 와세和瀬의 14마을이다.
5) [그림 2] 참조

이 두 마을은 20, 30대 청년층 인구비율이 전국 통계와 비교해 살펴봐도 낮은 편이며, 현지에서 홀로 생활하는 고령자가 많다. 그리고 각 마을이 산이나 하천6), 그리고 바다에 둘러싸여 있어 지리적 조건을 풍수재해의 피해가 확산되는 하나의 원인으로 볼 수 있다.

3. 전후 아마미 풍수재해

「인간의 역사는 자연과 격투의 역사다」라는 말이 있다. 이는 1990년 아마미 태풍재해 19호가 발생했을 때 난카이니치니치신문(南海日日新聞, 1990년 10월 9일)에 실린 말이다.

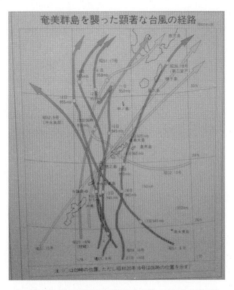

[그림 3] 태풍의 통과경로가 되는 아마미군도7)

---

6) 얌마마을에 하나의 강이 니시나카마마을에는 두개의 강이 흐르고 있다
7) 출처 : 「아마미의 기상백년기념지」와 아마미박물관 자료에서 작성

태풍의 통과경로 빈도가 높은 아마미군도 사람들은 이 말을 통감하는 환경에 처해 있을 거라고 생각된다. 전후부터 2010년까지 약 65년 동안 발생한 전국의 태풍은 1,570건 전후로, 연평균 24.1꼴로 발생한 셈이다. 이 중 아마미시 나제名瀬에서 500km이내에 접근한 태풍은 약 247개로 연평균 3.8개이며, 월별로 살펴보면 9월 1.1개, 8월 1.0개, 7월 0.8개, 10월 0.6개, 6월 0.3개, 5월에는 0.1개이다([그림 3] 및 [표 1]). [표 1]을 보면, 아마미군도는 이즈제도伊豆諸島, 오가사와라제도小笠原諸島 지방과 비교해 연간 태풍의 발생 횟수 자체는 적지만, 최근의 피해 상황에서 살펴보면 아마미군도의 풍수재해 피해는 본토보다 크다고 할 수 있다.

[표 1] 기상청 지방별 태풍 접근수의 평년치[8]

		1월	2월	3월	4월	5월	6월	7월	8월	9월	10월	11월	12월	연간
오키나와(沖縄)지방					0.0	0.4	0.6	1.4	2.2	1.7	0.9	0.3	0.1	7.4
규슈남부·아마미지방	아마미지방				0.0	0.1	0.3	0.8	1.0	1.1	0.6	0.0		3.8
	규슈남부				0.0	0.0	0.4	0.7	0.9	1.0	0.4	0.0		3.3
규슈북부지방					0.0	0.0	0.3	0.8	1.0	1.0	0.3			3.2
시코쿠(四国)지방						0.0	0.3	0.6	1.0	0.9	0.3	0.0		3.1
츄고쿠(中国)지방						0.0	0.3	0.5	0.8	0.9	0.2	0.0		2.6
긴키(近畿)지방						0.0	0.3	0.5	1.0	1.0	0.5	0.0		3.2
도카이(東海)지방						0.0	0.2	0.5	1.0	1.0	0.5	0.0		3.3
호쿠리쿠(北陸)지방							0.2	0.4	0.9	0.8	0.2	0.0		2.5
간토코신(関東甲信)지방	간토지방, 코신지방					0.0	0.2	0.4	0.9	1.1	0.6	0.0		3.1
	이즈제도, 오가사와라제도				0.1	0.4	0.3	0.8	1.2	1.3	1.1	0.3	0.1	5.4
도호쿠(東北)지방							0.0	0.1	0.3	0.8	0.9	0.4		2.6
홋카이도(北海道)지방							0.1	0.2	0.7	0.7	0.1			1.8

8) http://www.data.jma.go.jp/fcd/yoho/typhoon/statistics/average/average.html(2013年 12월 3일 열람)

[표 2] 전후 아마미군도의 주요 풍수재해[9]

시기	재해종별	인명피해 (사망·행방불명/부상자)	건물피해 (전괴/반괴)
1945.9.17	태풍 (16호)	65/18명	9429/4899채
1950.11.11	태풍 (10호)	8/2명	1263/1827채
1951.10.14	태풍 (15호)	9/2명	229/405채
1957.9.4	태풍 (10호)	2/20명	1281/3681채
1961.9.14	태풍 (18호)	6/62명	3727/17163채
1964.9.23	태풍 (20호)	1/6명	273/1920채
1970.8.13	태풍 (9호)	2/69명	953/3687채
1976.9.9	태풍 (17호)	5/23명	505/3442채
1977.9.9	태풍 (9호)	0/135명	1342/3285채
1980.9.10	태풍 (13호)	3/15명	0/15채
1986.8.25	태풍 (13호)	2/12명	332/262채
1990.9.18	태풍 (19호)	13/48명	144/2760채
2002.7.14	태풍 (7호)	0/3명	5/23채
2003.8.6	태풍 (10호)	0/15명	3/10채
2004.8.27	태풍 (16호)	0/5명	1/7채
2005.9.18	태풍 (14호)	0/2명	3/7채
2010.10.20	아마미 호우	3/2명	10/479채
2011.9.25	아마미 호우	1/0명	6/714채
2012.9.30	태풍16호	0/6명	30/138채
2013.10.7	태풍24호	0명	65/175채

[표 2]는 전후부터 2010년까지 약 65년 동안 아마미군도에 현저한 피해를 가져온 풍수 재해의 기록이다. 그 중에서 2010년 10월 20일 발생한 아마미 호우재해를 제외하면, 1961년 태풍 18호와 1964년 태풍 20호 및 1970년 태풍 9호는 스미요마을 전역에서 주택과 농업에 많은 커다란 손해를 초래하여, 당시 「재해구조법」이 적용되었을 정도였다. 또한 1980년의 태풍 13호와 1990년 태풍 19호로 막대한 피해가 발생하여, 기간도로도 침수나 절벽붕괴 등으로 통행이 금지되었고, 마을 전체가 「극심한 재해지역」

9) 출처 : 「아마미의 기상氣象백년기념지」를 바탕으로 작성

으로 지정되었다. 2011년 3월 11일 동일본대지진 이후의 풍수재해 발생상황만 보더라도, 아마미오오시마는 적어도 1년에 한번은 재해에 휩쓸리고 있다. 전후戰後 아마미의 재해역사震災史는 위와 같은 흐름이었다. 자연재해가 발생하기 쉬운 이러한 환경 속에서 지역사회를 지탱하는 사회관계의 활용과 방재활동과의 기능적인 관련성이 어떻게 변화하고 있는지 다음 장에서 살펴보자.

4. 사회관계와 방재

4.1 일상생활에서 본 사회관계

최근 재해상황에 대해 들은 이야기 중, 재해발생 후 마을 내, 혹은 다른 마을로부터 다양한 지원이 있었다는 이야기가 나왔다. 다음은 두 마을 사람들의 이야기이다.

- 「대피소에 쌀을 가지고 가서 다함께 주먹밥을 만들었다. 여러 명이 차와 음식을 가지고 왔다. 대피소의 수도나 전기, 도로 배수구 등도 현지의 젊은이들이 고쳤다」
- 「재해 피해자의 스트레스를 경감시키기 위해, 대피소에서 매일 오전 10시와 오후 3시 티타임을 갖는다」
- 「자녀와 지역주민이 힘을 모아 집수리를 했다」

이러한 이야기를 통해 마을 내에서나 인근 마을끼리에서의 품앗이가 성행하고 있는 것을 엿볼 수 있다.

이처럼 구호 및 재해발생 후 인근의 도움이 자연스럽게 이루어지는 것은 일상적으로 교류가 있기 때문이라고 할 수 있다. 그래서 일상생활에서 서로 돕는 활동을 살펴봄으로써 지역 주민들간의 관계를 밝힐 수 있으며,

지역의 혈연, 지연 등의 사회관계가 재해발생 시 지원이 필요한 경우에 유용하다는 것을 이해할 수 있다. 여기에서는 마을 주민들의 이야기를 통해 일상생활의 지역 커뮤니케이션에 관하여 포착한다.

- 「모두 밖에서 말을 걸었는데 대답이 없으면, 마음대로 창문이나 문을 열고 살펴본다」
- 「친척이나 친구로부터 받은 채소나 과일을 이웃 사람들에게 나눠준다」
- 「이웃은 주인이 부재중일 때 집 입구나 창문에 선물을 두고 간다」

이 이야기를 통해 마을 이웃간의 교제가 매우 밀접하다는 것을 알 수 있다. 또한 다른 이야기를 듣다 보면 다음에서 보는 바와 같이, 마을의 연중행사가 이러한 지역사회를 지탱하는 사회관계의 강화에 중요한 역할을 하는 것을 알 수 있다.

4.2 마을행사 모습

얌마마을의 스모의식(도효이리, 土俵入リ)

이 행사는 2013년 9월 21일 일요일에 열렸다. 행사 당일 오전 10시 전후로, 마을의 청장년 합계 30여 명의 남성이 마을의 씨름판(도효, 土俵) 주위에 모여, 옷을 갈아입거나 여러 사전준비를 마치고 오후 1시 마을에 있는 신사로 출발했다. 모두 샅바를 매거나 법피しるしばんてん法被를 입은 모습이다. 행렬의 선두에 소라고동을 부는 사람과 북10)을 두드리는 사람이 각각 있고, 그 다음에 공물로 쌀가루나 소주, 소금을 들고 있는 청년들, 가마를 든11) 소년들이 뒤를 이어 언덕과 좁은 길을 통해서 신사로 들어간다 ([사진 1] 참조).

---

10) 아마미 특유의 북으로, 주로 8월춤八月踊り이나 아마미 무용음악六調에서 이용된다.
11) 여성, 소녀는 참가하지 못하게 되어 있다.

[사진 1] 얌마마을의 행사행렬(사진은 모두 필자 촬영)

[사진 2] 얌마 도효이리식 승부

행렬이 신사로 들어가면, 우선 신사에 공물을 바쳐 예배하고 풍년을 기원한다. 그 후, 신사 앞 광장에서 청년과 장년으로 나누어 두 번씩 도효이리식 승부12)를 벌인다[사진 2]. 그리고 신사에 왔을 때와 같은 루트로 씨름판으로 돌아가, 거기서도 또 다시 도효이리식 승부를 행하고 대표자13)가 인사를 한다. 그 후 「하나(부모와 자식)」스모14)와 소년스모가 시작된다. 그리고 신생아의 씨름의식을 행한다. 2013년 신생아는 3그룹15)이었다. 의식을 마친 후 이번에는 민요 등의 쇼가 시작된다. 매년 이 마을의 행사에

---

12) 실제 승부라고 하기 보다는 연무와 같다.
13) 마을 청년단 단장은 15년 전에 I턴 하여, 고치현高知県에서 이사왔다.
14) 부자간 스모(씨름)를 말함.
15) 3그룹 중 1그룹은 니가타현新潟県에서 이 행사에 참가하기 위해 귀성하였다. 부부 중 남편의 고향이 얌마마을에 있다.

초대되는 듯하다. 이번에는 특별히 아마미 고등학교의 향토예능부를 초대하여 행사를 북돋웠다. 마지막으로 마을대표가 퍼포먼스로 분위기를 고조시키며 축제가 끝난다. 축제는 16시 전후로 끝이 난다. 그 후, 그대로 같은 장소에서 이번에는 보름날 춤이 시작된다. 춤 참가자는 고령자가 많고 마을 노인의 약 70%가 참가한다. 씨름판을 둘러싸듯이 원을 만들어 춤춘다 [사진 3].

[사진 3] 행사에 참여한 노인들

얌마마을에서는 스모의식 행사 및 경로회가 일년마다 교대로 열리고 있다. 마을 주민들에게 있어서 이것은 중요한 행사 중 하나이며, 노인에서 아이까지 적극적으로 참가하는 것을 볼 수 있다.

니시나카마 줄다리기 惡綱引き

니시나카마마을의 풍년제는 음력 8월 15일에 개최되며 악惡을 떨치고, 풍년을 기원하는 줄다리기가 열린다. 얌마마을과는 달리, 이 두 행사는 200년 전부터 함께 해오고 있다. 니시나카마마을에서는 평일에도 열린다.

줄다리기 밧줄을 만들기 위해 사용하는 볏짚은 옛날에는 마을의 각 가정에서 한 주먹씩 받았지만, 현재는 스미요지구의 각 마을이 벼농사를 짓지 않아 다쓰고쵸龍鄕町의 벼농사를 짓고 있는 마을에서 구입하고 있다.

행사 전날 오전 중에 마을의 청장년팀이 마을에 있는 신사의 기둥문 아래에서 직경 15㎝, 길이 20m의 밧줄을 만든다. 그 밧줄은 마을의 씨름판 앞 길 위에 길을 따라 똑바로 놓인다[사진 4][16].

[사진 4] 마을의 청장년들이 줄을 만들고 있는 모습

[사진 5] 밧줄을 당기는 마을 남녀들

그리고 다음날 오후 17시 전후에 마을의 남녀노소가 줄을 만져 악을 떨치고자 마을 씨름판 앞으로 몰려든다. 남녀로 팀을 나누어 남성들은 서쪽, 여성들은 동쪽에 서서 밧줄을 잡는다. 실행위원이 북이나 고동소리를 내고, 줄을 당기는 마을의 남녀들이 「영차, 영차」구호를 외치며 북돋운다[사진 5]. 처음에는 동쪽으로 다음은 서쪽으로 당겨 3번 반복한 시점에서 낫

---

16) 날씨로 인해 행사 전날에 밧줄을 만드는 경우도 있다.

으로 밧줄을 반으로 잘라 단면을 밧줄로 묶어 맞춘다. 그리고 4번째에 여성들이 동쪽으로 당긴 뒤 밧줄에 묶여있던 줄을 잘라버리면 여성들의 승리가 된다. 여성들이 이긴 해에는 풍년을 맞이하기 때문에 매년 여성들이 이기게 되어 있다.

西仲間集落悪綱捨てルート

北

縮尺 $\frac{1}{1875}$

男性チーム

女性チーム

[그림 4] 니시나카마마을의 밧줄을 버리러 가는 루트(필자의 조사자료에서 작성)

줄다리기가 끝나면, 남녀가 각각 절반이 된 밧줄을 짊어지거나 안고, 남녀 각기 다른 루트[17]를 지나 던지는 장소로 향한다. 여성들 루트 쪽이 거리가 짧기 때문에 던지는 장소에 먼저 도착한다. 그리고 다리 위에서 밧줄을 머리 위로 올려들어 난간을 등지고 등을 돌려서 스미요 하천에 던져 떨어뜨린다[사진 6]. 그 후, 마을 씨름판이 있는 광장으로 돌아와 보름날 춤을 시작하여 밤중까지 계속 춤을 춘다.

[사진 6] 밧줄을 스미요 하천에 던지는 여성팀

니시나카마마을은 줄다리기 행사를 매년 실시하고 있다. 이 행사를 통해 마을주민 사이의 유대를 더욱 한층 강화할 수 있다. 2012년 9월 29일 태풍 17호의 영향으로 피해가 발생했지만 9월 30[18]일에 마을 주민들은 정상대로 행사를 실시하였다. 주민들에 따르면 「재해가 닥쳐왔을 때야말로 재해라는 악을 떨쳐야 한다」는 것이다.

4.3 지역방재의 변화
스미요지구에서 3.11대지진 이전에 존재했던 자주방재조직은 불과 4곳이며, 그 대부분은 2008년 이전에 발족한 것임을 알 수 있다[표 3]. 당시

---

17) [그림 4] 참조.
18) 음력 8월 15일이다.

지역사회에서 방재의 특징으로는 방재목적이 「불이 나면 꺼라」라는 방화
에 관한 것이었다는 점, 지역 자주방재조직에서 여성이 중심이 되어 활동
하고 있었다는 점을 들 수 있다. 그러나 최근 기후변화에 따라 국지성 집
중호우, 이른바 게릴라성 호우가 빈발하고 단시간에 전례 없는 강우가 발
생하는 경향이 강해져 고령화가 진행되고 있는 현재의 지역사회에서는 점
차적으로 방재목적이 「지원·구조, 피난시킨다」라는 것으로 바뀌고 있다.

[표 3] 스미요지구의 자주방재조직 및 인구현황표[19]

마을별	결성일	규칙	소화반	피난유도반	구출구호반	세대수	인구
이치(市)	2008.8.20	○	○	○	○	97	158
도다마(戸玉)	2011.3.2	○	○	○	○	31	54
얌마(山間)	2011.3.10	○	○	○	○	114	232
가미야쿠가치(上役勝)	2011.6.1	○	○	○	○	48	86
나카야쿠가치(中役勝)	2011.6.1	○	○	○	○	5	13
시모야쿠가치(下役勝)	2012.8.1	○	○	○	○	37	76
이시하라(石原)	2012.4.1	○	○	○	○	21	37
니시나카마(西仲間)	2012.3.1	○	○	○	○	81	158
미자토(見里)	2002.12.8	○	○	○	○	109	199
히가시나카마(東仲間)	2012.12.1	○	○	○	○	26	46
가와우치(川内)	2006.1.22	○	○	○	○	79	155
스리가치(摺勝)	2012.4.1	○	○	○	○	63	79
구스쿠(城)	2004.1.11	○	○	○	○	66	119
와세(和瀬)	2013.6.1	○	○	○	○	48	87
합계						825	1,499

얌마마을과 니시나카마마을은 3.11대지진 후에 [그림 5]와 같은 지원명
부를 작성한 바 있으며, 지역주민도 방재훈련 등에 적극적으로 참여하고
있다. 자주방재조직의 발족이 빠른 마을에서는 대규모 또는 돌발적인 재해
가 발생했을 때, 지역주민이 정확하게 행동하여 피해를 최소화 할 수 있도

---

19) 아마미시청 스미요지소의 제공자료와 필자의 조사자료를 바탕으로 작성

록 하기 위해 평소에 마을 내 안전점검과 주민에 대한 방재지식의 보급·계발 방재훈련의 실시 등 재해에 대한 대비를 실시하고 있다. 또한 실제로 재해가 발생했을 때는 재해 직후의 긴급 구호기에 피해자의 구출·구조, 정보수집 등에 있어 마을의 자주방재조직이 매우 중요한 역할을 담당하고 있다. 그러나 다른 지역과 마찬가지로 마을의 방재·감재를 위한 자주방재 조직의 구성원이 고령자라는 문제가 있다. 고령자를 고령자가 지원해야 한다는 심각한 상황에 직면하고 있는 것이다. 그러나 다른 한편으로 생각 해보면 젊은이가 많다고 해서 꼭 좋은 것은 아니다. 젊은 사람은 평소 아침 부터 저녁까지 다른 곳으로 일 나가는 경우가 많기 때문에 재해시 구호의 「진공기」 혹은 「공백시간」이 발생하게 되는데 그것이 구호활동이 난항을 겪는 요인의 하나가 되고 있다. 따라서 비록 마을에 많은 젊은이들이 있어 도 재해가 발생했을 때 그 곳 마을에 있지 않으면 소용이 없다.

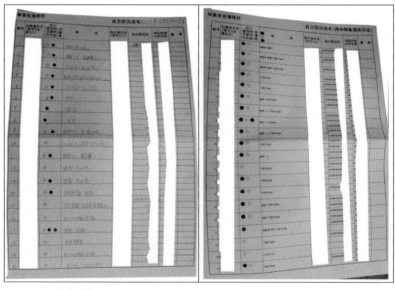

[그림 5] 얌마마을(좌)과 니시나카마마을(우)의 재해시 지원명부[20]

5. 고찰

위에서 서술한 바와 같이 두 마을은 평소에 친목을 도모하는 활동을 통해 소통 한다는 것을 알 수 있다. 이러한 활동이 지역주민의 행사참가와 협력을 촉진하고 있다. 그리고 주민들이 지역 내 행사에 참가함으로써 행사의 사전준비부터 사후정리 등의 공동작업을 통해 주민간의 유대를 강화할 수 있다. 특히 일상적인 교류가 적은 다른 세대와의 관계, 고령자와 젊은이와의 유대를 강화하는 기회가 될 것이다.

또한 U, I턴 하는 사람에게도 이러한 행사참가는 마을 주민과의 교류 및 교제의 기회다. 즉, 평소의 교류 및 지역 축제나 행사는 마을 주민 간의 정보교환과 소통의 기회가 되어 지역의 활성화로 이어진다. 또한 이러한 인간관계가 재해 시 긴급지원기간 및 재해 후 부흥기에 중요한 역할을 할 수 있을 것이라 생각된다. 이것에 관해서는 예를 들어 오가와 타케오小川全夫나 야마무라 에이지山村英治도 각각 고령자 지원에 있어 「지역상부상조」의 필요성(오가와 1996 : 59), 자연재해 이후의 부흥 및 피해 억제에 대한 사회관계의 유효성(야마무라 2010 : 1020)을 지적하고 있다. 또한, 가쿠 가즈노리加來和典는 재해시 재해약자가 구조 받는 비율은 지역 내 사람들과의 관계, 혹은 사회관계의 질과 양에 따라 달라진다고 서술하고 있다(가쿠 2007 : 50). 즉, 방재는 제도적인 대책만으로는 불충분하고, 재해 시 의지할 수 있는 인간관계의 구축과 지역커뮤니티 조성이 중요하다는 것이다.

특히 도서사회는 전술한 바와 같이, 지리적 문제와 사회적 문제를 껴안고 있다. 그러므로 본토에 비해 이러한 사회관계에 의한 방재·감재가 더욱 중요하다 할 수 있다.

이와 같은 어려운 방재환경 속에서 위의 두 마을 주민들 간에 행해지고

---

20) 필자의 조사자료에서 작성

있는 마을행사는 방재 역할의 가장 큰 부분을 담당하고 있다고 할 수 있겠다. 특히 지역의 고령자 혹은 재해시 재해약자와 도움이 필요한 사람들 사이에 신뢰관계를 구축할 수 있는 중요한 기회라 생각된다. 또한 「독거노인」이나 「고령자 가구」 등 도움이 필요할 수 있는 고령자가 지역 행사 및 방재활동에 대한 노력에 적극적으로 참가함으로 도움이 필요한 사람들에 대한 대책을 세우기 수월하게 됨으로써 방재의 테두리를 확대시키게 될 것이다.

6. 결론

본 연구는 외딴 섬 아마미오오시마의 도서사회에서 방재의 저력이 되는 지역주민간의 교류 상황과, 현지 주민 간의 사회관계를 통해 지역 상부상조의 실태에 주목했다. 얌마마을과 니시나카마마을 사례를 통해 두 마을의 방재·감재에 대한 현상과 3.11 동일본대지진 전후의 변화에 대하여 파악한 것이었다. 그리고 마을의 평소 사회관계, 연중행사 같은 이벤트 등을 통해 사회관계가 방재·감재를 이루는 역할에 대해 분석하여 다음과 같은 사실을 알 수 있었다.

우선 두 마을에서는 평소 친목을 도모하는 일상의 사소한 개인적인 활동에서부터 축제, 연중행사 같은 마을 전체의 활동에 이르기까지 다양한 교류가 이루어지고 있다. 특히 중요한 것은 지역주민이 행사에 참여함으로써 마을 혈연과 지연地緣의 강화, 지연知緣관계 등의 '사회관계'를 통한 다양한 인간관계 구축으로 이어지는 사회적 문화적 구조가 제도화되어 있다는 점이다.

다음으로 지연이나 혈연, 지연적知緣的인 인간관계를 구축함으로써 고령자와 이주자의 고립을 막고, 집중호우와 같은 돌발적인 재해의 비상사태에 직면하더라도 다층적인 방재 지원체제를 구축할 수 있다.

마지막으로, 이러한 사회관계의 구축은 재해 후의 피난기나 생활재건기 (부흥·복구기) 때에도 고령자의 고립을 막거나 심신 양면의 건강상태를 파악 가능케 한다. 이는 피해자, 특히 고령자를 지원한다는 측면에서 중요한 역할을 할 것으로 생각된다.

위와 같이 지역사회의 방재·감재에서 개개인이 지니고 있는 사회관계가 제대로 기능하면 지원에 큰 효과를 가져올 수 있다. 특히 고령화가 진행되는 지역에서는 인근 주민들 사이에서의 고령자 상황파악이 필수이다. 지역 내에서의 사회관계, 일상생활과 연중행사 등을 통한 주민들 서로 간의 상황파악에 따라 지원을 받기 쉬운 환경조성이 가능해질 것이다. 그러나 이 사회관계를 활용해 서로 돕는 것에는 한계가 있는 것 또한 사실이다. 자주방재조직과 개인이 가지는 사회관계, 행정의 공조를 합친 방향에서의 지원체제를 구축하는 것이 방재·감재의 최적의 조건이라고 할 수 있다. 그 위에, 지역을 초월한 자주방재조직 간 및 지역 간의 교류, 개인끼리의 교류가 비상시에 효과적으로 기능할 수 있도록 하는 연계를 구축하여 사람들의 안전·안심을 확보할 수 있을 것으로 보인다.

그러나 마을에는 행사에 참가하지 않는 사람도 존재한다. 인간관계의 구축이나 정보파악의 기회가 적은 지역 내 사람의 존재 및 지역을 초월한 연계의 바람직한 모습에 대한 것은 향후 연구과제로 삼고자 한다.

한국과 일본의 공해문제 해결의 월경적 전개 :
1970,80년대의 일본 공해기업수출문제를 중심으로

정유경 鄭有景, Jeong Yu-Kyong[*]

1. 서론

많은 국가의 예를 통해 알수 있듯이 경제성장에 따른 공업화는 공해문제를 초래해 왔다. 이웃국가 일본의 경우, 전후 비약적으로 경제성장을 이루자, 1950,60년대에 공해로 인한 피해가 전국적으로 확대되어 심각한 사회문제를 초래하였다. 한국도 이와 마찬가지로 1960년대부터 급속한 경제발전을 이루자, 일본의 전례를 밟듯이 공해병과 공해문제가 발생하였다. 그러나, 당시의 권위주의적 독재정권 아래에서는 정권의 경제정책을 비판하는 반공해운동의 전개는 상당히 제한되어 있었다.

이렇듯 한국과 일본은 시기는 다르지만, 경제발전의 과정 속에서 공해병과 공해문제가 사회문제로 부상하였다. 그러한 흐름 속에서 한국보다 일찍이 공해병을 경험한 일본은 일본국내의 반공해운동이 고조되자, 공해규제가 엄격하지 않고 풍부한 노동력과 임금 및 지가가 저렴하다는 이유로 공해를 유발시키는 기업을 한국으로 수출시키기 시작하였다. 그후, 일본의 공해기업 수출문제는 환경파괴라고 하는 국경을 초월한 공통의 문제

* 규슈대학교 〈지속가능한 사회를 위한 결단과학센터〉 조교수

로서 양국의 사회운동 활동가들 사이에서 인식이 공유되었고, 일본 국내에서는 공해기업수출문제에 대한 반대운동이 전개되었다.

본고에서는 1970, 80년대 한일 양국의 공해문제가 국경을 초월하여 확대되어 가는 과정을 살펴보고, 이 문제를 둘러싼 일본 내의 반공해운동이 사회운동사에서 어떻게 변용 및 전개되었는지를 검토하기로 한다. 본 연구는 과거 양국의 공해문제를 둘러싼 사회운동에 관한 것으로, 당시 양국이 국경을 초월하여 공통의 문제해결을 꾀하기 위한 사회운동의 현상을 분석하는 틀을 제시할 것으로 기대된다.

과거 한일간의 공해기업의 수출문제와 비슷한 맥락의 현상이 현재, 한국과 중국 간에 발생하고 있듯이 공해기업수출문제는 현재진행형의 문제이기도 하다. 또, 2011년 도쿄전력 후쿠시마 제1원자력발전소 사고가 발생한 후, 한국 등 인근의 국가들 사이에서는 안전성에 대한 관심이 고조되었다. 2015년 8월, 한국이 이 사고를 이유로 후쿠시마 등 8군데 현으로부터의 수산물 수입을 전면 금지한 것에 대해, 일본은 부당하다는 이유로 세계무역기관(WTO)에 제소하는 등, 후쿠시마 문제 이후의 한국 간의 안전성, 환경문제에 관한 논의는 지금도 계속되고 있다.

이와 같이 공해와 환경오염 문제는 한 국가의 문제가 아니라, 국경을 초월하여 발생하며, 영향을 끼치기도 한다. 이러한 관점에서 과거의 한국과 일본의 공해와 환경문제를 고찰하고 있는 본 연구는 현재의 동아시아에 시사하는 바가 클 것이다.

2. 한국으로의 일본 공해기업수출 문제의 배경

한국으로의 일본 공해기업수출 문제는 각각의 국가의 국내사정 및 양국 간의 경제관계에 기인하여 발생하였다.

1970년대 이후, 일본에서는 규제가 비교적 완화된 아시아의 개발도상국으로 공해기업을 수출하기 시작하였다. 경제발전으로 크게 성장한 일본에서는 공해의 원점으로 불리는 미나마타병水俣病을 비롯하여 니이가타 미나마타병新潟水俣病, 이타이이타이병, 요카이치 천식 등의 공해병이 발생하여 공해왕국이라는 마이너스 이미지가 해외로 확대되었다. 그리고 일본국내에서는 공해병의 피해자와 지원자를 중심으로 반공해운동의 움직임이 활발해졌다. 이러한 배경 속에서 일본국내에서의 조업이 어려워진 공해기업은 일본 내의 반공해운동과 공해규제의 강화를 피해서 공해피해의 경험이 없고, 개발우선의 정책 속에서 공해규제가 정비되어 있지 않거나 실효성이 없는 개발도상국으로의 이전을 추진하였다. 실제로 일본에서 문제가 된 공해기업이 한국으로 이전하였는데, 다음과 같은 사례를 들 수 있다.

한국 동남부에 위치한 울산시에서는 1975년부터 크롬 등의 생산을 중심으로 하는 울산무기화학이 조업을 개시하였는데, 이 기업은 일본화학이라는 기업과의 한일 합병기업이었다. 일본화학은 크롬 문제로 사회적으로 크게 비판을 받은 기업이며, 일본 국내에서의 조업이 곤란해지자 한국 진출을 꾀하였다. 그리고 울산시에 인접한 온산 공업지역에서는 1978년 이후, 고려아연의 조업을 시작으로 공해기업의 이전이 계속되었다. 고려아연은 일본의 안나카공해安中公害[1] 사건의 원인이 된 동방아연과의 합병기업이며 아연 등의 제련을 주로 하였는데, 일본에서 동방아연이 일으킨 것과 같이 아류산가스, 카드뮴의 배출에 따른 공해를 발생시킬 위험이 있었다[2]. 그리고 도야마화학富山化学은 한국의 인천에 이전계획을 세웠으나, 한일 양국의 반대운동에 부딪혀 이전은 실행되지 못하였다. 그 외에 일본의 기업은 태국의 방콕 근교에서 조업을 시작한 태국 아사히카세이소다旭苛性ソーダ, 필리핀의 민다나오섬에 진출한 가와사키제철川崎製鉄, 인도네시아, 말레시아 등 동남아시아 각지로 진출을 꾀하였다. 이와같이 아시아

---

1) 안나카공해安中公害는 1937년부터 1986년까지 군마현 안나카시群馬県安中市 부근에서 발생한 카드뮴 공해이다. 원인기업은 동방아연東邦亜鉛
2) 日本弁護士連合会(1991)『日本の公害輸出と環境破壊』日本評論社, pp . 74~75

를 중심으로 한 일본기업의 수출문제는 이전지역의 주민운동과의 협력관계 속에서 공해반대운동이 전개되었고, 일본의 공해병의 경험과 반공해운동의 전개는 이전지역으로 전파되는 등 영향을 미친 것으로 생각된다.

그러면 일본의 공해기업을 수입하기 시작한 1970년대 한국의 상황에 관해 살펴보도록 하겠다.

당시 한국에서는 성장우선의 경제정책에 따라 수출지향의 대외의존적인 중화학공업이 진전되고 있었으며, 외국과의 합병회사에 따른 중화학공업의 건설이 증가하여 공해문제의 요인이 되었다. 개발독재의 정치체제는 경제적 발전의 측면에서는 일정의 효과를 나타내었으나, 개발에 중점을 두었기 때문에 개발을 위해서라면 인권은 어느 정도 제약하더라고 어쩔 수 없다는 발상이 경제발전을 위해서라면 공해수출도 용인하겠다는 발상으로 이어진 것으로 고려된다[3].

이와 같은 한국과 일본의 국내사정은 양국의 경제협력이라는 형태로 공해기업의 한국수출로 이어졌다. 1965년 6월, 한일조약이 체결되자, 한국의 대일의존도가 높아지고 일본의 본격적인 경제진출의 길이 열리게 되었다. 그 후, 1970년에 서울에서 열린 한일협력위원회 제2회 총회에서 제출된 한일경제기본구상은 일본의 공해기업과 사양산업이 본격적으로 한국으로 진출하게 되는 발판을 마련하였다. 야쓰기 사안矢次私案이라고도 불리는 한일경제기본구상의 주요 내용은 다음과 같다.

- 1970년에 10년간을 목표로 하여 '한일경제협력권'을 구축한다.
- 일본은 토지이용과 공해 등의 문제로 인해 일본국내에서 한계에 직면한 철강, 석유, 석유화학, 조선, 플라스틱 등의 공업을 한국으로 이전할 것을 희망한다.
- 일본경제계는 이윤획득의 단계에서부터 '합작의 형태에 따른 장기협력'으로 전환할 것을 고려하고 있다. 이를 위해 한국정부에는 한일합작

---

3) 日本弁護士連合会(1991) 前掲載, p . 80

및 가공무역회사를 설립하고 합작회사에 대한 노동쟁의를 금지하도록 조치를 취할 것을 기대한다.
 • 일본 측은 노동력의 부족과 감소로 인해 노동집약적 산업을 한국으로 이전할 것을 고려하고 있다.

한국과 일본의 경제협력 아래에서 외자도입이 활발해지고 공업화가 진전되자, 국경을 초월하여 공해문제를 확대시키는 결과를 초래하였다. 당시 한국에서는 빈곤으로부터 찰출하고 당시 독재정권의 정통성을 유지하기 위한 경제발전이 필요하였기 때문에 직접투자 도입의 경쟁은 점점 고조되어 갔다. 더욱이 시장개방에 따른 외국투자의 신청절차는 간소화되었고 외국기업에 대한 감시기능은 저하되었다. 한편, 일본의 경우, 개발도상국의 환경보호와 경제발전과의 조화를 고려하지 않았으며, 해외투자에 대해서 환경면의 감시기능은 거의 이루어지지 않은 상황이었다.

이상, 1970년대부터 진전된 일본의 공해개업 수출문제가 발생하게 된 요인에 관해 간략하게 살펴보았다. 이를 통해 당시의 한일양국의 공해를 둘러싼 문제는 한일양국의 관계 속에서 파악해야 한다는 것을 확인할 수 있을 것이다.

3. 일본 사회운동의 변용과 아시아 인식

한국을 포함하여 아시아를 중심으로 한 일본의 공해기업수출문제가 발생하자, 1970년대, 일본에서는 이에 반대하는 사회운동이 전개되었다. 이 운동의 배경에는 한국 등 아시아의 문제를 인식하기 시작한 일본 사회운동 활동가들의 인식 변화를 들 수 있다.

이번 장에서는 1960년대 후반부터의 일본 사회운동의 변용과정을 검토하고 1970년대의 일본 공해기업수출 반대운동의 전개과정을 고찰할 것이다.

1960년대, 고도경제성장기의 공업화가 진전되자, 일본 내의 사회관리

강화와 규율화를 문제삼고 형성된 것이 뉴레프트 운동이다. 뉴레프트 운동에 가담한 학생은 대학 캠퍼스의 문제에서 보다 광범위한 사회변혁으로 초점을 옮겨 학생운동을 전개하였다. 그리고 베트남전쟁 반대운동의 경우, 일본의 지원을 받은 미군이 수많은 베트남 사람들을 학살하고 있다는 사실을 알게 된 사람들이 1965년에 '베트남에 평화를! 시민연합(ベトナムに平和を！市民連合·이하, 베헤이렌 ベ平連으로 칭함)'을 결성하여 베트남전쟁에 반대하는 운동을 전개하였다. 베헤이렌의 운동은 베트남의 희생자에 대해 동정을 표하는 것에서 끝나는 것이 아니라, 일본정부가 미국을 지지한 것에 대한 책임을 통감하고 일본사회를 변혁시키는 것이 전쟁을 멈추게 할 수 있다고 생각하는 입장이었다. 또, 청년노동자운동의 활동가는 직장의 관리강화에 항의하였을 뿐만 아니라, 베트남전쟁의 문제에 충분히 대응하고 있지 않는 것에 대해 노동조합을 비판하는 운동을 전개하였다. 이와 같이 1960년대 후반의 사회운동은 학생운동, 반전운동, 청년노동자운동의 네트워크의 뉴레프트 운동이 전개되던 시기였다[4]. 이러한 뉴레프트운동의 활동가들은 물질적으로 풍족하지만, 통제된 일상생활을 비판, 변혁을 추구하며 자신들의 삶의 방식을 되돌아보고자 하는 사고방식 아래에서 운동에 참가하였다.

　1960년대 후반에는 그러한 일상성을 바꾸려는 실천을 모색하면서 사회운동과 배움을 융합시킨 학습운동이 등장하였다. 예를 들어, 자주강좌自主講座는 1960년대 후반의 대학분쟁이 일단락된 후, 1970년 10월에 도쿄대학 강의실에서 시작되었으며, 우이 준宇井純[5]씨가 주축이 되어 정기적으로 공해문제에 관해 논의하는 자리였다[6]. 또, 공해지역을 방문하여 현지주민을 거울 삼아 일상성을 바꾸는 실천적인 방법의 학습운동도 이루어졌으며,

---

4) 安藤丈将 (2013)『ニューレフト運動と市民社会』世界思想社, pp . 12~13
5) 일본의 환경학자, 공해문제연구자. 미나마타병를 고발하고, 니이가타 미나마타병 소송과 공개자주강좌「공해원론公害原論」등의 활동을 하였다.
6) 安藤丈将 (2013) 全掲載,p . 166

이러한 활동은 국경을 넘어 아시아로까지 확대되었다. 이러한 사회운동의 형태와 방식의 변용은 본고에서 다루는 일본 공해기업의 아시아로의 수출문제에 대한 반대운동과도 관계하고 있음을 알 수 있다.

그리고 1960년대말, 베트남전쟁 반대운동이 끝나갈 무렵, 반전운동에 참가한 활동가 중에 아시아의 문제를 인식하기 시작한 그룹이 형성되었다. 아시아의 문제에는 아시아 각국의 개발독재의 정치체제, 일본의 공해기업이 원인이 되어 발생하게 된 아시아의 공해문제 등이 포함되어 있었다. 베헤이렌 활동의 주도적인 역할을 담당하고 있던 오다 마코토小田実[7) 씨는 베트남전쟁 반대운동의 말기, 일본시민이 베트남전쟁에 가담하고 있는 입장에 서 있다는 사실을 명백히 하며, 가해자 구조를 변혁할 것을 제기하였다. 동시대의 1970년대에는 일본기업이 아시아로 진출을 확대하고 있던 시기이며 아시아의 각국에서는 군사독재정권의 인권침해에 대한 항의운동이 잇따라 전개되고 있었다. 이렇듯 당시의 아시아의 상황을 통해 사회운동의 활동가들은 아시아 각국으로 확대되는 일본기업의 경제침략과 공해발생에 관한 문제를 인식하게 되었다. 이 문제는 1960년대 후반부터 확대된 일본기업의 대아시아투자와 이를 통한 일본정부 및 기업과 독재정권과의 유착관계 등 일본인 자신들에 대한 가해자의 문제로서 가시화되었다[8).

베트남전쟁 반대운동에 참가하여 아시아의 문제를 인식하게 된 활동가 중에서는 일본의 경제침략과 그것이 빚어낸 환경파괴 문제를 관련지으며, 당시 반공해운동을 전개하고 있던 그룹과 연대하는 움직임도 생겨났다. 1973년 6월에 행해진 '둘도 없이 소중한 지구와 생명 : 인간=환경파괴에 대항하는 6월 도쿄행진かけがえのない地球と生命 : 人間=環境破壊とたたかう六月東京行進'은 반전운동과 반공해운동이 연대한 최초의 시도이다. 6월 한달

---

7) 일본의 소설가, 문예평론가. '베트남에 평화를! 시민연합(베헤이렌)'을 결성하여 반전운동을 주도하였다.
8) 「べ平連ニュース」 No.93 1967년 3월 28일

간 반체제, 공해문제, 아시아로의 경제침략에 관한 내용의 집회와 행사, 데모 등이 이루어졌다. 구체적인 내용에는 베헤이렌 주체의 '데모'다나카 정부를 없애라田中政府をぶっつぶせ'라고 내건 당시 정권에 대한 반대데모, 당시 공해문제를 논하고 반공해운동에 관한 활동을 전개하고 있던'자주강좌'의 그룹이 주최한 행사 등이 있었다. 자주강좌의 그룹은 일본에서의 공해문제(6월 4일에 '아시오 레포트足尾レポート', 6월 25일에'가시마 콤비나트鹿島コンビナート'등) 에 관한 강좌를 일반시민 대상으로 열어 일반시민과 함께 정보공유를 할 수 있도록 기획하였다. 이 자리에서 일본의 공해문제, 공해병을 논의함으로써 그러한 공해의 경험이 다시는 발생되어서는 안된다고 촉구하였다. 또 공해를 수출하고 있는 당시의 정권을 비판하며 일본의 대아시아 정책을 재고할 것을 권고하는 활동가들의 인식을 엿볼수 있다.

이렇게 아시아에 눈을 돌린 일본의 사회운동의 움직임을 주도한 인물 중의 한 사람인 오다 마코토씨는 1973년 8월에 '반전시민운동 전국간담회反戦市民運動全国懇談会를 개최하여 다음 해 6월에 '아시아의 사람들과의 집회アジアの人びととの集まり'를 기획 중이라고 보고하였다. 오다씨는 아시아에 대한 경제침략을 비판하기 위해서는 구체적인 것을 알 필요가 있으며 가까이에 있는 공장에서 무슨 일이 일어나고 있는지 그 공장이 해외로 진출하고 있다면 어디로 진출하여 무엇을 하고 있는지에 관해 조사하여 아시아 각 지역으로 발신할 것을 제안하였다. 이 집회는 1974년, '아시아인회의アジア人会議'라는 이름으로 개최되었다. 오다씨를 중심으로 한 반전운동의 그룹과 당시 활동하고 있던 자주강좌 그룹이 연대하여 아시아로의 경제침략, 공해수출 문제에 반대하는 운동이 전개된 것이다.

4. 1970년대 일본 사회운동에서의 한국인식과 '아시아인 회의'

아시아 문제를 인식하기 시작한 일본 사회운동의 활동가들은 당시 독재 정권 아래의 한국의 문제도 인식하게 되었다.

1970년대에 들어서자, 한국의 공업구조는 경공업에서 중화학공업으로 변화하였다. 한국의 중화학공업은 수출지향적, 대외의존적인 특징을 지니고 있었으며, 외국으로부터의 원료수입, 외국과의 합병에 따른 중화학공업 건설의 증가 등으로 인해 공해문제가 확대되었다. 특히 1965년 한일국교정상화 이후, 한국의 대일의존도는 심화되었으며, 1973년 이후, 일본 국내에서의 입지가 어려워진 일본 공해기업이 한국의 공업단지로 이전하기 시작하였다.

아시아의 문제를 인식하게 된 일본 사회운동의 활동가들은 한국으로의 일본 기업진출과 공해수출 문제에도 관심을 가지게 되었는데, 1970년대를 중심으로 한 한국의 정치적, 사회적 상황에 관해서는 몇 가지 경로를 통해 일본으로 전해졌다.

예를 들어 한국인 학자인 지명관씨는 'T·K생'이라는 이름으로 1973년부터 1988년까지 잡지 『세계世界』에 「한국으로부터의 통신韓国からの通信」을 연재하여 한국의 독재정권을 비판하였다. 이 연재는 당시 한국의 정세를 일본사회에 전하는 경로 중의 하나였다. 그 후, 1973년에 발생한 '김대중납치사건金大中拉致事件'은 일본의 지식인 계층을 중심으로 한 사회운동 활동가에게 큰 영향을 끼쳤으며, 1973년 8월 23일에 78명의 지식인이 성명을 제출하기도 하였다. 성명에 찬동한 지식인 중에는 쓰루미 슌스케鶴見俊輔, 오다 마코토小田実. 오에 겐자부로大江健三郎 등 아시아의 문제를 인식하고 있던 이들이 다수 참가하였다.

이 사건은 일본의 지식인과 사회운동 활동가들이 결성한 한일연대운동이 전개되는 계기가 되어 1974년에 '한국문제 크리스트교 긴급회의韓国問題

キリスト者緊急会議', 그 다음으로 '한일연락회의日韓連絡会議'가 발족하였다.

한일연락회의의 정식 명칭은 일본의 대한정책対韓政策을 바로하고 한국 민주화투쟁에 연대하는 일본연락회의이다. 여기에는 일본인이 자신들의 방식을 바로 잡기 위한 노력을 함으로써 한국인의 운동과 연대할 수 있다는 사상이 내포되어 있으며 한국민주화운동에 단순히 협력하는 것 뿐만이 아니라 일본의 정책과 방식을 재고하고자 하는 의도가 있음을 알 수 있다. 이들 조직은 억압받고 있던 한국 민중을 구출하는 것 뿐만이 아니라 그러한 상황에 놓여있는 한국에 대해 일본이 행하고 있는 경제침략, 독재정권과의 유착 등 일본의 대한정책을 바꾸는 것에 초점을 맞추고 있다. 한일연락회의는 「한일연대뉴스日韓連帯ニュース」라는 기관지를 발행하였는데, 기관지의 내용에는 한국의 정치적 상황뿐만이 아니라 한국으로의 일본자본의 진출, 공해수출 문제 등에 관해서도 다루며 일본의 대한정책을 비판하였다.

앞에서 언급하였듯이 1970년대에 일본의 사회운동 활동가는 한국을 포함하여 아시아의 문제를 인식하고 아시아 속에서의 일본을 인식하게 되었다. 그리고 구체적인 성과의 하나로서 1974년 6월에 제 1회'아시아인 회의'를 개최하게 되었다.

이 회의는 당시에 아시아의 문제에 관심을 가지고 있던 반전운동 그룹, 공해문제의 자주강좌 그룹, 종교단체의 활동가들이 연대하여 개최한 것으로 아시아의 정치상황과 공해문제, 일본 공해기업수출문제를 논의하는 자리가 되었다. 제1회 '아시아인 회의'가 개최되기까지의 경위는 다음과 같다9).

1973년 8월, 오다 마코토씨가 '아시아인 회의'에 관한 기획을 제창하고 나서 회의를 위한 준비작업이 이루어졌다. 1973년 9월 3일에는 '아시아의 경제발전과 환경의 미래에 관한 회의アジアにおける経済発展と環境の将来にか

---

9) '아시아인 회의アジア人会議'에 관한 자료는 릿쿄대학 공생사회연구센터에 소장되어 있는 당시의 회의록, 개요안 등을 참고하였다.

んする会議'가 개최되어 아시아인 회의의 일정과 의제, 내용 등에 관한 계획을 세웠다. 같은 달에는 반전운동(구 베헤이렌), 공해반대운동(자주강좌), 크리스트교 단체(SODEPAX[10])의 세 곳의 관계자로 구성된 아시아인 회의 준비회 사무국이 도쿄 신주쿠에 발족하였다. 아시아인 회의에서 논의사항으로 떠오른 것은 아시아의 일본 경제진출에 따른 문제와 이에 따른 아시아의 환경문제, 그 외 다국적기업, 사회운동 등이다. 특히 일본자본이 아시아 각국에 끼친 영향에 따른 아시아의 실정을 파악하고 아시아의 사람들이 일본을 어떻게 생각하고 있는지에 관해 상호이해를 깊이하기 위한 자리를 마련하고자 하였다. 1974년 1월에는 아시아인 회의의 실행위원회를 발족하였는데, 작가, 학자, 평론가, 정치가, 종교관계자 등의 각 분야의 전문가들로부터 찬동을 얻었다[11]. 1973년 10월 5일에는 '경제발전과 환경의 미래에 관한 아시아인 회의経済発展と環境の将来にかんするアジア人会議'라는 명칭으로 준비회의가 다시 개최되었다. 아시아인 회의는 이 회의를 줄여서 붙여진 명칭이다. 의제와 참가자에 관한 내용을 보면 각국의 국내정치와 군사문제를 직접적으로 논의하지는 않을 것이나 참가자가 자국의 정치와 군사에 관해 언급하는 것은 문제시 되지 않는다고 명시되어 있다. 또 사회주의 국가의 참가자들을 어떻게 할 것인가, 회의를 공개할 것인가 등 당시의 아시아 각국의 정치정세를 반영하고 있으나 일본 측 참가자는 그것에 직접 관여하지는 않았다.

이러한 준비과정을 거쳐 1974년 6월 8일부터 15일까지 아시아인 회의가 개최되었다.

---

10) 크리스트교의 초교파적 조직. 「사회, 발전, 평화협의회」 Committee on Society, Development, and Peace의 약칭. 1968년에 교황청의 「정의와 평화평의회」와 프로테스탄드의 초교파적 조직인 「세계교회협의회」 WCC와의 협력하에 설립된 기관으로, 크리스트의 명에 따라 궁핍과 전쟁을 극복하기 위한 투쟁으로 인류에 봉사하는 것을 목적으로 삼고 있다.

11) 공해문제전문가의 우이 준宇井純씨를 필두로 오에 겐자부로大江健三郎, 오다 마코토小田実, 가토슈이치加藤周一. 다케우치 요시미竹内好. 쓰루미 슌스케鶴見俊輔 등의 지식인이 참가하였다.

아시아인 회의의 요지는 '아시아인의 일부인 일본인이 아시아를 재차 지배하려고 하는 상황을 공해수출의 실태 등을 통해 명백히 하고 사람들과의 관계 속에서 생활을 쟁취하고자 하는 투쟁의 연대를'행한다는 점에 있었다. 참가자는 아시아 각국으로부터 약 40명, 일본으로부터 학생, 크리스찬, 공해반대운동의 활동가 등 약 180명이 참가하여 시민 간의 교류를 지향하는 시도라는 점에서 주목을 받았다.

제1회 아시아인 회의는 같은 해 1월에 해산한 베헤이렌의 그룹과 우이 준씨 주도의 반공해운동 그룹, 일본 크리스트교 협의회의 종교관계자가 중심이 된 것이었다. 회의에서는 일본의 경제침략과 공해수출 문제를 통해 민중을 위한 아시아의 미래를 어떻게 구축할 것인가라는 문제를 구체적인 체험을 바탕으로 논의되었다. 그리고, 참가한 아시아 각국의 일본기업 진출에 관한 보도, 산리즈카三里塚, 요카이치四日市 등 일본의 공해발생 지역을 시찰하는 등의 프로그램을 통해 일본의 공해기업과 아시아 각국의 공해문제를 논의하는 기회가 되었다. 그리고 본 회의에는 준비작업 단계에서부터 한국측의 참가가 예정되어, 한국의 공해문제와 일본기업 진출에 관한 사항을 보고할 계획이었다. 당초 아시아인 회의에 참가할 예정이었던 한국측 참가자는 선우휘(소설가), 양호민(정치학자), 지학순(앰네스티)씨 등으로 구성되어 있었다. 그러나 당시 한국의 정치적 상황으로 인해 한국측 참가자는 출국이 금지되어 참가하지 못하였다. 이러한 상황이었으나, 한국민주회복통일촉진국민희의

(이하, 한민통이라 함) 일본본부의 '한국문제에 관한 결의'가 이루어져, 한국의 문제를 아시아인 회의에서 논의할 수 있게 되었다. 당시 일본에 체재하고 있던 한국인이 아시아인 회의에서 활동한 것이다. 한민통 일본본부 사무총장이었던 조활준씨는 '일본의 경제침략 매커니즘'이라는 보고를 통해 일본이 과잉설비하여 남은 공장설비를 아시아로 이전시키는 문제와 한국에 진출한 일본기업이 공해방지의 설비투자를 하지 않은 문제 등, 한국 등 아시아에 일본이 행하고 있는 부조리를 비판하였다. 그리고 재일

한국민주통일연합의 기관지인『민족시보民族時報』주필을 담당하던 조경
모씨도 아시아인 회의에 참가하여 당시의 독재정권에 의한 인권탄압 문제
에 관해 보고하였다[12].

아시아인 회의는 1975년 방콕에서 두번째 회의를 개최하였으나, 그 후
에는 계속되지 못하였다. 제 3회는 1976년 8월에 서울에서 개최하기로 예
정되어 있었으나, 성사되지 못한 것이다. 그러나 이 회의는 아시아의 지식
인과 활동가들이 직접 만나는 자리를 만들어 일본의 경제침략과 아시아의
환경과 인권문제에 초점을 둔 것은 괄목할 만하다. 한국의 경우, 당시의
정치적 상황으로 인해 회의 참가는 제한되었으나, 당시 일본에 체재하고
있던 활동가의 역할을 통해서 일본의 사회운동 활동가들이 한국의 정치적
상황과 공해문제에 대해 이해를 깊이하고 공유할 수 있는 기회가 되었다.
한편, 한국측에서 출국 예정이었던 참가자의 회의참가는 좌절되기는 하였
으나, 당시 정권에 의해 억압받고 있던 한국의 정치적, 사회적 상황을 부
각시키고 이를 일본과 아시아의 참가자와 공유할 수 있었다.

5. 일본의 공해기업수출 반대운동의 전개: 1970년대

일본 공해기업의 수출에 반대하는 일본의 사회운동은 1960년대부터 사회
운동이 변용하는 과정 속에서 형성되어 이후의 1970년대에는 아시아로의
공해기업 수출문제라고 하는 구체적인 사회운동의 이슈로서 전개되었다.

아시아로의 공해기업 수출반대운동은 1973년에 태국의 방콕 근교에 이
전한 일본 기업인 아사히카세이旭荷性에 대한 항의데모를 필두로 시작되
었다. 태국의 차오프라야강에 염산, 수은, 가성소다를 흘려 보낸 것에 대
한 반대운동이었다. 이 운동은 아시아인 회의를 담당했던 자주그룹 그룹

---

12) 趙活俊 1974「「アジア人会議」の全記録--人びとのくらしを奪い返す闘い」『潮』
182

의 활동가와 베헤이렌 그룹이 공동으로 기획한 행동이었다. 아시아인 회의 개최에 주체적인 역할을 담당한 반공해운동의 시민 그룹인 자주강좌는 도쿄대학의 강당을 일반시민에게 개방하여 공해에 관계있는 강사를 초빙하여 공해문제를 논하는 자리였다. 공해문제 연구가인 우이 준씨는 1970년부터 공해연구와 조사결과를 시민에게 직접 전파하고 전국의 공해문제의 보고를 현장으로부터 들을 수 있는 장으로서 공개자주강좌를 도쿄대학에 야간에 개강하여 15년에 걸쳐 강좌를 계속해왔다.

1970년은 도쿄에서 공해에 관한 보도가 증가한 해이며, 공해문제에 관심이 별로 없던 도시부의 주민들이 공해문제를 자신들과 가까운 문제라는 것을 피부로 느끼기 시작하였다. 자주강좌는 우이 준씨가 일본 공해문제의 과거와 현재에 관해 총론을 제시하는 작업에서 시작하여 공해기업의 사업자와 공해 현장의 이야기를 듣는 자리를 구축해가는 학습운동이었다.

자주강좌 중에는 아시아에서의 일본기업의 진출상황과 환경오염 문제도 접하고 있어 자주강좌 내의 그룹으로서 '자주강좌 아시아 그룹'이 결성되어 아시아인 회의에서도 주체적인 역할을 수행하였다. 운동을 전개한 자주강좌 그룹의 활동가는 1972년부터 자주강좌의 기관지인『자주강좌自主講座』에 일본기업의 아시아진출에 관한 상황과 환경오염 문제에 관한 정보를 게재하였다.

이 아시아 그룹의 주요 활동가였던 히라야마 다카마사平山隆貞씨와 베헤이렌의 활동가였던 이노우에 스미오井上澄夫씨가 공동으로 시작한 것이 '도야마화학의 공해수출을 멈추게 하는 실행위원회富山化学の公害輸出をやめさせる実行委員会' (이하, 위원회라 함) 이다. 이 명칭에서 알 수 있듯이 위원회는 일본기업의 아시아진출, 그 중에서 한국으로의 일본기업 진출을 저지하는 활동을 전개하였다. 위원회는 일본에서 공해문제를 일으켜 문제가 된 공장설비를 한국으로 수출하려는 약품메이커인 도야마 화학의 한국으로의 이전을 반대하는 운동을 전개하였다. 일본 국내에서 소독약 머큐로크롬을 제조하고 있던 도야마 화학이 수은오염을 이유로 공장설비를 한

국 인천으로 이전하여 생산을 재개할 것이라는 정보를 얻은 히라야마씨와 이노우에씨는 도야마에 현지조사를 행하였으며, 지역의 반공해운동과 재일한국인 운동과 연대하여 1974년 4월에 도쿄의 도야마화학 본사 앞에서 항의 데모를 전개하였다. 같은 시기에 한국 인천의 YMCA도 공장설비 건설에 반대하는 결의행동을 하였으며, 인천시장에 요청서를 제출하였다. 결국, 한국과 일본의 운동이 전개되는 과정 속에서 도야마화학의 이전은 저지되었다. 위원회를 중심으로 한 한국으로의 일본 공해기업수출반대운동은 이후, 아시아의 공해문제 고발, 원자력 문제, 인권 문제 등으로 확대되어 1980년대 후반까지 활동을 계속하였다.

6. 결론: 전망과 과제

1960년대 후반부터 1970년대의 일본 사회운동의 변용과정을 통해 1970년대를 중심으로 일본에서 전개된 한국 및 아시아로의 공해기업수출반대운동의 형성과정을 살펴보았다. 이 검토과정에서 1970년대로 이어지는 일본 사회운동의 이슈는 변용을 겪고 있으나, 운동의 활동가는 연속성을 보이고 있음을 확인할 수 있었다.

이와 같이 1970년대의 일본 공해기업수출반대운동은 1960년대 경부터 일본의 사회운동에 참가해왔던 베트남전쟁 반대운동의 활동가와 1960년대 후반부터 형성된 공해문제에 관한 학습운동의 형태인 자주강좌의 활동가 등 일본 사회운동의 각 단체들이 1970년대에 관계를 형성하면서 전개되었다. 그리고 이러한 사회운동 활동가들의 의식변화도 일본 공해기업수출반대운동을 형성하는 요인이 되었다.

베트남 전쟁에서 미국을 지지하는 일본을 통해 아시아에 대한 가해자로서의 일본을 인식한 오다 마코토씨의 사상은 이후의 사회운동의 활동가들이 아시아를 인식하게 되는데에 영향을 끼쳤다. 이러한 인식은 일본국내의 공해문제에서 국경을 초월하여 아시아로 확대되는 일본 공해기업의 수출문제로 이어지게 되었으며, 이에 대한 반대운동을 전개하게 된 것이다. 물론, 일본 사회운동의 활동가들의 인식 변화에는 자기반성적인 요소가 크게 차지하고 있다는 사실을 부정할 수는 없을 것이다. 그러나 국경을 넘어 확대되는 공해문제를 공통과제로 인식하며 아시아를 구성하는 사람들과 문제공유와 해결을 꾀하기 위한 활동을 전개한 것은 주목할 만 하다.

향후 공해기업수출문제를 둘러싼 한국과 일본의 사회운동 활동가들의 구체적인 관계성을 통해 사회운동의 월경적인 측면에 대한 검토를 과제로 삼고자 한다.

참고문헌

青地晨·和田春樹編 1977 『日韓連帯の思想と行動』 現代評論社
安藤丈将·2013 『ニューレフト運動と市民社会』 世界思想社
宇井純 2007 『自主講座「公害原論」の15年』 亜紀書房
道場親信 2011 「ポスト·ベトナム戦争期におけるアジア連帯運動—「内なるアジア」
    と「アジアの中の日本」の間で」 『東アジア近現代通史 8 : ベトナム戦争の時代』
    岩波書店
和田春樹 2012 「倉塚平先生を偲ぶ3·韓国民主化運動支援, 日韓連帯運動と倉塚平氏」 『ち
    きゅう座』
(http://chikyuza.net/archives/24031)
「ベトナムに平和を!」市民連合 編「ベ平連ニュース」
富山化学の公害輸出をやめさせる実行委員会編「公害を逃すな!」
趙活俊 1974 「「アジア人会議」の全記録-人びとのくらしを奪い返す闘い」 『潮』 No.18
    2。
「アジア人会議」計画案, 概要など会議資料, 立教大学共生社会研究センター

지역의 역사자료 방재시스템 구축 :
자료의 보존 · 공개 · 학습의 순환을 만든다

니와 켄지 丹羽謙治, Niwa Kenji[*]

1. 미나미큐슈南九州의 역사자료 현황: 가고시마를 중심으로

1.1 문화재와 역사자료

이른바 류큐코琉球弧라고 불리는 난세이제도南西諸島에 걸쳐 펼쳐진 지역은 옛부터 일본열도로 사람과 문물이 들어오는 주요 통로였다. 또한, 가고시마현鹿児島県은 일본의 근대국가수립에 큰 역할을 한 지역이기도 하다. 온난 온습한 기후와 전재戦災로, 다른 현에 비해 남아있는 역사자료의 비율이 적은 것으로 알려져 왔다. 그러나 양이 많고 적고를 떠나서 계속 찾아보면 아직 자료가 남아있을 거라는 생각이 든다, 이는 잠자고 있는 자료도 존재하는 한편, 손실 가능성이 있는 자료도 있다는 의미이다.

가고시마대학이 있는 가고시마시를 중심으로 한 일대는, 1993년 8월 6일의 집중호우, 이른바 「8·6 수해」로 인한 절벽붕괴와 홍수 때문에 큰 인적·물적 피해를 입었다. 시내중심부를 동서로 가로지르며 흐르는 고우스키가와甲突川에는 에도시대 후기에 히고 구마모토肥後熊本의 석공을 불러들여 만든 다섯 개의 돌다리가 놓여있어 그것이 가고시마시의 명물 중 하

---

[*] 가고시마대학교 법문학부 인문학과 교수

나가 되었는데, 이 수해로 신칸바시新上橋, 다케노바시武之橋가 파괴되고, 남은 돌다리(다마에 바시玉江橋, 니시타바시西田橋, 고라이바시高麗橋)도 현 차원에서 철거·이전을 결정하기에 이른다. 상류에서 흘러내려온 돌과 나무 등이 교각에 걸려 물의 흐름을 막은 것이 피해확대로 이어졌다는 것이다. 한편에서는 문화재로서의 현지 보존을 주장하는 시민단체가 철거반대를 호소했고, 다른 한편에서는 수해를 입은 주민들이 철거를 찬성하는 입장이 되어, 이시바시石橋의 철거 또는 보존을 둘러싸고 커다란 논란이 일어났다. 마을의 상징을 문화재로 남길 것인지, 아니면 주민의 안전과 재산을 보호할 것인지, 문화재 보호의 방법이 문제가 되었던 것이다. 결국 이시바시 반대파의 주장은 이루어지지 않았고, 세 개의 다리가 기온노수祇園之洲로 이전되면서(이시바시 기념공원으로 정비) 논란은 끝이 났다.

본고에서 주제로 삼은 「역사자료」에는 넓은 의미에서 상기 다섯 개의 다리橋 건물 및 거대한 건축물도 포함된다고 볼 수 있지만, 현재로선 종이와 나무에 문자로 기록 된 기록과 문서, 족자와 불상 등의 종류를 가리키는 용어로 사용되고 있다. 그러나 여기에서 20여 년 전 수해(필자는 이 수해 발생으로부터 반년이 지난 후 가고시마대학에 부임하여 직접 수해를 경험하지는 않았다)에 대해 언급한 이유는, 역사자료의 의미를 좁은 의미의 역사자료 보존(운동)과 대조하여 생각해보고자 함이다.

이시바시의 보전을 둘러싼 논의는 긴 안목으로 보면 일시적인 것이었다. 즉 20여 년의 세월이 지난 지금에 와서 그 문제와 마주하고 있는 사람은 거의 없을 것이다. 또한 2015년은 가고시마시 이소磯의 집성관사업 유적이 세계 근대화 유산에 등록된 해로 기억되어 갈 것이다. 귀중한 문화재를 오랫동안 후세에 전하기 위한 관민 모두의 노력이 이룩한 것이지만, 그러한 〈빛〉의 그늘에서 나날이 의미를 잃어가고 있는 좁은 의미의 「역사자료」「역사유산」을 돌이켜보는 경우는 많지 않다.

좁은 의미의 「역사자료」는 가정의 창고나 벽장, 혹은 다락방까지도 포함한다. 개인의 집안에 비밀리에 잠들어 있을 수도 있고, 소중히 챙겨놓거나,

사람에 따라서는 지저분하다고 생각하며 사소한 계기로 쉽게 버리거나 했을지 모른다. 그런 사소한 것들이라 할지라도 집안과 그 지역의 역사를 밝혀내는 중요한 기능을 할 가능성을 간직하고 있는 것이며, 비록 일부분이더라도 자연재해나 전재가 닥쳤던 지역의 경우에는 과거의 역사를 말해주는 귀중한 존재가 될 수 있는 것이다. 문화재 보호라는 거창한 차원의 것이 아니더라도 자료보존을 손쉽고도 일상적인 운동으로서 생각하는 자세가 요구된다.

'8.6 수해' 이후에도 미나미큐슈에서는 1977년 가고시마현 서부지진, 2010년 아마미奄美호우, 2011년 신모에다케新燃岳분화 등의 자연재해가 계속되고 있다. 이 외에도 도서지역은 매년 거대한 태풍이 몰아쳐 피해를 입어왔다. 언제 일어날지 모르는 재해에 대비해 어떤 대책이 가능한 것인지 생각해 나가야 한다.

1.2 자료 계승자

원래 이러한 자료보존에 종사하던 사람은 어떤 사람이었을까. 옛부터 이어져온 집안의 경우라면 그 당주가 대대로 가보로서 소중히 지키는 경우도 많았을 것이다. 그런가하면 향토사 연구자(향토역사가)가 연구소재로 모으는 경우도 있었을 것이다. 향토역사가는 일반적으로 교육관계자(교사 등)가 많았다. 그러나 최근에는 공사다망한 교사의 상황과 과소화의 진행으로 지역을 지키는 향토역사가의 층이 얇아져 거의 사라질 형편에 처해 있다고 해도 과언이 아니다. 따라서 자료보존의 관련자 층을 넓히기 위한 연구와 노력이 필요하다. 평소에 자료(특히 지역자료)를 살피고, 현황파악과 정보제공을 할 담당자가 필요하다. 이것을 어떤 형태로 육성해 나갈 것인가 하는 것이 사회문제이다.

1.3 자치체, 공·사립 박물관·자료관과의 연계

자치체에는 각 시정촌에 교육위원회가 있어 각각 관할구역의 문화재 행정을 담당하고 있다. 또한 자료관 등 역사자료를 보존하고 있는 곳도 많다. 헤세이平成의 대합병으로 담당영역의 확대, 자료관의 통합이나 폐지가 이루어지고 있다. 역사자료 보존의 관점에서 보면 결코 바람직한 상황이 아니라고 볼 수 있겠다.

가고시마현 역사자료의 환경을 살펴보면 현県역사자료센터 레이메이칸 黎明館이 현 전체를 커버하는 자료센터로서 존재하고는 있지만 이는 어디까지나 박물관이기 때문에, 자료공개에 따른 역사·문화연구를 활성화 하기에는 기능적으로 불충분한 부분이 있다고 할 수 있다. 공개성이라는 관점에서 보자면 현립도서관이 그 기능을 발휘하고 있지만, 역사자료 공개라는 점에서 볼 때 전쟁 전 유산에 의존하고 있는 실정이며 신간도서의 수용·대출업무가 중심이 되고 있는 상황이다. 이밖에 쇼코슈尚古집성관의 경우는 사립 박물관으로 기업이 경영하는 박물관이라 자료공개에 한계가 있다.

한편, 대재해가 발생했을 때 어떻게 자료를 보호할지, 각 자료관·도서관 내부의 예방과 대책까지는 아니더라도, 일반 가정에 소장되어있는 역사자료를 어떻게 지켜야 할지, 혹은 재해를 예측하여 어떻게 자료를 보존할 것인지 등의 보존방법을 강구하려는 움직임은 거의 보이지 않는다.

1.4 방재 네트워크

1997년 1월 17일 한신아와지阪神淡路 대지진 이후, 일본에는 대규모 지진재해가 잇따라 발생했다. 또한 지구 온난화의 영향으로 집중호우(게릴라 호우)와 돌풍에 의한 피해가 다발하는 상황에 있다. 많은 인명을 앗아간 자연재해는 지역의 유산인 문화재와 역사 자료도 빼앗아 갔다. 그 후 재해가 발생한 지역에는 역사자료 네트워크가 조직되었으며, 현재도 왕성한 활동을 계속하고 있다. 또한 2011년 3월 11일 동일본대지진 이후에는 그러한 활동이 관동·동북을 중심으로 계속 확대되고 있다. 아래의 [표1]은 각지의 네트워크를 일람표로 만든 것이다.

[표 1] ◆ 선행하는 역사자료 네트워크 ◆

	명칭	설립연도	설립계기	사무국*	비고
1	역사자료 네트워크	1995·01	한신아와지대지진	고베神戸대학	
2	산인山陰역사자료 네트워크	2000·10	돗토리현鳥取県 서부지진	돗토리鳥取대학	
3	게이요芸予지진 피재자료구출 네트워크 에히메	2001·03	게이요지진	에히메愛媛대학	
4	히로시마 역사자료 네트워크	2001·03	게이요지진	히로시마広島대학	
5	자료 네트워크 야마구치	2001·03	게이요지진	야마구치山口대학	
7	후쿠이福井 역사자료 네트워크	2004·07	후쿠이 수해		
8	니가타新潟 역사자료구제 네트워크	2004·11	니가타현 추에쓰中越지진	니가타新潟대학	
9	미야기 역사자료 네트워크	2005·08	태풍14호	나이토內藤기념관	
10	오카야마 역사 네트워크	2005		오카야마岡山대학	【予防】
11	야마가타山形 문화유산 방재네트 워크	2008·01			【予防】
12	후쿠시마 역사자료보존 네트워크	2006			【予防】
13	치바역사·자연자료구제 네트워크	2004	이와시박물관 폭발사고	치바千葉대학	
14	이바라키문화재·역사자료구제· 보존 네트워크	2011·03	동일본대지진	이바라키茨城대학	
15	지역자료모존 유지회有志会	2011·03	나가노長野 북부지진		
16	이와테 역사민속 네트워크	2011·03	동일본대지진	이와테岩手대학	
17	역사적·문화적 자산보존활용 네트워크(미에三重)	2011·06			【予防】
18	가나가와神奈川 역사자료보존 네트워크	2011·03	동일본대지진	요코하마横浜 국립대학	
19	역사자료보존 네트워크·와카야마	2011	태풍12호(기이紀伊 반도 호우)	와카야마和歌山 대학	
20	시즈오카현静岡県문화재 등 구제 네트워크	2012·03		시즈오카현 교육위원회	【予防】
21	역사자료보존 네트워크·도쿠시마德島	2012·09		나루토鳴門 교육대학	【予防】

* 사무국은 대표자가 소속된 대학 등의 조직을 말하며, 해당 조직이 운영에 관여하는 것을 의미하지 않는다.
1) 오쿠무라 히로시奧村弘편 『역사문화를 대재해로부터 지키는 지역 역사 자료학의 구축』(2014년 동경대출판회)에 의함
2) 〈예방〉이란 예방 네트워크의 줄임말이다.

이것을 보고 알 수 있는 것은 실제 피해 입은 것을 계기로 네트워크가 시작되고 있다는 점이다. 2003년 7월, 미야기현宮城県 북부지진으로 설립된 네트워크가 동일본대지진 발생 당시 자료보존救出에 커다란 역할을 한 것으로 증명되고 있다.

그동안 가고시마에서 위와 같은 재해가 전혀 발생하지 않은 것은 아니지만, 위기상황에까지 이르지 않아 재해로부터 자료를 지키고자 하는 분위기가 조성되지 않았다. 그러나 언젠가 반드시 재해가 닥쳐 올 것이며 현 세대에서 일어나지 않더라도 다음 세대에서는 일어날 가능성이 높다는 점을 상정해야 한다. 최근 화산의 동향을 살펴보면 즉각 대응할 수 있는 준비태세가 매우 중요한 과제라고 볼 수 있다.

그러한 상황 속에서 현재 가고시마 지역사회가 준비해야 할 것은, 일단 재해가 발생했을 경우에 대비하는 예방방재이며, 역사자료의 방재 네트워크를 조속히 가동, 예방방재의 필요성을 이해하는 일이다. 선행 네트워크에 대해 계속 학습하면서 예방방재로 가고시마현 내에서 취해야 할 최적의 체제를 확립하고, 현 내 개인·단체에 자료방재에 대해 깊은 관심과 협력을 요구하는 것이다.

2. 과학 연구비 보조금에 의한 활동

2012년 가고시마대학 교원을 모체로 일본학술진흥회 과학연구비 보조금 기반연구(B) 「가고시마현 역사자료의 방재네트워크 구축」을 4개년 계획으로 신청, 이듬해인 2013년부터 활동을 시작했다. 구성원은 가고시마대학 법문학부·교육학부 교원 8명(전문 분야는 일본 중세사, 근세사, 일본미술사, 인문지리학, 일본근세문학, 중국문학)으로, 협력자로서 가고시마대학 부속 도서관 학술 콘텐츠계, 현내 자료관·박물관 큐레이터가 참가하였다.

구체적인 활동은 교육학부 사토 히로유키佐藤宏之 교수가 발표한 「역사 자료의 방재네트워크 구축에 관한 연구」(「미나미큐슈에서 난세이제도의 종합적 방재연구추진과 지역방재체제의 구축」보고서, 가고시마 지역방재 교육연구센터, 2013년 3월)를 기점으로 하고 있다.

사토佐藤교수가 말한 바와 같이 「역사자료를 구한다는 것은 지역의 「기억」과 「역사」를 구하는 것이며, 향후 지역사회의 재생을 준비하는 작업이다」. 재해를 당한 이후가 아니라 당하기 이전부터 역사유산을 후세에 전하고자 하는 실천적인 노력을 하는 것이다.

사토교수는 장기간에 걸쳐 개인적으로 향토자료 수집에 힘쓴 오오타케 스스무大武進씨의 컬렉션 「오오타케 컬렉션」이 가고시마대학 부속 도서관 기증에 이르게 된 경위를 설명한 뒤, 개인의 역량에 의존하는 것이 아니라, 조직적으로 대처할 수 있는 체제 조성의 필요성을 설명하고 있다.

활동은 이하 5가지로 분류할 수 있다.

(1) 지역자료 상황파악: 정보수집 · 정리 · 디지털보존 · 문서목록작성
(2) 자료의 보수, 보존
(3) 정보의 공개: 작성한 목록과 사진데이터, 복구된 1차 자료 공개
(4) 계몽활동: 문서보존방법, 문서활용, [고문서 강좌의 시작]
(5) 정보교환: 향토 사학자 등 협력자와의 연계, 선행자료 네트워크와의 교류

이하, 활동내용을 간단히 소개한다.

2.1 지역자료 상황파악

지역자료는 도서관 · 자료관 등의 공공기관에 소장되어있는 자료와 개인 소유의 자료로 크게 나뉜다. 자료의 상황파악은 양쪽 모두에 해당된다. 그러나 인적 한계와 시간적인 제약으로, 전자의 경우는 해당기관을 관리하고 있는 교육위원회 등의 담당자에게 관리상황이나 지역자료에 대한 정보를 묻는 단계에서 그치고 있는 경우가 많다. 우리가 활동하는데 어디까지 협력

이 가능한지를 묻고 난 뒤, 상황에 따라 자료조사를 실시해 나가기로 했다.

과학연구비 활동에 앞서, 가고시마현 및 미야자키현 일부를 여러 블록으로 나누어 담당을 결정하고, 해당 지역을 찾아가 자료관과 교육위원회 담당자와의 면담을 실시하여 정보파악을 해왔다. 모든 지역을 동일하게 조사하기는 어렵기 때문에, 점차적으로 중점지역을 추려서 자료조사·목록작성을 추진하고 있다. 예를 들어, 가고시마대학과 협정을 맺고 있는 다루미즈시垂水市는, 필자를 포함한 분담자가 예전부터 이어진 인연으로 시에 기증된 다루미즈 시마즈가島津家 자료목록(중성지 봉투·상자로 교체)의 목록작업을 진행하고 있다. 「다루미즈 시마즈가 자료목록」(가칭)을 도록형 책자로 만들어, 시민도 문서내용을 파악할 수 있도록 편집할 예정이다. 완성 후에는 시의 역사편찬에 사용된 다루미즈시 교육위원회 소장의 화서·고문서 종류의 목록작성, 디지털화, 나아가 다루미즈시에 현존하는 고문서 류를 모두 조사하는 것으로 활동을 넓혀 가고자 한다.

한편, 개인자료는 소유자의 양해를 얻은 후, 디지털 카메라로 촬영, 목록작성을 실시하고 있으며, 가고시마 시내의 기와키木脇가문 문서, 이리키入来院가문 문서, 다니구치谷口가문 문서, 이부스키시指宿市의 야마구치山口가문 문서 등이 있다.

2.2 자료의 보수 및 보존

자료조사는 조사 전에 훈증을 빼놓을 수 없다. 그 후 한 점씩 중성지 봉투·상자에 보관해 나간다. 이 자료의 디지털촬영 및 목록작성을 세트로 보존한다. 한편 미나미큐슈는 온습 기후에 속해 벌레로 인해 훼손이 심하거나 들러붙어 펼쳐지지 않는 문서가 많은 실정이다. 그러한 자료 중에서 중요하게 여겨지는 것은 업자에게 의뢰하여 보수를 실시한다(들러붙어 있는 것은 한 장씩 떼고 벌레로 인해 훼손이 심한 것은 배접한다). 그런 다음 촬영, 봉투에 넣기, 목록화 순서로 작업을 진행시켜 나간다.

다음은 기와키가문 문서의 예를 나타낸 것이다.

기와키가문은 가고시마대학에서 가까운 가고시마시 도소唐湊에 있다. 에도시대 초기에는 영주의 측근인 집안이었지만, 에도 중기에는 경제적으로 궁핍해져 저택 여러 군데를 하나로 하여 성 아래에서 떨어진 도소로 자리를 옮겼다. 가문의 격은 고반小番[다른 번他藩의 기마무사에 해당]. 명문가이기 때문에 예전에는 상당히 많은 문서와 미술품이 남아 있었다고 하지만, 전시 속 혼란기에 처분되거나 손실된 것이 많다고 한다. 그 친척(분가)의 자료를 가고시마대학 부속 도서관에 기증받았던 인연으로, 필자는 본가 자료에 대해서도 조사를 실시했던 터다. 그 결과 가계도 등 이미 알려진 가문의 자료(과거 동경대학 역사자료편찬소가 조사에 임해, 일부는 편찬소의 마이크로 필름으로 소장)와는 별도로 차고에 자료가 많이 남아 있다는 연락을 받았다. 그러나 자료상태가 매우 좋지 않고, 유착이 심해 무리하게 펼치면 책자가 망가질 것 같은 상태였다. 업체에 맡겨 훈증을 실시했다. 기와키가문에는 가고시마대학에서 연구로 활용한 뒤 정리 후에 공개하기로 양해를 구했다. 즉, 기증을 전제로 실시한 훈증이다.

 [도판 1] [도판 2]는 훈증 전, 기와키(본가) 문서의 상태를 찍은 것이다.

 훈증을 마친 문서류는 가고시마대학 부속 도서관 5층에 보관하였다. 앞서 기술한 바와 같이, 그 중 상태가 좋지 않은 몇몇 자료에서 중요하다고 여겨지는 자료는 업자에게 의뢰하여 한 장씩 떼어 배접보수하고, 디지털 촬영 후에 제본하였다. 이런 식으로 자료가 조사·연구 가능한 상태로 회복된다. [도판 3] [도판 4]는 막부 말기부터 메이지에 걸쳐 기와키가문의 당주였던 기와키 유지木脇祐治(1830년~1907년)가 호쿠사쓰北薩의 오구치大口 지토地頭 담합역談合役을 맡고 있던 당시의 일기이다.

[도판 1] 차고에 놓인 기와키가문 자료(1)

[도판 2] 차고에 놓인 기와키가문 자료(2)

겐지元治 2년(게이오慶応원년 1865년)과 게이오 3년 때의 자료가 현존해 있는데, 모두 유착이 심해 해독은 물론 펼치는 것조차 제대로 되지 않는 상태였다. 업자에게 배접과 벗기기를 부탁해 사진과 같은 상태까지 복구한 것이다. 이 일기는 막부 말기 사쓰마번薩摩藩 여러 지역의 상황을 파악할 수 있다는 의미에서 귀중한 것이라고 판단, 위와 같은 조치를 취한 것이다.

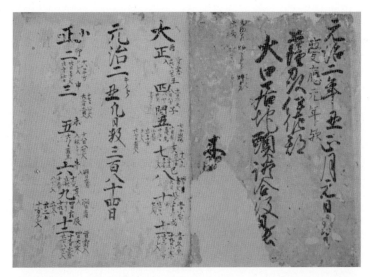

[도판 3] 배접보수한 기와키 유지木脇祐治 『오오구치 거주지 지토 담합역 일기장』(겐지 2년)

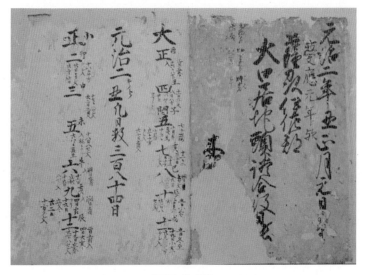

[도판 4] 상동

2.3 정보공개

정보공개는, 이전 소장자의 의향을 고려하면서 여러 단계의 공개진행을 할 필요가 있다. 가고시마현에는 고문서 자료를 공개하는 전문기관이 존재하지 않는다. 현재 인터넷을 통한 자료공개가 급속히 진행되고 있는 가운데 가고시마현 내의 그에 해당하는 움직임은 둔한 상황이다. 그러나 마땅히 공개요구 요청을 받을 것이며 조만간 기존의 공공기관은 그에 대한 대응을 해야 할 것이다. 고문서관 건설이 무리라고 한다면 현재로선 인터넷 공개에 주력해야 한다.

우리는 과학연구비로 수집한 디지털 데이터는 하드디스크에 저장해서 언제든지 공개 할 수 있도록 준비하고 있다(현재는 분담자만 열람가능). 또한 〈가고시마현 역사자료 네트 준비위원회〉 홈페이지를 만들어 정보교환에 이용하고 있다.

정보공개와 관련하여 상기 기와키 유지의 오오구치 지토 담합역의 일기와 같이 그 지방의 움직임을 구체적으로 파악할 수 있는 중요한 자료에 대해서는 연구회를 조직하여 해독한다. 그 결과(번각 등의 작성)를 해당 지역으로 전달함과 동시에 현지에 대한 자세한 정보를 받아 해독에 활용하는 순환의 조성을 고려 중이다. 자료를 통한 교류 이 역시 자료의 발굴과 보전으로 이어지는 순환을 만들게 될 것이다. (3) 정보공개는 (4) 계몽활동 (5) 정보교환과 연결되어 있는 것이다.

역사자료 네트워크와 지역의 연구자나 주민이 밀접한 관계를 맺는다. 우리는 그 사이를 주선하는 것이 자료라고 보고 있으며, 자료를 매개로 한 사람간의 교류 달성을 목표로 삼고 있다.

2.4 계몽활동

계몽활동이란 거창한 것이 아니라 지역의 자료에 관심을 갖게 하기 위한 활동을 말한다. 자료의 소장자에게 그 자료의 내용과 역사적 의의 등을 설명하고, 올바른 보존방법을 인식시키는 것만으로 충분하다. 우리가 그 자료에 대해 문의하며, 올바른 인식을 바탕으로 디지털 사진을 보전하려 하는 것도 계몽활동에 포함한다.

계몽활동이라는 측면에서는 아직 충분한 활동을 못하고 있는데, 향후 고문서를 해독할 수 있는 인원을 확충할 필요가 있다. 이를 위해 고문서강 좌를 개설하고, 지역의 자료를 읽는 실천적인 활동을 해 나갈 수 있기를 희망하고 있다. 가고시마현에서는 역사연구자가 자료의 해독을 담당해 온 역사가 있다. 그것은 기본적으로 예나 지금이나 변함이 없다. 그러나, 가 고시마현 아이라시始良市에서는 시민의 능력으로 지역자료를 독해하는 성 과를 거두고 있다. 다른 현을 예로 들면, 기후현岐阜県은 히다飛驒지방·도 우노東濃지방·세이노西濃地方지방으로 나뉘어져 있기 때문에, 이 고문서 를 통해 이어지는 조직적인 운동이 계속되고 있다. 여름에는 집중강좌가 개최되어 많은 사람들로 붐빈다고 한다. 지방문서가 다수 남아있는 지방 과 그렇지 않은 지방의 차이라고도 말할 수 있지만, 역사에 대한 관심이라 는 점에서 상당한 격을 갖추고 있는 가고시마현인 만큼, 이제 문서를 적극 적으로 활용하고자 하는 분위기가 고양되어도 좋을 듯 싶다. 가고시마에 자료가 남아 있지 않다고 하는 말은 어디까지나 과거의 이야기이며, 해독 의 대상이 되는 자료는 아직까지 대량으로 존재할 것이다.

또한 자료보존과 보수에 관한 강연회, 워크숍 개최를 통해 역사자료 보 존의 중요성을 인식할 수 있도록 하는 노력도 필요할 것이다.

2.5 정보교환

선행 자료 네트워크 중 하나로 매년 연락협의회가 개최되고 있다. 선행 네트워크의 활동을 참고하면서 가고시마현의 독자적인 시스템을 조성해 나갈 필요가 있다.

자치체의 문화재 담당자나 도서관·자료관·박물관의 사서·큐레이터 와의 연락도 긴밀하게 해 나가야 한다. 또한 상호간의 조직이 활성화되도 록 궁리하며 자료 분실을 방지하려는 노력을 해야 한다.

마지막으로, 일련의 활동을 통해 필자 개인이 고안한 것으로서 과거 향토 역사가들의 현창顯彰활동 실시에 관한 내용을 덧붙이고자 한다. 상기 (1)~(5)는 주로 현재 남아있는 자료를 대상으로 하는 활동이라고 한다면, 현창활동은 과거로 거슬러 올라가 현재 우리의 활동을 상대화하려는 시도이다. 예전부터 향토자료를 취급, 또는 지켜온 사람들이 다수 존재했다. 가고시마현에서는 메이지 말기부터 다이쇼大正 · 쇼와昭和에 걸쳐 내셔널리즘의 고양과 함께 향토사에 대한 관심이 높아졌다. 또한 전후에도 계속 향토에 대한 관심이 높아져 다양한 활동이 이루어졌다. 그들이 활동한 자취를 찾아 그 의미를 생각하며 현창을 실시하고자 한다. 그들이 남긴 자료가 있다면 그것을 계승, 보존하는 일도 시야에 넣을 수 있기를 바라고 있다. 이러한 시점에서, 과거 · 현재 · 미래를 내다보는 자료보존활동이 이루어지도록 고안한 것이다.

이상으로 과학연구비 활동에 대해 설명하였다. 아직 착수하지 않은 부분도 있지만, 우리가 활동하면서 목표로 삼고 있는 것은 자료를 매개로 다양한 순환을 조성하고자 하는 것이다. 자료를 적합한 시설에서 보전하는 것으로 끝나는 것이 아니다. 바람직한 의미의 세계화가 요구되는 현재, 종래의 일방 통행적인 방식으로는 지역의 역사를 전할 수 없게 된다.

3. 자료의 보존 · 공개 · 학습의 순환 조성

앞서 언급했듯이 가고시마현에는 고문서관이 개설되어 있지 않아 가고시마현 자료를 망라적으로 수집, 보관하여 공개할 수 있는 거점이 없다. 또한 가고시마대학에도 고문서를 전문으로 하는 부서는 없다. 도서관이 소장한 도서자료를 공개(열람제공)하는 것이 원칙이기 때문에(공공 도서관의 경우는, 비공개의 경우 그 이유를 설명해야 할 책임이 있다), 현재로서는 도서관이 그 기능을 보완하는 것이 대응책이지 않을까 싶다. 물론 박물관 · 자료관에서도 인터넷 등을 이용하여 공개를 추진할 필요가 있다.

이상과 같은 현황을 감안하여, 우리가 세운 〈자료 네트워크〉와 대학 도서관의 관계에 대한 사안을 언급하고자 한다. 이것은 대학 도서관의 기능 강화를 요청함과 동시에, 자료 네트워크의 과제를 밝혀내는 일도 될 수 있다.

우선 현재 과학 연구비를 사용하여 문서상자와 중성지 봉투를 구입하여 자료정리 · 보존을 실시하고 있다. 또한 대학에서 프로젝트 연구소를 빌려 그곳에서 사진 촬영 및 목록작성, 담화회 개최 등 자료방재에 관한 작업을 하고 있다. 그러나 연구비 기간 종료 후 연속 신청이 승인되지 않을 경우에는 자금면이나 작업공간의 측면에서도 활동이 완전히 정체되는 사태에 빠져 들게 된다. 교원 연구비는 계속 삭감될 것이고 비유하자면 젖먹이가 알몸으로 밖으로 쫓겨나게 되는 상태가 되고 마는 것이다.

그러므로 대학 도서관에는 「지역자료 준비실」(가칭)과 같은 공간, 즉 그곳에서 수용이 가능한 자료를 일시 보관하거나, 촬영을 하는 공간의 확보를 요청하고 싶다. 다행히 최근 이산화탄소에 의한 훈증기기를 구입하여, 자료가 기증되면 원활하게 조사활동이 가능한 태세가 갖추어져 있다. 기존 자료에만 사용하는 것이 아니라, 앞으로 기증될 자료에도 사용할 수 있도록 공간확보를 요청하는 바이다. 이를 통해 기증된 자료에 대한 훈증 → (복구) → 조사 → 촬영 · 목록화(등록) → 공개라는 일련의 흐름이 보장되는 것이다.

공간문제 다음으로 재정적인 문제가 있다. 이에 대해서는 기부를 모집, 기금을 설립하여 지속적으로 자료를 끌어들이는 수밖에는 없다고 생각된다. 대학은 법인화되고 나서 기부를 받기 쉬워졌다. 사무 쪽은 업무가 늘어나게 되겠지만 양은 그다지 많지 않을 것이다. 기부 모집 시에는 자료복구를 위해 기부가 이루어졌다는 취지의 기록을 남기고, 화상공개 시에는 그 정보를 모아 업로드 하는 등의 고안이 필요할 것이다. 어떻게 기부금이 사용되는지 시각화함으로써 기부금이 모이기 쉬운 상태를 만드는 것이다.

도서관에서는 위와 같은 고문서 강좌와 강연회 개최, 귀중한 자료와 복구된 자료를 그때마다 전시하는 것도 바람직하다고 생각한다. 이것에 관해서는 협력을 아끼지 않을 것이다.

사진 데이터는 도서관에서 관리하기를 기대하고 있다. 또한 소장자의 양해를 얻은 자료는 홈페이지 공개가 가능할 것이다. 가고시마에서는 당분간 〈가고시마대학 부속도서관〉이 일정한 역할을 해줄 것을 간절히 요청하는 바이다.

마지막으로, 현재 「이바라키 문화재 · 역사자료 구제 · 보전 네트워크」(동일본대지진 발생후 2011년 7월에 설립, 이하에서는 「이바라키 역사자료 네트워크」라 약칭함)의 활동과 비교함으로써 우리 위치를 확인해두고자 한다. 「이바라키 역사자료 네트워크」의 활동은 ① 동일본대지진으로 피해를 입은 문화재 · 역사자료의 구출과 보전, ② 기록작성, ③ 재해 지역을 중심으로 하는 문화재 · 역사연구의 지원, ④ 대규모 재해시의 자료구출과 보전, 이상의 4가지이다. 피해 지역과 피해를 입은 문화재 · 역사자료를 대상으로 한다. 자료의 구조도 종종 이루어지고 있으며, 신문 등에서도 빈번하게 거론되고 있다. 재해지에서의 활동에 대한 시민의 관심도 높아서 새로운 자료의 발견이 이루어지는 성과로도 이어지고 있다.

우리는 다가올 재해를 대비하는 예방방재를 중심으로 한다. 시민에게 활동의 의의를 어떻게 전달할 것인가 하는 과제를 떠안은 채 눈앞에 있는 자료정리를 실시한다. 「이바라키 역사자료 네트워크」의 기본적인 자세는 자료보존은 원칙적으로 자료 소유자가 실시한다는 것으로, 복구한 자료는 본래 소장자에게 반납한다. 우리도 기본적으로는 그렇게 해야 하지만 기금을 사용하여 복구할 경우는 도서관 보존을 전제로 할 필요가 생길 것이다. 단, 기본적으로 「이바라키 역사자료 네트워크」의 방침과 마찬가지로 자료는 반환하고, (허가를 얻어) 화상 데이터를 도서관에 보존하는 형태를 취하게 될 것이다.

즉 도서관의 역할은 전면에 나와 자료보관을 맡는 것보다는 자료보존이

불가능한 경우 상담에 응해 상황에 따라서는 기증을 받고, 받아들일 수 없는 문화재에 대해서는 박물관 외 다른 곳을 알선하는 형태가 되는 것이 바람직할 것이다. 단 도서관이 적극적으로 지역의 자료보전에 임하는 자세를 보여주는 것을 잊어서는 안 된다고 생각한다.

궁극적으로 역사자료 네트워크는 열린 자원봉사단체로서 현 내 여러 기관과 연계하면서 활동의 폭을 넓혀 나가게 될 것이다.

참고문헌

茨城文化財·歷史資料救済·保全ネットワーク

2014 「身近な文化財·歷史資料を救う, 活かす, 甦らせる·茨城史料ネットの活動紹介 パンフレット」奥村弘編

2014 『歷史文化を大災害から守る·地域歷史資料学の構築』東京大学出版会佐藤宏之

2013 「歷史資料の防災ネットワーク構築に関する研究」『『南九州から南西諸島における総合的防災研究の推進と地域防災体制の構築』報告書』pp.41-48, 鹿児島大学地域防災教育研究センター

에필로그

동아시아의 안전공동체 구축을 위한 과제 :
재해극복을 통한 지방부흥

김영근 金暎根, Kim Young-Geun* · 히라이 가즈오미 平井一臣, Hirai Kazuomi**

  고려대학교 글로벌일본연구원은 일본의 대재해가 일본뿐만 아니라 동아시아를 아우르는 초국가적 재난이며, 세계 여러 나라가 지속적으로 관심을 가지고 해결해 나가야 하는 연구과제라는 점을 충분히 공유하고 있다. 또한 대학의 역할에 관해서도 관심을 극대화하고 있다.

  2011년 3월 11일 발생한 동일본대지진은 동아시아사史에 커다란 충격을 가져온 사건이라 볼 수 있다. 대지진에 의한 쓰나미와 후쿠시마원전의 방사능 문제는 일본에 전후 최대의 위기를 불러왔고, 안전에 관한한 일류 선진국이라 여겨져 왔던 일본의 위기대처 능력에 의문을 품게 하였다. 또한 현재도 계속되고 있는 재해의 공포감은 정치, 경제, 사회, 문화적 변화를 가져오고 있다. 한편 동일본대지진은 '인류애'적 연대의 의미를 모색하게 하였고, 자연스럽게 주변국의 동아시아 연대를 자각하게 만드는 계기가 되기도 했다. 이러한 시대적 흐름 속에서 본 연구팀은 대지진 이후의 동아시아 역학 분석과 현실적 대비를 위해 정치·경제·역사·문화·문학·어학 전문가에 의한 종합적, 체계적 재난 연구의 필요성을 인식하게 되

---

*   고려대학교 글로벌일본연구원 부교수
** 가고시마대학교 법문학부 법정책학과 교수

었다. 이에 동아시아의 재난 인식과 논리를 분석하고, '동아시아 공동체적 입장'에서 '실제적·실질적인 대책'을 도출하고자 하는 노력이 결실을 맺을 것으로 생각된다.

1. 가고시마대학과의 공동연구

고려대학교 글로벌일본연구원과 가고시마대학은 국제공동학술대회를 지금까지 3회 개최하였다.(가고시마鹿児島대학과의 한일공동심포지엄: 제1차 [주제: '3.11 이후의 인간과 사회', 2013년 10월 23일/가고시마대학], 제2차 [주제: '재해와 월경하는 학지', 2014년 11월 14일/고려대학교], 제3차[주제: '재해와 공간의 변용', 2016년 1월 23일/가고시마대학])

본서는 한일 양국에서 진행된 3차에 걸친 학술대회 결과를 수정 보완하여 엮어낸 것이다. 총 3부[제Ⅰ부 3.11 이후의 인간과 사회, 제Ⅱ부 재해의 기록과 표상表象, 제Ⅲ부 재해와 공간변용: 월경하는 학지學知]로 구성된 본서의 내용을 조감하면 다음과 같다([그림 1] 참조).

제Ⅰ부에서는 일본의 재해부흥 문화(제1장)에 관해 점검하고, 전후 일본과 재해에 관한 역사적 검토를 위한 시각(제2장)을 제시하며, 지방(가고시마)에서 바라 본 3.11 동일본대지진(제3장)을 논하고 있다.

제Ⅱ부에서는 일본 율령국가의 '천재이변天災異變'과 정책의 전환(제4장), 지역방재의 재해정보 전달의 합리성에 관한 사회학적 시론(제5장), 다와다 요코多和田葉子의 문학을 중심으로 한 후쿠시마福島 원전사고 이후 일본 사회의 해부(제6장), 타자他者를 둘러싼 두 개의 영화 분석을 통한 기억의 간극(제7장), 미야기현 시치가하마마치宮城県七ヶ浜町의 사례분석을 통한 애니메이션 팬들의 부흥 지원과 지역사회(제8장)를 다루고 있다.

제Ⅲ부에서는 아마미시奄美市 스미요住用지구 마을의 사례를 중심으로

3.11대지진 발생 이후 도서사회의 방재(제9장)를 소개하며, 1970-80년대의 일본 공해기업수출문제를 중심으로 한국과 일본 공해문제 해결의 월경적 전개(제10장)를 규명하며, 역사자료 방재시스템 구축을 통한 재해관련 사료의 보존·공개·학습의 선순환적 구축(제11장)을 제언하고 있다.

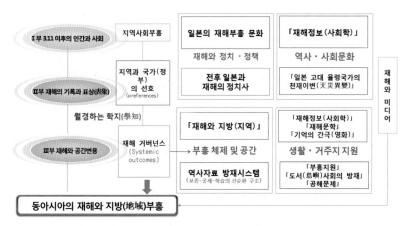

[그림 1] 동아시아의 재해와 지방地域 부흥에 관한 분석틀

　가고시마대학과의 재해연구는 국제학술대회 및 해외 공동연구의 형태로 총5회 진행되어 연구교류의 성과를 도서『동아시아 재난안전공동체』로 간행할 예정이다. 제4차(2016년 11월) 심포지움은 〈재해와 인간부흥〉, 제5차(2016년 5월) 심포지움은 〈재해를 둘러싼 학지의 재구축: 인문사회과학의 과제와 가능성〉이라는 주제로 논의될 예정이다.

　3.11을 계기로 의견을 같이하게 된 연구자들이 모여 운영 및 설립을 진행한 사회재난연구센터의 주된 목적을 정리하면 다음과 같다. 첫째, 재난(재해)을 둘러싼 다양한 행위자의 변화 및 재해 관련 정책과 제도적 대응이 어떻게 전개되어 왔는지 규명하는 것이다. 나아가 '역사재해학' 관점에서 한일간·동아시아국가 간을 상호대비(Mutual contrast) 분석하고자 한다. 둘째, 한국과 일본에서 논의되고 있는 〈재난과 안전〉에 대한 담론을

비교분석·고찰함으로써 향후 아시아에서 발생할 다양한 재해를 대비하고 한국사회의 재난대응 및 안전관리에 관한 거버넌스를 '인문사회학적·제도적·정책적'으로 새롭게 정립하는 데 있다.

4.16세월호 재해 이후 재난과 안전에 관한 사회적 관심이 높아졌으며, 이 책은 그러한 분위기 아래 증대된 한일간 학술교류의 결과를 소개하고 있다. 재해연구 및 안전 거버넌스에 관한한 두말할 필요 없이 선진국인 일본에서조차 재해 발생에 대한 대처 및 재후災後 관리가 충분치 못한 현재, 탈지정학적 연구의 필요성이 대두되고 있으며, 그러한 의미에서 이 도서간행에 대한 기대치 역시 높다고 하겠다.

2. 사회재난안전연구센터의 연구개요 및 성과

본 사업단은 2011년 3월 11일 동일본대지진 이후 이에 즉각 대응하여 〈재난과 동아시아〉(2012년 〈포스트 3.11과 인간: 재난과 안전, 동아시아 연구〉로 재편)연구팀을 발족하고, 정치, 경제, 역사, 문학, 어학, 문화 전문가들이 모여 종합적이고 학제적인 '재난과 안전' 연구에 매진하고 있다. 나아가 '재난대국'이자 '방재대국'인 일본의 경험과 성과를 한국사회에 접목시켜 '재난과 안전'에 대한 인문학적 대응 논리를 수립하고자 한다. 2014년 '세월호 사건'과 2015년 '메르스 의료재해' 등 한국 사회를 뒤흔든 국가적 재난 상황을 목격한 본 연구팀은 2015년 〈사회재난·안전연구센터〉로 조직을 정비하고, 고려대학교 〈재난안전융합연구원〉의 설립을 주도하는 등 명실상부한 '한국적 재난학'의 기반 조성에 일익을 담당하고 있다.

본 연구센터는 국내외에서 활발하게 활동하는 저명한 일본연구자를 초청하여 연구인력의 연구력 향상을 도모하고자 콜로키움과 전문가초청워크샵을 개최하고 있다. 이를 통해 각 세부주제 연구의 활성화를 도모함은 물론, 인적 연구 네트워크 확충에도 효과적으로 활용하고 있다. 대표적인 연구주제를 소개하면 다음과 같다.

[표 1] 재해 연구역량을 위한 콜로키움과 전문가초청워크샵

2011.5.27	발표자: 가고시마대학 히라이 가즈오미平井一臣교수 일본의 지방정치의 현상과 과제
2013.6.14	발표자: 가고시마대학 구와하라 스에오桑原季雄 교수 재해와 도서島嶼연구 : 가고시마대학에서 본 3.11 동일본대지진
2015.9.15	발표자: 고베대학神戸大学 오사 시즈에長志珠絵 교수 재해를 둘러싼 기록과 기억, 젠더
2015.11.2	발표자: 간세이가쿠인대학関西学院大学야마 요시유키(山泰幸) 일본 난카이南海거대지진을 상정한 지역부흥의 모색

3. 일본 지역地方부흥의 현황과 과제

(1) 재해와 일본경제

국가의 전유물로 여겨져 왔던 외교·통상정책 뿐 아니라 환경·에너지·자원정책에 이르기까지, 다양한 행위자 및 예상밖想定外의 이슈·아젠다들이 연계·융합되고 있는 시대이다. 상존하는 위기와 점증하는 리스크를 효과적으로 관리하면서 미래의 성장 동력을 확보해야 하는 이중 과제를 떠안게 된 비정부 행위자인 기업들이 무엇에 집중하여 그것을 어떻게 해결해나갈 수 있을 것인지 그 해답을 찾기란 쉽지 않다. 현대사회의 복잡성(Complexity)이 증대되고 있기 때문이다. 이와 관련하여 "복잡성 증가에 따른 3대 위험 요인으로 '리스크' 증가, '비용' 증가, '새로운 기술'의 필요성"이 지적되고 있다[1].

'일본 정권교체의 경제학'은 매우 흥미로운 주제이다. 특히, 재해다발국가인 일본은 대재난에 제대로 대응하지 못한 것으로 평가될 경우 그러한

---

1) 삼정KPMG경제연구원(2016)『리질리언스 Resilience: 기업의 미래를 결정하는 유전자』올림, pp.49~50

평가가 '정권교체'에 어느 정도 영향을 미쳐온 것으로 평가할 수 있다. "일본의 민주당 정권은 굉장히 약한 정부라 할 수 있다. 2011년 당시 3.11 동일본대지진 이후 재해부흥 과정에서 강한 리더십이 요청되는 상황이었으며, 이는 민주당 정권 자체가 만들어냈다. 말하자면 불안감과 우경화를 일본 내에서 양산하는 체제였다라고 볼 수 있다[2]." 결과적으로는 3.11 대재해가 '잃어버린 20년'이라는 침체된 일본경제를 가속화시킴으로써, '경제불황(위기)'으로부터 탈피하고자 하는 정책선호(지지기반)를 바탕으로 자민당 정권이 재탄생하게 되었던 것이다. "당시 3.11 발생 직후의 초기대응은 신속하게 전면전에 직접 나섰으나, 민주당 실무진의 행정절차(매뉴얼)에 대한 미숙함으로 구호품이 제대로 전달되지 않아 재해지역에서의 정부불신이 고조되었다. 또한 예상치 못했던 후쿠시마 원전사고까지 발생하면서 대처가 부진하고 미숙했다고 평가됨으로써, 결국 다음해 총선에서 자민당으로 정권 교체되는 것에 영향이 있었다고 평가된다."

주지하다시피 일본의 재난대응시스템이 비교적 잘 갖추어져 있는 것은 사실이지만, 2011년 3.11 동일본대지진이라는 큰 재해 이후, 불과 5년 만에 다시 구마모토 지진(2016년 4월)을 맞닥뜨린 상태이다. 더불어 규슈지역이 비교적 지진발생 확률이 적었던 지역이라는 의외성이 불안을 야기하고 있다. 이번 지진 때 아베정부의 발 빠른 대처능력이 주목을 받은 바 있다. 4월 14일 1차 구마모토 지진 발생 이후, 26분 만에 언론인터뷰를 진행하며 국민 안심시키기에 나섰고, 이후 위기관리센터로 이동 후, 피해상황 파악에 전력하여 재난대응 전면에 직접 나서 발 빠르게 행동하는 모습이 돋보인 바 있다. 향후 "초기대응에서 긍정적인 평가를 이끌어 낸 아베총리가 재해 이후의 마무리까지 현재의 평가와 지지를 이끌고 갈 수 있다면 앞으로 남은 임기 동안 더 단단한 지지와 탄력을 받을 수도 있을 것이다[3]."

---

2) 김영근 인터뷰, "일본 극우파의 전략 '국민 불안·불만 자극', 뉴스 in NEWS, [SBS 8뉴스], 2012년 11월 23일

(2) 일본 지역地方부흥

'재난과 안전에 관한 학제적·융복합적 연구'라는 연구 프로세스를 기반으로 번역출판하게 된 『동일본대지진으로부터의 부흥―지속가능한 경제사회의 구축을 위한 제언東日本大震災 復興への提言―持続可能な経済社会の構築』[4]은 다음과 같은 공동의 문제의식을 바탕으로 했다. "동일본대진재는 일본의 경제사회가 지극히 취약한 기반위에 성립되어 있었다는 점을 백일하에 드러냈으며, 미증유의 문제(과제)를 해결할 방안을 제시하고 있다.

[표 2] 재해 부흥을 위한 실천 가능한 담론

가자미 쇼조風見正三	01 지역 자원의 경영에 따른 도호쿠 재생을 위한 제언
모타니 코스케藻谷浩介	02 지진부흥과 향후 일본의 전략
오오니시 다카시大西隆	03 이재민·재난지역 주도에 의한 자립 부흥과 전국으로부터의 연대 지원
마미야 요스케間宮陽介	04 대진재 이후 몇 가지 생각과 작은 제언
우치야마 가쓰히사内山勝久	05 부흥 과정에 환경마을 구상을 도입하자
겐다 유지·오호리 겐 玄田有史·大堀研	06 신속한 부흥을 돕는 세심한 대화
이시카와 미키코石川幹子	07 페어링 지원
니시 다쓰오西達男	08 부흥대책을 지렛대 삼아 도호쿠주州 만들기
호소다 유코細田裕子	09 재해지역에 지속적인 지원의 손길을
미야가와 타다오宮川公男	10 새로운 사회 시스템 디자인과 공공 인프라 정비의 필요성
미야가와 다이스케宮川大介	11 자본 축적을 위한 단호한 결의
후지모토 다카히로 藤本隆宏	12 복구에 강한 일본의 '현장의 힘'을 살린 정책을
이토 시게루伊藤滋	13 동일본대진재 부흥계획의 각서

출처: 『제언 동일본대지진』 목차에서 발췌

---

3) 김영근 논평, "구마모토 지진, 일본의 미래는?", [KBS 특파원 보고 세계는 지금(제1회)], 2016년 4월 23일

4) 김영근 외 옮김 『제언 동일본대지진: 지속가능한 부흥을 위하여』(고려대학교출판부, 2013년)

가치관의 근간을 흔들 정도의 충격에 휩싸인 가운데 일본은 무엇을 해야 할 것인가, 어떻게 대처해야 하는가?"라는 것이 그것이다. 경제학, 도시론, 산업론 등의 분야에서 활약하고 있는 전문가 50명이 해답을 제시(제언)하려는 의도에서 원고를 집필했다. 말하자면 『동일본대지진 부흥을 위한 제언東日本大震災復興への提言』은 3.11 이후災後 일본의 지속가능한 경제사회 구축復興을 위한 처방전提言集이라 할 수 있다. 특히, 〈제1부 지역 재생〉에 관한 논의에서 제시된 다양한 실천가능한 담론([표 2] 참조)은 한국에 시사하는 바가 매우 크다.

4. 한국형 재난학·재해학 구축을 위한 제언

'재해강국' '재해연구 선진국'이라 할 수 있는 일본의 정책대응은 무엇이었으며 그 결과 재해부흥을 어떻게 해석할 것인가라는 문제의식에서 출발한 한국의 재해연구는 다양한 과제를 안고 있다. 예를 들어, 일본의 재해에 대한 안전대비책과 재해 거버넌스 혹은 방재(위기관리) 문화의 수용과 한국형 재난학(재해학) 구축을 위한 인문사회학적 방안 모색은 중요하다. 아카데미즘을 넘어선 재해로부터의 '부흥의 청사진' 혹은 다양한 선험적 제언을 한국형으로 활용하고 대재해를 전후로 하여 사례별로 대응(경제)정책을 모색하는 것은 중요한 과제라 할 수 있겠다. 인문·사회학적 한국형 재난학(재해학) 구축을 위한 제언은 다음 세 가지로 요약될 수 있다.

첫째, 재난 및 위기관리 선진사례의 실패와 성공을 바탕으로 한국의 재난학(재해학) 연구현황 및 과제에 관한 이해가 선행되어야 한다. 일본의 재해연구(재난학)는 세계 어느 나라도 경험하지 못한 대진재와, 복구 및 부흥이 언제 끝날지 알 수 없는 현재진행형의 위기 극복 과정(프로세스 및 메커니즘)을 통해 축적된 결과물이다. 이를 '재난과 안전에 관한 학제적 융복합적 연구'로서 도입하려는 한국으로서는 재해연구 선진국인 일본의 사례(경험)를 지속적으로 참고해나갈 필요가 있다. 특히, 재해 아젠다는 정치/경제/사회/문화/문학/언어/의료/공학/복지/재정/환경/민관관계/예술 등으로 다변화되고, 자연적 재해, 사회적 재해 및 인문적 재해를 아우르는 융복합형 재해부흥으로 연구관심과 정책대응이 변화하고 있다. 이러한 상황 하에서 번역출판을 통해 소개되고 논의·축적된 재해에 관한 일본의 부흥 노력(검증-교훈-제언)들을 한국형으로 소화해 창조적 재해부흥을 위한 기반을 마련해야 할 것이다. 무엇보다 일본의 재해연구에 관한 선행연구 고찰 및 정보의 축적 등 재난학 구축을 위한 다양한 노력이야말로 한국의 재난학(재해학) 연구를 위한 중요한 계기가 될 것이다5).

둘째, 한국형 진재(경제)학 구축을 위한 제도 등 구체적 이론구축 및 실천방안이 새롭게 모색되어야 한다. 특히 일본의 선진적인 재난학을 창조적, 건설적으로 수용하여 한국형 재해 거버넌스를 구축하는 것이 중요하다. 예를 들면, 재후災後와 재전災前의 경제정책 혹은 재해 거버넌스의 차별화 및 특성화가 필요할 것으로 보인다. 단적인 예로 진재震災 후의 부흥경제와 진재 전前을 대비하는 경제정책의 차이점을 상정하는 것은 중요하다. 재후災後의 회복경제와 재전災前의 성장경제를 추구하는 데에는 서로 다른 정책 및 거버넌스가 필수불가결할 것이다.

셋째, 3.11 동일본대지진을 계기로 한일간의 공동위기관리체제 정비 및 재해전문가 양성 등 실천적 국제협력의 모색이 절실해졌다. 2011년 3월 11일 동일본대지진에 따른 쓰나미와 후쿠시마원전의 방사능 문제는 '인류애'적 연대라는 의미에서 국제협력을 다시 모색하게 했고, 자연스럽게 동

---

5) 지속적으로 일본의 재해 전문서적들이 번역되어 한국에 소개되는 것, 나아가 학술교류 등을 통해 재해연구의 국제협력 중요하다고 생각된다. 마쓰오카 교수는 예를 들어, 아사히신문 연재 후 출간된 〈프로메테우스의 덫·밝혀지지 않은 후쿠시마 원전 사고의 진실〉(이와나미서점), 언론인 출신 변호사 히즈미 가즈오 등이 쓴 〈검증 후쿠시마 원전사고·기자회견-도쿄전력·정부는 무엇을 숨겼는가〉(가켄), 시사주간지 기자였던 오시카 야스아키가 정리한 〈멜트다운-다큐멘터리 후쿠시마 제1원전 사고〉(고단샤) 등을 중요한 전문서적으로 들고 있다. 김영근 옮김 『일본 원자력 정책의 실패』고려대학교출판부, 2013년.

아시아 국가들의 유대감을 형성하는 계기로 작용했다. 향후 한국사회에 발생할지도 모르는 재난에 대비한 대응 논리와 극복 논리를 '인문사회과학적 · 제도적 · 정책적'으로 수립하기 위해 한국과 일본이 '동아시아 공동체적 입장'에서 '실체적 대안'을 공동으로 연구하고 국제협력을 모색하는 계기가 되고 있다. 한일 국제협력의 방안 중 하나로 예를 들어, 초국가적 재해와 안전문제에 관한 글로벌 대응체제로서, 인재人災를 관리할 수 있는 인재人才가 필요하다. 3.11 대지진 이후 일본으로부터 얻은 교훈 중 급선무인 것은 한국 또한 원전사고 발생을 상정, 복합연쇄위기를 관리할 전문가 양성 혹은 공동 위기관리체제를 정비하는 일이라 할 수 있다.

5. 동아시아의 재해를 어떻게 극복할 것인가?

무엇보다도, "왜 일본은 원전사고를 막지 못 하였는가?, 원자력 안전규제 제도의 문제점은 무엇인가?"라는 문제의식하에 현장의 관점으로 철저한 검증을 통한 안전한 미래지향의 방향성이 요구되어지고 있다([그림 2] 참조).

재해부흥에 있어서의 사회문화 · 정치경제적 구조의 변화: 제도의 선택
일본 대재해의 검증/교훈/제언 분석을 통한 동아시아에서의 〈재해 거버넌스 협력〉 및 〈한국형 재난학(재해학)〉 구축

⇧	⇧	⇧	⇧
선진적 재해연구 도입 및 응용	재해정책체제의 경제학적 분석	동아시아의 재해에 관한 융합적 협력	재해 관련 글로벌 네트워크 강화

〈재해부흥 거버넌스와 정책변용의 프로세스 및 메커니즘〉 ⇔ 역逆이미지 이론

일본의 선험적 재해연구 분석 → 동아시아 위기/재난 진단과 거버넌스 분석 → 한국형 재해연구 방법론/재난학(재해학) 구축과 발신

[그림 2] 재난학 연구 체계 및 분석결과의 활용 프로세스

출처: 필자 작성

이를 위해서는 재해 거버넌스의 국제협력을 모색하고 네트워크를 구축해야 한다. 한 국가를 넘어 동아시아, 나아가 글로벌 차원에서 후쿠시마 원전사고의 체계적 이해가 선행됐을 때 비로소 보다 더 효율적인 한국의 원전 운영 및 원전사고 대비책도 제시될 수 있다. 예를 들어, 사회과학자와 원자력공학자가 공동의 시점에서 후쿠시마 원전사고 혹은 한국 내 원전사고를 점검하고 앞으로의 효율적(원전) 재해 거버넌스 구축을 위한 한일간 국제협력을 모색할 경우, 이는 좋은 네트워크 구축 사례가 될 것으로 생각된다[6].

일국의 재해는 곧바로 인접국에 영향을 미칠 수밖에 없다는 점을 공동으로 인식, 제6회 한·중·일 30인회(2011. 4. 25, 중국 항저우杭州)에서 한중일의 〈공동종합방재대책 상설협의체〉를 구성하자는 의견이 교환되었고, 나아가 '재난'을 극복하고 '평화'라는 신동북아 협력체제를 모색하려는 움직임이 일어나고 있는 것은 매우 큰 변화라 할 수 있다.

거대한 자연재해는 이제 국가안보뿐만 아니라 인류 전체의 안보 차원에서 공동으로 논해야 하는 문제로 대두되고 있다. 정책적, 학문적 차원에서의 다양한 성찰을 통해 실제 상황과 대응사례를 정확하게 분석해 나가야 하며, 각국의 국민들은 차후 어디서든 동일한 상황이 발생할 수 있다는 마음가짐으로 철저한 대비와 관심을 가져야 할 것이다.

특히 예측하지 못한 거대한 재해와 재난은 한 국가의 정치, 경제, 사회적 측면에서 누적된 모든 구조적인 문제를 노출시키고 있다. 일본의 3.11 동일본대지진이 그러했으며 한국의 4.16세월호 참사가 그러했다. 따라서

---

6) 한일간의 재해관련 정책제언 및 원전안전 관리를 위한 의견 교환(일본의 교훈을 한국형으로 수용)은 중요하다. 예를 들어 한국에서는 후쿠시마 원전사고 즉 노심용해 사고시의 열처리 문제에 대한 '냉각수 공급'에 관해서만 대책을 세워놓고 있는 실정이다. 이는 전원공급 처리, 냉각수 공급으로 문제가 해결된다고 상정한 방식이다. 원전사고가 가진 총체적 점검 즉 원전기술이나 원전 방사능 오염에 대한 국민적 이해, 안정성 경제성에 대한 일반 국민들의 수준을 의식한 '투명성'에 대한 신용도를 높여야할 과제가 존재한다.

'재난과 안전'이란 주제는 국경을 넘은 지역 공동체 나아가 전 지구적 인류 공동체적 관점에서 논의되어야 한다. 국가적 현안에 대한 정책적 접근뿐만 아니라 재난과 안전이라는 인간 본연의 생존 문제와도 직결되는 내용이므로, 학제적이고 탈지정학地政學적인 시각을 바탕으로 협력체제를 만드는 것이 중요하다.

그렇다면 글로벌 시각에서 재난을 통한 안전공동체를 모색하기 위한 구체적인 과제는 무엇인가? 첫째, 탈지정학적 스탠스, 즉 '트랜스내셔널리즘'이 고양되어야 한다. 안전혁명을 위한 새로운 행위자의 역할이 중요하다는 점이다. 둘째, 국가를 넘어선 국제공조의 확산이 당연시되는 트랜스내셔널적 협력이 외교의 일환으로 자리매김 되어야 한다. 재해부흥 프로세스에서 자조自助-공조公助-공조共助 이외에 국가 간 대외협력, 즉 외조外助도 중요한 요소로 대두되고 있다. 셋째, 재해 거버넌스의 국제적 파급과정에 주목하여 국가별 상황에 적합한 창조적 수용 및 실천을 하는 것이 중요하다. 넷째, 재해부흥 프로세스의 〈현장력現場力〉의 중요성은 아무리 강조해도 지나치지 않다. 물론 재후부흥의 〈현장력〉 즉 경험(교훈)은 결과적으로 사전事前부흥, 즉 방재 혹은 감재를 위한 거버넌스에 크게 공헌할 것으로 기대된다. 결론적으로 한일 양국의 연구자들이 고민하여 저술한 본서가, '재난과 안전'이란 아젠다가 국경을 넘어 아시아 지역공동체 나아가 글로벌 차원에서 인류 공동체적 관점을 논의하고, '국제안전협력 네트워크' 구축을 위한 노력을 하는 데 토대의 역할을 할 수 있기를 기대하는 바이다.

• 집필진 소개

김영근(金暎根, Kim Young-Geun)

현재 고려대학교 글로벌일본연구원 부교수로 있으며, 사회재난안전·연구센터 소장을 맡고 있다. 미국 예일대학 국제지역연구센터(YCIAS) 파견연구원 및 계명대학교 국제대학 일본학과 조교수를 역임했다. 「재해후의 일본경제정책 변용: 간토·전후·한신·동일본대지진의 비교분석」등의 논문을 썼으며, 『한일관계사 1965-2015. II: 경제』(공저), 『동일본 대지진과 일본의 진로』(공저) 등의 저서와 『한일 경제협력자금 100억 달러의 비밀』, 『제언 동일본대지진』, 『일본 원자력 정책의 실패』, 『재난에서 살아남기 2』(공역) 등의 역서가 있다. 주된 관심분야는 글로벌 위기관리 및 재해안전학, 일본의 정치경제, 동아시아 국제관계, 국제기구 등이다.

히라이 가즈오미(平井一臣, Hirai Kazuomi)

가고시마대학교 법문학부 법정책학과 교수. 일본정치사, 지역정치사를 전공했으며『ポスト·フクシマの政治学―新しい実践の政治学をめざして―』, 『首長の暴走-あくね問題の政治学』, 『実践の政治学』, 『地域から問う国家·社会·世界-「九州·沖縄」から考える』, 『「地域ファシズム」の歴史像-国家改造運動と地域政治社会』등의 저서가 있다. 주요 관심 분야는 지역정치와 근현대 일본정치사이다.

구와하라 스에오(桑原季雄, Kuwahara Sueo)

가고시마대학교 법문학부 인문학과 교수. 문화인류학을 전공했다. 동남아시아, 미크로네시아, 일본 도서島嶼지방 연구를 주로 해왔으며, 「SAKURAJIMA: Maintaining an Island Essence」生物多様性と保全―奄美群島を例に―」등의 논문, 『The Amami Islands: Culture, Society, Industry and Nature』, 『鹿児島の島々―文化と社会·産業·自然―』등의 저서가 있다. 주요 관심 분야는 도서島嶼학, 문화인류학, 관광인류학이다.

송완범(宋浣範, Song Whan-Bhum)

고려대학교 글로벌일본연구원의 부원장이며 현재 일본 교토국제일본문화연구센터의 외국인연구원으로 있다. 『일본의 재해부흥 : 3.11 동일본 대지진과 인간』(공저), 『일본의 전쟁과 평화』(공저), 『동일본대지진과 일본: 한국에서 본 3.11』(공저), 『제언: 동일본대지진』(공역), 『전근대일본의 영토인식』(공저) 등의 저역서가 있다. 주된 관심분야로는 일본고대사를 전공으로 하면서 동아시아 속의 일본역사와 문화를 율령, 전쟁과 평화,

재난과 안전, 동아시아안전공동체라는 키워드를 통해 다루고자 하고 있으며, 「설화문학과 역사사료의 사이에서」를 주제로 연구 중이다.

가메다 고이치(亀田晃一, Kameda Koichi)
미나미니혼방송국(MBC)의 기상재해전문기자. 전공은 재해의 사회학이다. 자연재해 발생 시 집락에서의 정보전달 사회학적 연구를 주로 하고 있으며 「地域におけるインフォーマルな社会関係と災害情報伝達に関する考察：鹿児島県垂水市における量的調査を中心に」, 「災害情報伝達と避難における社会学的アプローチに関する一考察—鹿児島県垂水市の事例をもとに」, 「豪雨災害における災害情報伝達に関する社会学的考察」등의 논문을 썼다.

최가형(崔佳亨, Choi Ga-Hyung)
고려대학교 일어일문학과 강사. 3.11 이후의 「3.11 동일본대지진 이후의 일본 진재문학과 마이너리티: 원전사고와 차별문제를 중심으로」, 「3.11 동일본대지진 이후 일본진재문학震災文学에서의 교토 표상」, 「3.11 동일본대지진과 가와카미 히로미川上弘美의 『가미사마 2011(神様 2011)』」등의 논문을 썼으며 저서로 『일본의 재해부흥 : 3.11 동일본대지진과 인간』(공저)이 있다. 주요 관심 분야는 일본의 재난문학·문화, 한일 재난문학의 비교, 그리고 동아시아 연구이다.

나카지 다케시(中路武士, Nakaji Takeshi)
가고시마대학교 법문학부 인문학과 부准교수. 전공은 영화·영상론, 표상문화론이다. 영화사를 중심으로 영상문화와 테크놀로지에 관해 연구하고 있으며 주요 업적으로 『論集:蓮實重彦』, 『デジタル・スタディーズ1：メディア哲学』, 『デジタル・スタディーズ2：メディア表象』등의 저서가 있다. 주요 관심 분야는 영화론, 미디어론이다.

가네시로 이토에(兼城糸絵, Kaneshiro Itoe)
가고시마대학교 법문학부 인문학과 부准교수. 전공은 문화인류학이다. 중국 복건성福建省의 주민 이동이나 사회변화에 관한 연구, 재해와 민족문화에 관한 연구를 하고 있으며 주요 업적으로는 「アニメ聖地巡礼者たちの被災地支援—七ヶ浜町花渕浜の事例から」, 「“移民”が支える神祇祭祀—福建省福州市の僑郷から」, 「“移民”が支える神祇祭祀—福建省福州市の僑郷から」등의 논문이 있다. 주요 관심 분야는 문화인류학과 지역연구이다.

멍 시엔천(孟憲晨, Meng Xianchen)

가고시마대학교 인문사회과학연구과 수료. 전공은 문화인류학이다. 도서島嶼지반 연구 및 재해 인류학적 연구를 하고 있으며「中国における祝儀 と香典に関する一考察 —遼寧省農村の事例を中心にして—」,「奄美大島災害時の「老老支援」に関する考察—西仲間集落豪雨災害の高齢者支援を事例にして—」,「奄美大島における高齢者の防災に関する比較考察—知名瀬と西仲間集落の住民の災害経験から—」,「南西諸島の自然災害史におけるマネジメント戦略—奄美大島地区の調査事例を中心に—」등의 논문을 썼다. 주요 관심 분야는 현대중국의 사회관리, 일본의 도서島嶼지방 연구이다.

정유경(鄭有景, Jeong Yu-Kyong)

규슈대학교 〈지속가능한 사회를 위한 결단과학센터〉의 조교수로 있으며,「福岡における釜山からの大学生インターンシップ受け入れの現状と課題」,「日本における地方への移住促進政策とその効果」,「1980년대 한국 반공해운동의 전개와 일본 반공해운동과의 관계: 온산병을 둘러싼 한국공해문제연구소의 활동을 중심으로」등의 논문과『대규모 재해 극복을 위한 자치체간 연계·현장에서의 보고와 제언』등의 역서가 있다. 주요 관심 분야는 1970년대, 80년대 한일 시민사회의 연대운동, 한일 지자체 외교 분석 등 비교지역연구 및 '사회정치학'이다.

니와 켄지(丹羽謙治, Niwa Kenji)

가고시마대학교 법문학부 인문학과 교수. 전공은 일본근세문학이다. 에도 후기의 게사쿠 戲作문학이나 사쓰마번薩摩藩의 문화에 관한 것 등이 주된 연구 테마이다. 주된 업적으로는「翻刻 島津久光『西の海蜃の囀』(上)」등의 논문과『鹿児島県史料集(54) 通昭録(三)』,『江戸吉原叢刊 第七巻 吉原細見』,『「翻刻 木脇啓四郎《巡国日記》—嘉永五年の関東・東北・越後の旅日記—」』,『薩摩藩文化官僚の幕末・明治木脇啓四郎《萬留》—翻刻と注釈—』등의 저서가 있다. 주요 관심 분야는 근세일본문학과 사쓰마번의 문화연구이다.

● 번역자 소개

최수연(崔守延, Choi Soo-yeon)

동경외국어대학교 지역문화연구과 일본어교육학 석사. 고려대학교 중일어문학과 박사 수료. 전공은 일본어교육학으로 한일 다의어의 의미분석, 타격동사를 중심으로 연구하며 대표적인 논문은「日本語の動詞「うつ」の意味分析」이 있다. 현재는 한일 담화의 도입부에서 보여지는 언어적 특징을 중심으로 연구 중이다.

일본의 재해학과 지방부흥

초판 인쇄   2016년   8월   31일
초판 발행   2016년   9월   12일

엮 은 이 ｜ 김영근·히라이 가즈오미
발 행 인 ｜ 김미화
발 행 처 ｜ 인터북스

주   소 ｜ 서울시 은평구 대조동 221-4 우편번호 122-844
전   화 ｜ (02)356-9903   편집부(02)353-9908
팩   스 ｜ (02)386-8308
홈페이지 ｜ http://hakgobang.co.kr/
전자우편 ｜ interbooks@naver.com, interbooks@chol.com
등록번호 ｜ 제311-2008-000040호

ISBN   978-89-94138-44-2   94330
            978-89-94138-39-8   (세트)

값 : 17,000원

이 저서는 2007년도 정부(교육과학기술부)의 재원으로 한국연구재단의 지원을 받아 연구되었음
(NRF-2007-362-A00019)